普通高等教育“十三五”新理念精品规划教材

成本会计学

主编　谭文伟　张晓燕

天津大学出版社
TIANJIN UNIVERSITY PRESS

图书在版编目（CIP）数据

成本会计学／谭文伟，张晓燕主编.—天津：天津大学出版社，2018.1（2018.7重印）
普通高等教育“十三五”新理念精品规划教材
ISBN 978-7-5618-6058-8

Ⅰ.①成…　Ⅱ.①谭…②张…　Ⅲ.①成本会计－高等学校－教材　Ⅳ.①F234.2

中国版本图书馆CIP数据核字（2018）第004951号

出版发行　天津大学出版社
地　　址　天津市卫津路92号天津大学内（邮编：300072）
电　　话　发行部：022-27403647　　邮购部：022-27402742
网　　址　publish.tju.edu.cn
印　　刷　北京虎彩文化传播有限公司
经　　销　全国各地新华书店
开　　本　185mm×260mm
印　　张　17
字　　数　457千
版　　次　2018年1月第1版
印　　次　2018年7月第2次
定　　价　39.00元

《成本会计学》编委会

主　编　谭文伟　张晓燕

参　编　姚江红　李文晶

马双双　齐天翔　王雅楠

前言

PREFACE

"成本会计学"是继"基础会计""财务会计"等课程之后又一会计专业的核心课程。本书共11章，包括总论、成本核算的要求与程序、生产要素的归集与分配、生产损失的核算、生产费用在完工产品与月末在产品之间的分配、产品成本计算的基本方法、产品成本计算的辅助方法、成本报表的编制与分析、作业成本法、标准成本制度、其他行业成本核算。本书的突出特点是围绕成本会计的基本理论、基础知识和基本方法，通过一家模拟企业对成本数据的工作过程，重点讲述了成本会计的含义、对象、内容和工作组织、成本核算的基本要求和一般程序；详尽阐述了企业在生产过程中直接材料费用核算、直接人工费用核算、折旧费和其他费用核算、辅助费用核算、制造费用核算、损失性费用核算和生产费用在完工产品与在产品之间分配核算；全面介绍了产品成本的计算方法、成本报表的编制和分析、作业成本法，以及除工业制造企业以外其他行业成本会计等内容。

教材编写过程中得到了很多专家的热情支持，他们为教材的建设提出了很多宝贵意见，感谢西安财经学院王柏林教授、西安翻译学院诒华学院院长张建昌教授、西安翻译学院副校长齐玉水教授、常务副校长翟振东教授以及西安翻译学院教务处领导的大力支持！尽管我们在教材编写过程中有自己独立的思考，但也参考了大量其他高校老师和学者们的教材及科研成果，我们也非常感谢他们！教材编写过程中各位同人非常努力，感谢参与编写的各位教师的大力支持，各章编写分工如下：姚江红编写第1章；马双双编写第2、4章；李文晶编写第3、6章；张晓燕、王雅楠合作编写第5章；齐天翔编写第7章；谭文伟编写第8、9、10章；张晓燕编写第11章。

尽管我们力求数据准确，但水平有限，如有不足之处，敬请读者谅解，并欢迎批评指正。

编　者

目　录

CONTENTS

第 1 章　总　　论

本章导读

在市场经济体制下企业的竞争主要是产品价格和质量的竞争，而价格的竞争归根结底是成本的竞争，企业经济效益的高低、市场竞争能力的强弱，在很大程度上取决于成本的高低。通过本章的学习，学生能够理解成本和成本会计的含义，以及成本会计的对象、职能和任务；了解成本会计的产生与发展；认识成本会计工作的组织原则、组织机构、处理方式、人员要求、法规和制度等。

1.1　成本概述

1.1.1　成本的含义

1. 成本的概念

成本是商品经济的价值范畴，是商品价值的组成部分。所谓成本，就是生产经营单位过程中被利用资源的耗费，即成本是为实现特定目的而发生的，可以用货币计量的耗费，或者是为取得资财或劳务所付出的代价。它具体包括三层含义：一是成本的发生是为了达到一定的目的，为实现该目的需要对所耗费资源进行单独测量，这个目的就是成本对象，如一件产品、一项服务、一项设计、一个作业等；二是成本必须是可以用货币计量的，否则就无法进行成本的计算；三是成本是未来取得资产或收益而付出的代价，如制造企业为制造产品发生的固定资产买价、运输和保险支出，购买存货所发生的采购成本、加工成本和其他成本等。

2. 理论成本

按照马克思的成本理论，商品的成本是在正常生产、合理经营条件下的社会平均成本，是生产商品的价值中物化劳动价值和活劳动价值的货币表现。它由物化劳动和活劳动中的必要劳动的价值组成，也就是马克思劳动价值理论的 $W=C+V+M$ 中的 $C+V$。成本是企业维持简单再生产的补偿尺度。若按成本提供的补偿尺度得不到满足，企业的简单再生产就无法进行。

3. 应用成本

应用成本是理论成本的具体化，也称现实成本，是按照现行制度和准则规定的成本开支范围，以正常生产经营活动为前提，根据生产过程中实际消耗的物化劳动的转移价值和活劳动所创造的价值中应该纳入成本范围的那部分价值的货币表现。

现实成本和理论成本不同，理论成本不考虑生产活动中偶然因素和异常情况的消耗，只对正常物化劳动和活劳动消耗进行货币计量。但是在现实经济活动中，很难确定纯粹的 $C+V$ 这种理论成本。加之受到客观条件包括经济工作方针政策和当期生产经营条件变化的影响，使成本在 $C+V$ 与 M 之间存在着一定程度的流动性。在实际工作中，根据不同时期经济管理的要求，将某些不形成商品价值的部分也列入成本，如废品损失、停工损失、生产工人工资附加费、公积金、保险费等，从而导致实际补偿价值和已经消耗的 $C+V$ 不一致，形成现实成本即产品成本。所谓产品成本，是指企业为生产一定种类、一定数量的产品所发生的各项生产费用的总和。

4. 成本的特征

成本的特征可概括为以下两个方面：

(1)成本必然同其对象，即一定种类和数量的产品(或项目)相互联系。

(2)成本是为了取得一定的经济资源或特定的经济目的所做出的价值牺牲或付出的代价。

5. 费用和成本的关系

(1)费用和成本的联系和区别。一方面，费用与成本之间存在着密切联系，两者都是企业生产经营过程中的资源耗费或价值牺牲，都意味着企业的资源流出或资金支出。一定时期发生的费用是成本的基础和前提，无费用则无成本。另一方面，费用与成本也有区别，费用是企业在生产经营中为获得经济利益而发生的资金耗费；而成本则是归集到特定成本计算对象上的生产费用，其资金耗费已归集于特定收益对象。因此，成本是对象化了的费用，是以费用为基础形成的；而与成本相对的费用，则是非对象化的期间支出。此外，费用以当期实际支出作为计算标准，它与一定的会计期间相互联系，而成本与一定数量及种类的产品相互联系。

(2)费用和成本同产品和收入相互联系。取得收入并获利是企业经营活动的目的，而收入的取得是以企业垫付资金，耗费一定的人、财、物和获得产品为前提条件的，企业在生产经营中的各种耗费是为了取得产品和收入而付出的代价。对象化费用形成的生产成本同一定期间的收入也存在着一定联系，企业的产品成本经过产品销售而首先获得补偿。

(3)费用和成本与企业支出不能等同。费用和成本是企业为了获得收入而预先做出的一种资金垫付，通过企业的生产经营活动得到收回，从而又投入资金循环之中；而支出则不同，它代表企业的一种现金性质的流出，其中一部分可能得到了收回，而另一部分则可能流出企业。支出不仅包括补偿性费用，也包括非补偿性费用。

1.1.2 成本的分类

为了理解各种成本的含义，获取各种有用的成本管理信息，应对成本按不同标准加以分类。

1. 按经济用途分类

按经济用途分类，成本可分为制造成本和非制造成本两大类。

(1)制造成本。制造成本是指产品在制造过程中发生的各项成本。具体包括：

1)直接材料费。直接材料费是指直接用于产品生产、构成产品实体的原料、主要材料以及有助于产品形成的辅助材料等。如生产家具所用的木材、钢材是构成其实体的原料，所用的油漆、钉子等就是有助于产品形成的辅助材料。

2)直接人工费。直接人工费是指在生产过程中，直接参加产品生产的工人的工资、奖金和各种津贴等。

3)制造费用。制造费用是指在车间范围内，为组织和管理生产而发生的各项期间费用。制造成本包括的各个项目也称为成本项目。属于计入存货的成本，只有当产品实现销售时，才转化为销货成本，从销售实现时期的收入中得到补偿。未销售时则表现为期末存货资产的价值。

(2)非制造成本。非制造成本是指与产品生产没有关系，不能计入产品成本而应当计入当期损益的费用。其包括销售费用、管理费用和财务费用。

这种分类的意义在于分清哪些费用可以计入制造成本，哪些费用不应计入制造成本而应计入当期损益，对正确进行成本核算和确定损益具有重要意义。

2. 按与特定产品的关系分类

按与特定产品的关系分类，成本可分为直接成本和间接成本。

(1)直接成本。直接成本是指直接为某种特定产品所消耗、可以直接计入某种产品的成本。如直接为某种特定产品所消耗的材料和人工。它可以根据有关原始凭证和记录比较容易地加以认定，直接计入成本计算对象。

(2)间接成本。间接成本是指两个或两个以上成本计算对象共同发生的成本，先按一定方式归集，然后选择适当标准分配给各成本计算对象，如制造费用。

直接成本和间接成本不是截然分开的，如直接材料一般为直接成本，但当几种产品共同耗用一种材料时，材料成本就需按一定标准在几种产品之间进行分配，此时，直接材料就不是直接成本而是间接成本。

划分直接成本与间接成本，对于确定成本计算的程序，正确计算产品成本具有重要意义。

3. 按计算的时间分类

按计算的时间分类，成本可分为预计成本和实际成本。

(1)预计成本。预计成本是指在费用发生之前根据有关资料预先计算的成本。如计划成本、定额成本、标准成本等。

(2)实际成本。实际成本是指根据成本计算对象实际发生的费用事后计算的成本。

划分预计成本和实际成本的目的是有效地控制成本，衡量费用的超支和节约情况，进行反馈控制并将其作为考核成本管理业绩的标准。

4. 按与产量(业务量)变动的依存关系分类

按与产量(业务量)变动的依存关系分类，成本分为变动成本、固定成本和混合成本。

(1)变动成本。变动成本是指成本总额随产品产量变动而成比例变动的成本。如直接材料、计件工资等。

(2)固定成本。固定成本是指在相关范围内成本总额不随产量(业务量)的变动而变动的成本。如采用直线法按月计提的折旧、车间经费等。

(3)混合成本。混合成本兼有变动成本和固定成本两种性质，发生额虽受业务量变动影响，但其变动幅度不与业务量的变动成比例。混合成本又分为半变动成本和半固定成本两种。半变动成本的特点是通常有一个成本初始量，类似固定成本，在这个基础上，成本增加了业务量也会增加，又类似变动成本，如图 1-1 所示。半固定成本的特点是成本在一定业务量范围内，其发生额是固定的，但业务量超过一定限度，其发生额就会跳跃上升，然后固定，再跳跃上升，再固定，循环往复，故又称为阶梯成本，如图 1-2 所示。

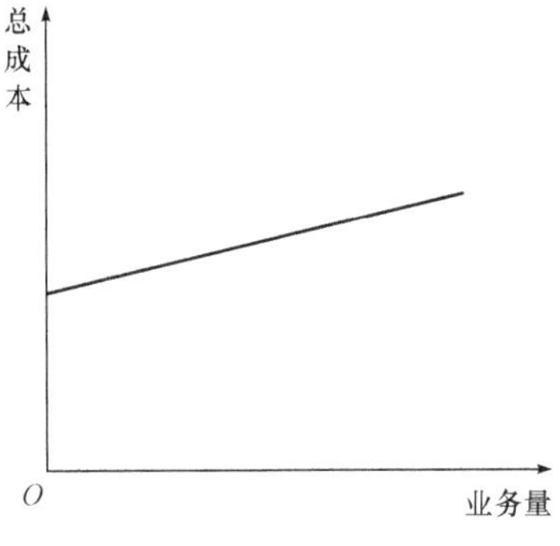

图 1-1　半变动成本

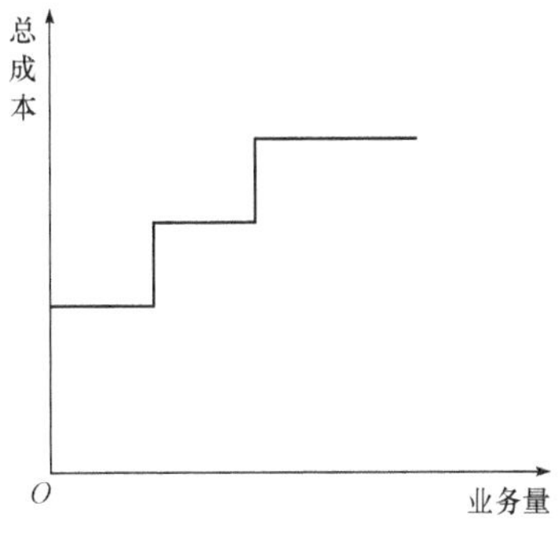

图 1-2　半固定成本

这种分类的目的在于寻求成本降低途径，争取实现最佳经济效益。

5. 按可控性分类

按可控性分类，成本可分为可控成本和不可控成本两种。

(1)可控成本。可控成本是针对特定的责任单位而言，能够由该责任单位预知、计量并控制的成本。

(2)不可控成本。不可控成本是不能被责任单位预知、计量或控制的成本。如因材料质量问题造成的废品损失，对于材料供应部门属可控成本，而对于生产车间则为不可控成本。

划分可控成本和不可控成本，对于正确计算责任成本，明确经济责任，进行成本考核，建立企业内部激励机制具有重要意义。

1.1.3 成本的作用

1. 成本是补偿生产耗费的尺度

为保证企业再生产的不断进行，必须对生产耗费，即资金耗费进行补偿。企业是自负盈亏的商品生产者和经营者，其生产耗费是用自身的生产成果，即销售收入来补偿的。而成本就是衡量这一补偿份额大小的尺度。企业在取得销售收入后，必须把相当于成本的数额划分出来，用于补偿生产经营中的资金耗费。这样，才能维持资金周转并按原有规模进行。如果企业不能按照成本来补偿生产耗费，企业资金就会短缺，再生产就不能按原有的规模进行。成本也是划分生产经营耗费和企业纯收入的依据，在一定的销售收入中，成本越低，企业的纯收入就越多。可见，成本起着衡量生产耗费的作用，对经济发展具有重要的影响。

2. 成本是综合反映企业工作质量的综合性指标

成本同企业生产经营各个方面的工作质量和效果有着内在的联系。如劳动生产率的高低、固定资产的利用程度、原材料消耗的节约与浪费、产品质量的高低、产品产量的增减，以及供、产、销各环节的工作是否衔接协调等，都可以通过成本直接或间接地反映出来。

既然成本是综合反映企业工作质量的指标，就可以通过对成本的计划、控制、监督、考核和分析等来促使企业以及企业内部各部门加强经济核算，努力加强管理、降低成本、提高经济效益。例如，通过正确确定和认真执行企业以及企业内部各部门的成本计划指标，可以事先控制成本水平和监督各项费用的日常开支，促使企业及企业内部各部门降低各种耗费；同时，通过成本的对比和分析，可以及时发现在物化劳动和活劳动消耗上的节约或浪费情况，从而总结经验，找出工作中的薄弱环节，采取措施并挖掘潜力，合理地使用人力、物力和财力，从而降低成本，提高经济效益。

3. 成本是制定产品价格的重要依据

在商品经济中，价格是价值的货币表现。无论是国家还是企业，在制定产品价格时都应遵循价值规律的基本要求。由于目前人们还无法计算产品的价值，但可以比较准确地计算产品成本，即计算出产品价值中的 $C+V$，所以成本可以作为制定价格的参考。在市场经济条件下，价格往往是由各部门的平均成本加上平均利润构成的。

当然，产品的定价是一项复杂的工作，考虑的因素有很多，如国家的价格政策及其他经济政策、各种产品的比价关系、产品在市场上的供求关系及市场竞争的态势等，所以产品成本只是制定产品价格的一项重要因素。

4. 成本是企业参与市场竞争的主要手段

在市场经济条件下，企业竞争主要是商品价格与质量的竞争，而价格的竞争归根结底是成本的竞争，只有成本低才能价格低，并有利润。企业经济利益高低、市场竞争能力强弱，在很大程度上取决于其成本的高低。若一个企业的个别成本能低于社会的平均成本，该企业在竞争中就占有较大的优势。因此，成本的竞争将日益成为企业竞争的重要手段。

1.2 成本会计的产生与发展

1.2.1 成本会计的产生与发展阶段

成本会计先后经历了早期成本会计、近代成本会计、现代成本会计和战略成本会计四个阶段。成本会计的理论和方法体系，随着发展阶段的不同而有所不同。

1. 早期成本会计阶段(1880—1920年)

成本会计源于英国，后来传入美国及其他国家。随着企业生产规模的进一步扩大，市场竞争日趋激烈，生产成本越来越得到普遍的重视。这个时期的成本会计处于早期发展阶段，这一阶段的成本会计在实务方面取得以下进展：

一是建立了材料核算和管理办法。设立材料账户和材料卡片，标明“最高库存量”和“最低库存量”，以确保材料既能保证生产的需要，又可以节约使用资金；实行材料管理的“永续盘存制”，采取领料单制度来控制材料耗用量。

二是建立了工时记录和人工成本计算方法。对人工使用卡片记录工作时间和完成产量；将人工成本先按部门归集，再分配给各种产品，以便控制和准确计算人工成本。

三是确立了间接费用的分配方法。随着生产设备的大量增加，间接费用也快速增长，先后提出了按实际数额进行分配和按间接费用正常分配的理论。

四是利用了分批成本计算法和分步成本计算法计算产品成本。根据制造业的生产工艺特点，选择分批计算产品成本或分步计算产品成本。

五是出现了专门的成本会计组织。1919年，美国成立了全国成本会计师联合会；同年，英国也成立了成本和管理会计师协会。他们对成本会计进行了一系列的研究，为奠定成本会计的理论基础和完善成本会计方法做出了重大贡献。

2. 近代成本会计阶段(1921—1945年)

成本会计的理论和方法在这一阶段得到了进一步的完善和发展，并取得了以下进展：

一是标准成本制度的实施。19世纪末20世纪初，以泰勒为代表的“科学管理”思想对成本会计的发展产生了深刻的影响。1906年，美国会计师J. Whitmore第一次提出“标准成本”概念，为生产过程中的成本控制提供了条件。标准成本制度实施后，成本会计不仅要事后计算产品的生产成本和销售成本，还要事先制定成本标准，并据以控制日常生产消耗与定期分析成本。这样，成本会计增加了事前控制的新职能，形成了管理成本会计的雏形。它标志着成本会计已经进入了一个新阶段。

二是预算制度的完善。预算控制的开始是采用固定预算方法，即根据预算期间某一业务量确定相应的预算数。1928年，美国一家公司的会计师和工程师根据成本与产量的关系，设计了一种弹性预算方法，分别编制固定预算和弹性预算。这就使相关费用项目的实际数与预算数更具有可比性，而且可使企业合理地控制不同属性的费用支出，便于有效地控制成本，也有利于考核经营者的工作业绩。所以，弹性预算是近代成本会计的重大进步，也是节约间接费用的最好办法。

三是成本会计的应用范围更广泛。在这一阶段，成本会计的应用范围从原来的工业企业扩大到各个行业，并深入应用到一个企业内部的各主要部门，特别是应用到企业经营的销售环节。在近代成本会计的后期，《工厂成本》《标准成本》等成本会计名著的出版，使成本会计具备了完整的理论和方法，形成了独立的成本会计学科。

3. 现代成本会计阶段(1946—1980 年)

第二次世界大战以后，科学技术迅速发展，生产自动化程度大大提高，产品更新速度加快，企业规模越来越大，跨国公司大量出现，市场竞争愈演愈烈。为了适应社会经济出现的新情况，考虑现代化生产的客观要求，提高管理的现代化水平，运筹学、系统工程和电子计算机等各种科学技术成就在成本会计中得到了广泛的应用，从而使成本会计发展到一个新阶段，即成本会计发展重点由如何事中控制成本、事后计算和分析成本转移到如何预测、决策和规划成本，形成了新型的注重管理的经营性成本会计，其主要表现在以下几个方面：

一是开展成本预测和决策。为了控制成本，现代成本运用预测理论和方法，建立数字模型，对未来成本发展变动趋势进行估计和测算；运用决策理论和方法，依据成本预测资料，选取最优成本方案，做出正确的成本决策。变动成本法完成了成本性质的分析，将企业产品划分为变动成本和固定成本，对企业成本、业务量和利润之间各变量关系进行分析，有利于企业进行成本预测。

二是实行目标成本管理。随着目标管理理论的应用，成本会计有了新的发展。产品设计前，按照客户所能接受的价格，确定产品售价和目标利润，然后确定目标成本管理，使成本会计与工程技术等有机结合，有助于企业形成产品品质和功能优化、成本降低的竞争优势。

三是实施责任成本。1952 年，美国会计学家倡导责任会计，提出建立成本中心、利润中心和投资中心相结合的会计制度，将成本目标进一步分解为各级责任单位的责任成本，进行责任成本核算，使成本控制更为有效。

四是推行质量成本。随着全面质量管理的深入开展，到 20 世纪 60 年代，质量成本的概念已基本形成，并确定了质量成本项目、质量成本的计算和方法，扩大了成本会计的研究领域，促使企业在提高产品质量的同时，进一步注重质量成本的分析。

五是施行作业成本管理。美国会计学家在 20 世纪 80 年代后期提出了作业成本法，即以作业为基础的成本计算制度，施行作业成本管理。作业成本计算是一种真正具有创新意义的成本计算方法，它是适应当代高新科学技术制造环境而形成和发展起来的。

4. 战略成本会计阶段(1981 年至今)

自 20 世纪 80 年代以来，计算机技术的进步、生产方式的改变、产品生命周期的缩短以及全球性竞争的加剧，大大改变了产品成本结构与市场竞争模式。英国学者西蒙首先提出战略成本管理，将成本管理的视角由单纯的生产经营过程管理和重股东财富，扩展到与顾客需求及利益直接相关的、包括产品设计和产品使用环节的产品生命周期管理，更加关注产品的顾客可察觉价值；同时要求企业更加注重内部组织管理，尽可能消除各种增加顾客价值的内耗，以获取市场竞争优势。此时，战略相关性成本管理信息已成为成本管理系统不可缺少的部分。

1.2.2　未来成本会计的发展趋势

进入 21 世纪知识经济时代后，成本会计又有了飞速发展，主要体现在两个方面：一是成本会计技术手段与方法不断更新，会计电算化已经或正在取代手工记账，而且在企业建立内部网络的情况下，实时报告系统成为可能。成本会计电算化不仅使计算更快、更准确，而且能开展手工所不能做的业务，增强了业务处理能力，适应了现代管理对成本会计的更高要求。二是成本会计的应用范围不断拓展，传统上对成本控制并不十分关注的行业对成本控制也投入了越来越多的精力。由于现代企业制造环境的变化和管理理论与方法的创新，成本会计正在经历着前所未有的变化，具体表现在以下两个方面。

1. 新制造环境对传统成本会计的冲击

由于新制造环境下自动化与计算机化的特征，传统成本会计技术与方法已影响到产品成本计算的准确性。制造费用项目与金额增多，传统的分配标准(如生产工时)已不能正确划分各种产品成本费用界限。针对这一局面，美国会计学家提出了作业成本法。它将制造费用以作业别来归集到不同的成本库中，然后对不同的成本库采用不同的分配标准，将制造费用分配给各种产品，从而使成本数据更加准确。

2. 管理理论与方法的创新对成本会计的影响

随着市场竞争日趋激烈，新技术、新工艺不断涌现，成本核算和成本管理理论和方法也在不断创新，丰富和发展了成本会计的内容，如适时生产控制有效地降低了存货成本，使企业实现“零存货”成为可能；质量成本会计通过质量成本决策、最佳质量成本模型和最佳质量成本综合控制等方法进行系统管理，大幅降低了质量成本，提高了产品的社会效益、企业效益和用户效益；成本企划模式则深入产品成本形成过程的产品策划、开发设计、工艺准备等整个技术领域，使成本会计与工程技术、组织措施有机地结合起来，在满足顾客要求的前提下，从各方面挖掘降低成本的潜力，实行成本预防性控制，以保证目标利润的实现；战略成本管理师在成本管理工作者的参与下，对上游、下游企业和自身进行价值链分析，对竞争对手进行对比分析，形成和评估企业发展战略，实施相应的成本管理，并随企业战略的改变及时进行相应的调整，以保持长久的竞争优势。

新的经济环境对成本会计提出了挑战，主要表现在七个方面：一是全球竞争的加剧；二是产业结构的变化；三是生产环境的进步；四是适时生产系统的出现；五是全面质量管理的要求；六是作业成本法的应用；七是智能制造等。未来适合我国国情的成本会计理论与方法将顺应环境的变化，及时引进、吸收各种新的理论和方法。

1.3 成本会计的对象、职能和任务

1.3.1 成本会计的对象

1. 成本会计对象的概念

成本会计对象是指成本会计反映和监督的内容，即企业再生产经营过程中发生的各项费用以及产品生产成本的形成。不同企业成本会计核算和监督的内容基本相同，所以，成本会计的对象可以概括为：各行业企业生产经营业务的成本和有关期间费用，简称成本、费用。因此，成本会计实际上是成本、费用会计。

2. 制造企业成本会计对象的具体内容

制造企业成本会计对象可概括为：制造企业生产经营过程中发生的产品成本和期间费用。

其具体内容如图 1-3 所示。

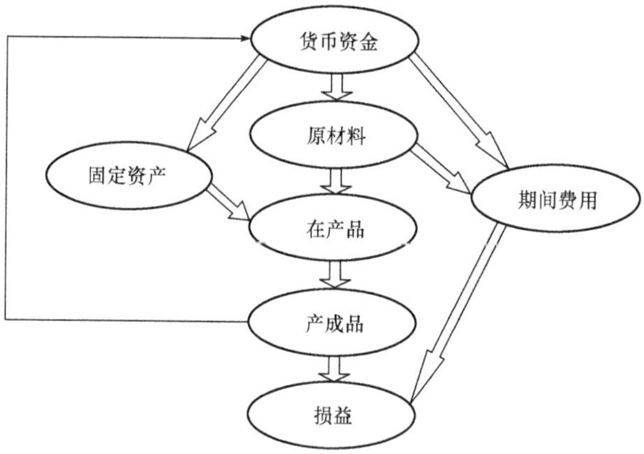

图 1-3 制造企业成本会计对象的具体内容

1.3.2 成本会计的职能

成本会计职能是指成本会计在经济管理中所具有的内在功能。成本会计作为会计的一个重要分支，其基本职能同会计一样，具有反映和监督两大基本职能。但从成本会计产生和发展的历史来看，随着生产过程的日趋复杂，生产、经营管理对成本会计不断提出新的要求，成本会计反映和监督的内涵也在不断发展。成本会计的具体职能既包括对生产经营业务成本和有关的期间费用进行成本核算和分析，也包括对生产经营业务成本、期间费用和专项成本进行预测、决策、计划、控制和考核。

1. 成本会计的基本职能

(1)核算职能。核算职能是成本会计的首要职能。成本会计的核算职能，就是从价值补偿的角度出发，反映生产经营过程中各种费用的支出，以及生产经营业务成本和期间费用等的形成情况，为经营管理提供各种成本信息的功能，就其最基本的方面来说是以已经发生的各种费用为依据，为经营管理提供真实的、可以验证的成本信息，从而使成本分析、考核等工作建立在客观依据的基础上。随着经济活动的日趋复杂，在成本管理上要加强计划性和预见性。因此，成本会计除了要提供反映成本现状的资料外，还要提供有关预测未来经济活动的成本信息资料，以便正确地做出决策和采取措施，达到预期的目的。由此可见，成本会计的核算职能，已从事后反映发展到分析预测未来。

(2)监督职能。成本会计的监督职能，是指按照一定的目的和要求，通过控制、调节、指导和考核等机制，监督各项生产经营耗费的合理性、合法性和有效性，以实现预期的成本管理目标的功能。在市场经济中，任何企业为了达到自己预期的经营目标，不仅要制订计划、分配资源和组织计划的实施，而且必须进行有效的监督，使各项经济活动符合有关规定的要求。成本会计的监督是会计监督的重要组成内容，是对经济活动进行监督的一个重要方面。

成本会计的监督，包括事前、事中和事后监督。首先，成本会计应从经济管理对降低成本、提高经济效益的要求出发，对企业未来经济活动的计划或方案进行审查，并提出合理化建议，从而发挥对经济活动的指导作用；在反映各种生产经营耗费的同时，进行事前监督，即以国家的有关政策、制度和企业的计划、预算及规定等为依据，对有关经济活动的合理性、合法性和有效性进行审查，限制进行。

成本会计的核算和监督两大职能是辩证统一、相辅相成的。没有正确、及时的核算，监督就失去了存在的基础，就无法在成本管理中发挥制约、控制、指导和考核等作用；而只有进行有效的监督，才能使成本会计为管理提供真实可靠的信息资料，使核算的职能得以充分发挥。可见，只有把核算和监督两大职能有机地结合起来，才能更为有效地发挥成本会计在管理中的作用。

2. 成本会计的具体职能

成本会计的具体职能是指成本会计本身所具有的功能。成本会计本身的职能包括成本预测、成本决策、成本计划、成本控制、成本核算、成本考核和成本分析等。

(1)成本预测。成本预测是根据当前已达到的成本水平有关经营活动的历史数据，考虑各种因素对未来的成本水平及其变动趋势做出科学的估计和推断。成本预测可为成本决策、成本计划和成本控制提供及时有效的信息，避免其具有主观性。

(2)成本决策。成本决策是在成本预测的基础上，结合其他有关资料，运用定量和定性分析的方法，选择最优的行动方案。进行成本决策、确定目标成本是编制成本计划的前提，也是实现成本的事前控制、提高经济效益的重要途径。

(3)成本计划。成本计划是根据成本决策所确定的方案、计划期的生产任务、降低成本的要求以及有关资料，通过一定的程序，运用一定的方法，以货币形式规定计划期产品生产耗费和各种商品产品的成本水平，并提出保证成本计划顺利实现所应采取的措施。运用成本计划管理方式，可以在降低成本方面给企业提出明确的奋斗目标，推动企业加强成本管理责任制，增强企业职工的成本意识，控制生产费用，挖掘降低成本的潜力，保证企业降低成本任务的完成。

(4)成本控制。成本控制是根据预定的目标，对成本的发生和形成过程以及影响成本的各种因素和条件施加主动的影响，以实现最低成本和保证合理的成本补偿的一种控制行为。

从企业的经营过程来看，成本控制包括产品生产的事前控制、生产过程控制和事后控制。成本事前控制是从立项建厂、扩建、改建、技术组织措施以及新产品设计、研制，老产品改造，直到产品正式投产前所进行的一系列降低产品成本的活动，它是整个成本控制活动中最重要的环节，直接影响产品制造成本和使用成本的高低。事后控制是定期地对过去某一段时间成本控制的总结，反馈控制来年成本。通过成本控制，可以防止浪费，及时揭示生产过程中存在的问题，消除生产损失，实现成本目标。

(5)成本核算。成本核算是指根据商品产品成本核算对象，采用相应的成本核算方法，按规定的成本项目，通过一系列生产费用的汇集与分配，正确划分各种费用界限，从而计算出各种产品的实际总成本和实际单位成本。因此，成本核算既是对产品的实际生产耗费进行如实核算的过程，也是对各种生产费用的实际支出进行控制的过程。

(6)成本考核。成本考核是指定期对成本计划及其有关指标的完成情况进行总结和评价，意在鼓励先进，鞭策后进，进而监督和促使企业加强成本管理责任制，履行经济责任，提高成本管理水平。各责任人(各部门、各层次和执行人)均为成本考核的对象，根据“干什么、管什么、算什么”的原则，按责任的归属来核算和报告有关成本信息，评价工作业绩。成本考核一般应与一定的奖励制度相结合，以调动各责任人努力实现目标成本的积极性。

(7)成本分析。成本分析是在成本核算及其他有关资料的基础上，运用一定的方法，揭示产品成本水平的变动，进一步查明影响产品成本变动的各种因素、产生的原因以及应负责任的单位和个人，并提出积极的建议，以采取有效措施进一步降低成本，并为新的经营决策提供依据。

上述各项成本管理活动的内容是互相配合、互相依存的有机整体。成本预测是成本决策的前提，成本决策既是成本预测的结果，又是成本计划的依据，是成本会计的重要环节，在成本会计中居于中心地位。成本计划是成本决策所确定目标的具体化；成本控制是对成本计划的实施进行监督，保证成本决策目标的实现；成本核算是成本会计的最基本职能，主要是提供企业管理所需要的成本信息资料，同时也是对成本计划的预期目标是否实现的最后检验；成本考核和成本分析是实现成本决策和成本计划目标的有效手段，只有通过成本分析查明原因，制定并执行改进和完善企业管理的措施，才能调动各部门和全体职工的积极性，实行有效控制，为切实执行成本计划和实现既定目标提供动力。

1.3.3 成本会计的任务

成本会计的任务是成本会计职能的具体化，也是人们期望成本会计应达到的目的和对成本会计的要求。成本会计的主要任务有以下几个方面。

1. 正确核算产品成本，及时为经营管理提供成本信息

提供真实、有用的成本信息，这是成本会计的基本任务。由于成本核算所提供的信息不仅是存货计价的依据，也是企业计算利润的依据，同时还是企业进行成本管理的重要依据，所以成本会计应提供真实、有用的成本核算信息，并按规定为国民经济管理提供必要的成本数据。

2. 优化成本决策，确立目标成本

成本资料反映了企业在某一经营水平方案中的实际耗费水平，当企业的经营管理活动具有多个可选择的方案时，就必须从各个可行方案中选择耗费少、收益高的方案，从而做出最优决策。成本计算除了为财务会计提供有关资产和费用计量的基础数据资料外，更主要的还在于为管理会计提供赖以决策和考核的数据资料。

3. 制定目标成本，加强成本控制

目标成本是最优成本决策确定的成本，成为企业实现目标利润的控制指标。目标成本制定得准确与否影响着成本控制的有效性。成本控制是在目标成本分解的基础上进行的。加强成本控制，必须以产品成本形成的过程为对象，分解生产经营的各个阶段，结合其性质特点进行有效控制，并不断促进成本效益的提高。

4. 考核成本计划的完成情况，开展成本分析

在企业的经营管理中，成本是一个极为重要的经济指标，它可以综合反映企业以及企业内部有关单位的工作业绩。因此，成本会计必须按照成本计划等的要求，进行成本考核，肯定成绩，找出差距，鼓励先进，鞭策落后。成本是综合性很强的指标，其计划的完成情况是诸多因素共同作用的结果。因此，在成本管理工作中，还必须认真、全面地开展成本分析工作。通过成本分析，揭示影响成本升降的各种因素及其影响程度，以便正确评价企业以及企业内部各有关单位在成本管理工作中的业绩和揭示企业成本管理工作中的问题，从而促进成本管理工作的改善，提高企业的经济效益。

1.4 成本会计的工作组织

为了发挥成本会计的职能作用，完成成本会计的任务，必须科学地组织成本会计工作。为此，必须在企业中设置成本会计机构，配备成本会计人员，并且按照与成本会计有关的各种法规和制度进行工作。企业在组织成本会计工作时，应该考虑自身规模的大小、企业机构的设置和生产经营业务的特点等具体条件；应该在保证成本会计工作质量的前提下，尽量节约成本会计工作的时间和费用，提高成本会计工作的效率。

1.4.1 成本会计工作的组织原则

一般来说，企业应根据本单位生产经营的特点、生产规模的大小和成本管理要求等具体情况来组织成本会计工作。具体来说，必须遵循以下几项主要原则。

1. 成本会计工作必须与技术相结合

成本是一项综合性的经济指标，它受多种因素的影响。其中产品的设计、加工工艺等技术是否先进，在经济上是否合理，对产品成本的高低有着决定性的影响。在传统的成本会计工作中，会计部门更加注重产品加工中的耗费，而对产品的设计、加工工艺、质量、性能等与产品成本之间的联系则考虑得较少，甚至有的成本会计人员不懂基本的技术问题；相反，工程技术人员考虑产品技术方面的问题较多，而对产品的成本则考虑较少。这种成本会计工作与技术工作的脱节，使企业在降低产品成本方面受到很大限制，成本会计工作的作用也往往仅限于事后算账、提供核算成本资料。因此，为了在提高产品质量的同时不断地降低成本，提高企业经济效益，在成本会计工作的组织上应贯彻与技术相结合的原则。不仅要求工程技术人员懂得相关的成本知识，树立成本意识，还要求成本会计人员必须改变传统的知识结构，具备与正确进行成本预测、参与经营决策相适应的生产技术方面的知识。只有这样，才能在成本管理上实现经济与技术的结合，使成本会计工作真正发挥其应有的作用。

2. 成本会计工作必须与经济责任制相结合

为了降低成本，实行成本管理上的经济责任制是一条重要的途径。由于成本会计工作是一项综合性的价值管理工作，涉及面宽、信息量大，因此，企业应摆脱只注重成本会计事后核算作用的片面性，充分发挥成本会计的优势，将其与成本管理上的经济责任制有机地结合起来，这样可以使成本管理工作收到更好的效果。

3. 成本会计工作必须建立在广泛的职工群众基础之上

不断挖掘潜力，努力降低成本，是成本会计的根本目标。但各种耗费是在生产经营的各个环节中发生的，成本的高低取决于各部门、车间、班组和职工的工作质量的高低。同时，各级、各部门的职工群众最熟悉生产经营情况，最了解哪里有浪费现象、哪里有节约的潜力。因此，要加强成本管理，实现降低成本的目标，不能仅靠几个专业人员，必须充分调动广大职工群众在成本管理上的积极性和创造性。

1.4.2 成本会计工作的组织机构

成本会计机构是组织成本会计工作和执行成本会计各项任务的职能单位，是在总会计师或会计主管领导下从事工作的。组织机构应根据企业规模与成本会计工作量的大小配备必需的成本会计人员，可以在专设的会计结构中单独设置成本会计科、室、组等，也可以指定专人处理成本会计工作。

合理组织成本会计的工作，必须根据企业内部的管理需要确定成本会计工作的分工，划分成本控制的责任范围，制定各项有关的成本会计制度。

1.4.3 成本会计工作的处理方式

成本会计工作的处理方式按内部各级单位的分工，可以划分为集中处理方式和分散处理方式。

1. 集中处理方式

集中处理方式是指成本会计工作的核算、分析、预测、控制、考核、成本报表的分析等都由工厂总部的会计部门集中处理，车间、班组等单位只负责登记有关原始记录和填制有关原始凭证，并对其进行初步的审核、整理和汇总，为会计部门的成本核算和其他成本会计工作提供资料。采用集中处理方式，能及时掌握企业有关成本的各种信息，有利于集中使用计算机进行成本会计数据的计算和分析，可适当减少成本核算层次和工作人员数量，但不利于配合经济责任制的实行，不便于车间、班组及时掌握成本信息和控制成本，不利于调动企业内部自我控制成本与费用、提高经济效益的积极性。一般适用于中小型企业。

2. 分散处理方式

分散处理方式也称非集中处理方式，是指在企业内部根据管理需要分级设置成本核算单位，各级成本核算单位配备核算人员，对本单位发生的成本进行明细核算，并编制适应日常管理所需的成本报表，进行成本计划、控制和分析等；厂部会计部门则负责对各级核算单位的成本会计工作进行业务指导、监督和考核，并对全厂成本进行综合的核算和分析等工作。其优缺点与集中处理方式相反，通常适用于大中型企业。

1.4.4 成本会计工作的人员要求

在成本管理机构中，配备适当数量思想品德优秀、精通业务的成本会计人员是做好会计工作的关键。就思想品德而言，要求成本会计人员具备脚踏实地、实事求是、敢于坚持原则的作风和高度的敬业精神；就业务素质而言，要求成本会计人员不仅要具备较为全面的知识，而且要掌握一定的生产技术和管理方面的知识。

为了充分调动和保护会计人员的工作积极性，国家在有关的会计法规中对会计人员的职责、权限、任免、奖惩以及会计人员的技术职称等都做了明确的规定。这些规定对于成本会计人员也是完全适用的。

成本会计机构和成本会计人员应在企业总会计师和会计主管人员的领导下，忠实地履行自己的职责，认真完成成本会计的各项任务，并从降低成本、提高企业经济效益的角度出发，参与制定企业的生产经营决策。为此，成本会计人员应经常深入生产经营的各个环节，结合实际情况，向有关人员和职工宣传、解释国家的有关方针、政策和制度以及企业在成本管理方面的计划和目标等，并督促他们贯彻执行；深入了解生产经营的实际情况，注意发现成本管理中存在的问题并提出改进的意见和建议，当好企业负责人的参谋。

根据成本会计人员的职责，应赋予他们相应的权限。这些权限主要有：有权要求企业有关单位和人员认真执行成本计划，严格遵守国家的有关法规、制度和财经纪律；有权参与制定企业生产经营计划和各项定额，参加与成本管理有关的生产经营管理会议；有权督促检查企业各单位对成本计划和有关法规、制度、财经纪律的执行情况。

1.4.5 成本会计的法规和制度

成本会计的法规和制度是组织和从事成本会计工作必须遵循的规范，是会计法规和制度的重要组成部分。制定和执行成本会计的法规和制度，可以促使企业的成本会计工作贯彻执行国家有关的方针、政策，保证成本会计资料真实、规范、及时、有用。

1. 制定成本会计工作制度的原则

成本会计法规和制度，应该按照统一领导、分级管理的原则制定。全国性的成本会计法规和制度，应由国务院和财政部统一制定。每一个企业的成本会计制度或办法，应由企业根据国家的有关规定，结合企业的实际情况制定。

成本会计法规和制度的制定，既要满足企业成本管理和生产经营管理的要求，又要满足国家宏观经济管理的要求，还应适当简化手续，力求做到简明实用，以便贯彻执行，并节约成本会计工作的人力和费用。成本会计法规和制度也属于上层建筑，应该随着经济的发展、经济体制改革的深入以及会计法规和制度的改革，进行相应的改革。成本会计法规和制度的改革，应该既吸收国际上有关的先进经验，与国际惯例接轨，又要考虑我国国情，从实际出发。

2. 成本会计法规和制度的种类

与成本会计有关的法规和制度，可以分为以下四类，即四个层次：

(1)《中华人民共和国会计法》。《中华人民共和国会计法》是我国会计工作的基本法，各专业会计包括成本会计的一切法规、制度，都应该按照它的要求制定。用法律形式确定会计工作的地位和作用，有利于提高人们对会计工作的认识，端正人们对待会计工作的态度。

(2)国家统一的会计制度。国家统一的会计制度包括国家统一的会计核算制度、国家统一的会计监督制度、国家统一的会计机构和会计人员制度、国家统一的会计工作管理制度。

(3)企业内部会计制度。企业内部会计制度是各企业根据企业会计准则、企业会计的具体准则和国家制定的企业会计制度，结合本企业具体条件自行制定的会计制度。企业的成本会计工作是本企业会计工作的重要组成部分，企业的成本会计工作也应符合本企业会计制度的规定。

(4)企业成本会计制度、规程或办法。各企业为了具体规范本企业的成本会计工作，还应根据上述各种法规和制度，结合本企业生产经营的特点和管理的要求，具体制定本企业的成本会计制度、规程或办法。它是企业进行成本会计工作具体的、直接的依据。

各行业企业由于生产经营的特点和管理的要求不同，所制定的成本会计制度也有所不同，就制造企业来说，成本会计制度一般应包括以下几个方面的内容：

1)关于成本预测和决策制度。

2)关于成本定额的制度和成本计划编制的制度。

3)关于成本控制的制度。

4)关于成本核算规程的制度。它包括成本计算对象和成本计算方法的确定；成本项目的设置；各项费用的分配和归集的程序和方法；完工产品和在产品之间的费用分配方法等。

5)关于责任成本的制度。

6)关于企业内部结算价格和内部结算办法的制度。

7)关于成本报表的制度。

8)其他有关成本会计的制度。

成本会计制度是开展成本会计工作的依据和行为规范，是否科学、合理会直接影响成本会计工作的成效。因此，成本会计制度的制定是一项复杂而细致的工作。在成本会计制度的制定过程中，有关人员不仅应熟悉国家有关法规、制度的规定，而且应深入基层做广泛、深入的调查和研究工作，在反复试点、具备充分依据的基础上进行成本会计制度的制定工作。成本会计制度一经制定，就应认证贯彻执行。但随着时间的推移，实际情况往往会发生变化，出现新的情况，这时应根据变化了的情况，对成本会计制度进行修订和完善，以保证成本会计制度的科学性和先进性。

企业成本会计机构的会计人员，应按照上述各种法规和制度的规定，分工协作、互相配合，并且组织职工群众共同做好成本会计工作，充分发挥成本会计的各种职能作用。

本章小结

成本会计是会计的一个重要分支，是以成本为对象的一种专业会计。成本作为一种耗费，在企业管理中有着重要作用。成本是为实现特定目的而发生的，可以用货币计量的耗费，或者是为取得资财或劳务所付出的代价。它具体包括三层含义：一是成本的发生是为了达到一定的目的；二是成本必须是可以用货币计量的，否则就无法进行成本的计算；三是成本是未来取得资产或收益而付出的代价。

在产品生产过程中除了发生与生产直接相关的耗费以外，还要发生为筹集生产资金支付的财务费用，为组织和管理生产经营活动而付出的管理费用，以及为实现产品价值而支付的销售费用。这些费用也列为成本会计的对象。不仅如此，由于成本是一个经济范畴，因此，成本会计对象也应包括各行各业的生产经营成本和经营管理费用。现代成本会计就是以这些成本、费用为对象的一种专业会计。

成本会计职能是成本会计在经济管理中所具有的内在功能。成本会计职能在不同历史时期为不同内容。最初成本会计职能仅是成本核算；现代成本会计职能包括成本预测、成本决策、成本计划、成本控制、成本核算、成本考核和成本分析等多项职能，这几项职能也是成本会计的内容。

为发挥成本会计的职能作用，完成成本会计任务，必须科学地组织成本会计工作。成本会计工作组织具体包括三个方面，即设置成本会计机构、配置成本会计人员、建立企业内部成本会计制度。

关键术语

成本　成本会计　对象　职能　任务　机构　法规和制度

复习思考题

1. 什么是成本？简述成本与费用的联系和区别。
2. 成本会计的内容包括哪些？
3. 简述成本会计的对象、职能及任务。
4. 企业成本会计工作的组织形式有哪些？简要说明它们的特点。
5. 企业成本会计的法规和制度包括哪些？

第2章 成本核算的要求与程序

本章导读

成本核算是对生产费用和产品成本形成的核算。它是成本会计的基本内容，是节约生产费用、降低产品成本、减少资金占用和提高经济效益不可缺少的重要手段。本章介绍了成本核算的要求、生产费用要素和产品成本项目、成本核算主要设置的会计科目及基本程序。

2.1 成本核算的要求①

成本核算就是按照国家有关的法规、制度和企业经营管理的要求，对生产经营过程中实际发生的各种生产耗费进行计算，并进行相应的账务处理，从而为企业管理提供真实、有用的成本信息。成本核算正确与否，直接影响企业损益，对企业的生产经营决策也有重大影响。因此，为了完成成本核算的各项任务，充分发挥成本核算的作用，完善企业的生产经营管理，成本核算工作应贯彻执行以下几点要求。

2.1.1 算管结合、算为管用

算管结合、算为管用，就是成本核算应当与加强企业经营管理相结合，所提供的成本信息应当满足企业经营管理和决策的需要。

为此，成本核算不仅要对各项费用支出进行记录和计算，提供事后的成本信息，而且更要在国家有关法规和制度的规定下，结合企业经营管理要求，加强各项费用和支出的事前、事中审核和控制，并及时进行信息反馈。也就是说，对于合理、合法、有利于发展生产提高经济效益的开支，要积极予以支持，否则就要坚决加以抵制。对于当时已经无法制止的，要追究责任，采取措施，防止以后再发生；对于各项费用的发生情况，以及费用脱离定额的差异进行日常的计算和分析，及时进行反馈；对于定额不符合实际的情况，要按照规定程序予以修正。

同时，在成本计算中，既要防止片面追求简化，以致不能为管理提供所需资料的做法，也要防止为算而算搞烦琐哲学，脱离管理实际需要的做法。成本核算要做到分清主次、区别对待、主要从细、次要从简、简而有理、细而有用。

另外，为了满足企业经营管理和决策的需要，成本核算不仅要按照国家有关法规、制度计算产品成本和各项期间费用，还应借鉴西方的一些成本的概念和计算方法，为不同的管理目的提供不同的管理成本信息，如变动成本信息与固定成本信息、可控成本信息与不可控成本信息、

---

① 阅读参考：

[1] 陈华娜．浅谈成本核算的成本分析方法[J]．全球商业经典，2015(08)．

[2] 梁淑文．企业成本核算中的问题与策略[J]．中国外资，2011(17)．

作业成本信息等。

2.1.2 正确划分各种费用界限

为了正确地进行成本核算，正确地计算产品成本和期间费用，必须正确划分以下五个方面的费用界限。

1. 正确划分应否计入生产成本、期间费用的界限

工业企业的经济活动是多方面的，其支出的用途不尽相同。而不同用途的支出，其列支的项目应该不同。例如，企业购建固定资产的支出，应计入固定资产的成本；固定资产盘亏损失、固定资产报废清理净损失等应计入营业外支出。而用于产品生产和销售、组织和管理生产经营活动，以及为筹集生产经营资金所发生的各种支出，即企业日常生产经营管理活动中的各种耗费，则应计入产品成本或期间费用。企业应按照国家有关成本开支范围的规定，正确地核算产品成本和期间费用。凡不属于企业日常生产经营方面的支出，均不得计入产品成本或期间费用，即不得多计成本；凡属于企业日常生产经营方面的支出，均应全部计入产品成本或期间费用，不得遗漏。多计成本会减少企业利润和国家财政收入；少计成本则会虚增利润，使企业成本得不到应有的补偿，从而影响企业生产经营活动的顺利进行。而且无论多计成本还是少计成本，都会造成成本不实，从而不利于企业的成本管理。因此，企业必须正确划分应否计入生产成本、期间费用的界限，防止多计成本和少计成本的错误做法。

2. 正确划分生产费用与期间费用的界限

工业企业日常生产经营中所发生的各项耗费，其用途和计入损益的时间是有所不同的。用于产品生产的费用形成产品成本，并在产品销售后作为产品销售成本计入企业损益；由于当月投产的产品不一定当月完工，当月完工的产品也不一定当月销售，因而当月的生产费用往往并不是应计当月损益的产品销售成本。而本月发生的销售费用、管理费用和财务费用，则是作为期间费用，直接计入当月损益。因此，为了正确计算生产成本和期间费用，正确计算企业各月的损益，必须正确地划分生产费用与期间费用的界限，防止混淆生产费用与期间费用，借以调节各月产品成本和各月损益的错误做法。

3. 正确划分各会计期间的费用界限

对于应计入产品成本的生产费用和当期损益的期间费用，还应按权责发生制原则在各个会计期间之间进行合理划分。凡是应由本期产品成本或当期损益负担的费用，应全部列入本期产品成本或损益，即使尚未支付，也应作为预提费用等，预先提取计入本期的成本费用；凡是不应由本期产品成本或当期损益负担的费用，不应列入本期产品成本或损益，即使已经支付，也应作为待摊费用或长期待摊费用等，分期摊入各期的成本费用。因此，企业必须及时记账、按期结账，既不能推后结账，也不能提前结账；必须按权责发生制原则，正确核算各种跨期摊提费用(包括预提费用、待摊费用、长期待摊费用等)。为了简化核算，对于数额小的跨期费用，也可以按重要性原则在实际支出期间列入当期的成本或费用。应防止利用跨期摊提费用方式，人为调节各期产品成本和期间费用，从而人为调节各期利润的错误行为。

4. 正确划分各种产品的费用界限

对于应计入本期产品成本的费用，还应在各种产品之间进行合理划分。因此，凡是能分清应由某种产品负担的直接费用(如直接材料费、直接人工费、直接燃料及动力费等)，应直接计入各有关产品成本；对于各种产品共同发生的间接费用，应采用简便、合理的分配方法，分配计入各有关产品成本。在会计实务中，对于多种产品共同发生的材料费用、人工费用等，按一定的分配方法直接分配计入各产品成本；对于车间(或分厂)发生的不单独设立成本项目的产品费用(如设备折旧费、修理费等)、为组织和管理车间(或分厂)生产而发生的车间(或分厂)经费，应先通过“制造费用”归集，然后在期末再分配计入有关产品成本。在各种产品之间分配费用时，应注意划清盈利产品与亏损产品、可比产品与不可比产品之间的费用界限。应该防止将亏损产品的费用计入盈利产品，将可比产品的费用计入不可比产品，借以掩盖成本超支或以盈补亏的错误做法。

5. 正确划分完工产品与在产品的费用界限

到期末，将各种产品本期发生的产品费用在有关成本计算单中归集完毕后，就可以计算本期各种完工产品的总成本和单位成本。在这里，大体上可能出现三种情况：第一种，某种产品在本期已经全部完工并验收入库。这时该产品的生产费用合计数(即期初在产品成本和本期发生的生产费用之和，下同)就是该完工产品的总成本。第二种，某种产品在本期全部未完工。这时该产品的生产费用合计数就是该产品的期末在产品成本。第三种，某种产品在本期部分已完工并验收入库，另一部分尚未完工，这时就需要将该产品的生产费用合计数采用一定方法在本期完工产品与期末在产品之间进行分配。在本期完工产品与期末在产品之间分配生产费用时，应该防止任意抬高或压低期末在产品成本，从而人为调节本期完工产品成本的做法。

以上五个方面费用界限的划分过程，也就是产品生产成本的计算和各项期间费用的归集过程。在这一过程中，应贯彻受益原则，即何者受益何者负担费用，何时受益何时负担费用；负担费用的多少，应与受益程度的大小成正比。

2.1.3　正确确定财产物资的计价和价值结转方法

工业企业的生产经营过程，同时也是各种劳动的耗费过程。在各种劳动耗费中，财产物资的耗费占有相当比重。因此，财产物资的计价和价值结转方法是否恰当，会对成本计算的正确性产生重要影响。企业财产物资计价和价值结转方法主要包括：固定资产原值的计算方法、折旧方法、折旧率的种类和高低；固定资产修理费用是否采用待摊或预提方法以及摊提期限的长短；固定资产与低值易耗品的划分标准；材料成本的组成内容、材料按实际成本进行核算时发出材料单位成本的计算方法；材料按计划成本进行核算时材料成本差异率的种类、采用分类差异时材料类距的大小；低值易耗品和包装物价值的摊销方法、摊销率的高低及摊销期限的长短等。为了正确计算成本，对于各种财产物资的计价和价值的结转，都应采用既合理又简便的方法；国家有统一规定的，应采用国家统一规定的方法。各种方法一经确定，应保持相对稳定，不能随意改变，以保证成本信息的可比性。①

2.1.4　做好各项基础工作

为了进行成本审核、控制，正确计算产品成本和经营管理费用，还必须做好以下各项基础工作。

1. 做好定额的制定和修订工作

产品的各项消耗定额，既是编制成本计划、分析和考核成本水平的依据，又是审核和控制耗费的标准。企业应根据当前技术装备水平，充分考虑各有关因素，制定和修订既先进又可行的原材料、燃料、动力和工时等的消耗定额，并据以审核各项耗费是否合理，评价各项耗费是

① 阅读参考：付宝．我国国防物资计价核算管理研究[J]．经营管理者，2015(31)．

否节约，从而达到控制生产耗费、降低生产成本和期间费用的目的。在计算产品成本时，往往也要根据产品的原材料和工时定额消耗量或定额费用作为分配实际费用的标准。因此，制定和修订产量和消耗等各种定额，是搞好生产管理、成本管理和成本核算的前提。企业必须不断建立和健全定额管理制度，凡是能够制定定额的各种消耗，都应该制定，并随着生产的发展、技术的进步、劳动生产率的提高，不断对其进行修订。

2. 建立和健全材料物资的计量、收发、领退和盘点制度

为了进行成本管理和成本核算，还必须加强材料物资的计量、收发、领退和盘点工作，建立健全相应的规章制度，这是正确核算产品成本和期间费用的前提条件。凡是材料物资的收发、领退，在产品、半成品的内部转移和产成品的入库等，均应填制相应的凭证，办理一定的审批手续，并经过计量、验收或交接，防止任意领发和转移。库存的材料物资、半成品和产成品，以及车间的在产品和半成品，均应按规定定期进行盘点，防止丢失积压、损坏变质和被贪污盗窃。这些工作也是进行生产管理、物资管理和资金管理所必需的。只有这样，才能保证账实相符，成本核算的正确性。

3. 建立和健全原始记录工作

原始记录是反映生产经营活动的原始资料，是进行成本预测、成本计划编制、成本核算、消耗定额分析和成本计划执行情况的依据，对于劳动工资、设备动力、生产技术管理等方面，以及有关的计划统计工作，也有重要意义。只有计量没有记录，核算就没有书面的凭证依据。为了进行成本核算和管理，对于企业在生产经营过程中发生的材料的领用、工时和动力耗费、费用的开支、在产品和半成品的内部转移、产成品的入库以及产品质量的检验结果等，均应做出真实的记录。成本核算人员应会同有关部门，制定出既符合各方面管理需要，又符合成本核算要求，既科学又简便易行、讲求实效的原始记录制度，并且组织有关职工认真做好各种原始记录的登记、传递、审核和保管工作，以便正确、及时地为成本核算和其他有关方面提供所需要的原始资料。

4. 做好厂内计划价格的制定和修订工作

在计划管理基础较好的企业中，为了分清企业内部各单位的经济责任，便于分析和考核内部各单位成本计划的完成情况和管理业绩，还应对原材料、半成品和厂内各车间相互提供的劳务(如修理、运输等)制定厂内计划价格，作为内部结算和考核的依据。厂内计划价格应该尽可能接近实际并相对稳定，年度内一般不做变动。制定厂内计划价格的企业，对于材料领用、半成品转移，以及各车间、部门之间相互提供劳务，都应先按计划价格结算，月末再采用一定的方法计算和调整价格差异，据以计算实际的产品成本和期间费用。按计划价格进行企业内部的往来结算，既可以加快和简化成本和费用的核算工作，又可以分清内部各单位的经济责任。

2.1.5 采用适当的成本计算方法①

由于企业生产工艺、生产组织和管理要求的不同，各个企业在进行成本核算时，会选用不同的成本核算方法进行成本的核算与管理。但是，每个企业必须根据自身的生产特点和管理要求选择适合本企业的成本核算方法，以保证成本核算信息的正确性。成本会计核算可考虑生产

① 阅读参考：
[1]刘颖平，彭岩．浅谈工业企业成本计算方法的选择[J]．商业经济，2007(06)．
[2]夏萍．试析多种成本计算方法的综合应用[J]．财会月刊，2012(31)．

特点和管理要求而采用不同方法：

(1)对于大量、大批的单步骤生产或管理上不要求分步骤计算成本的多步骤生产，可采用品种法。

(2)对于单件、小批的单步骤生产或管理上不要求分步骤计算成本的多步骤生产，可采用分批法。

(3)对于大量、大批的多步骤生产，可采用分步法。

因此，只有按照产品的生产特点和管理要求，选择适当的成本计算方法，才能正确计算产品成本，有效开展成本管理工作。

2.2　生产费用要素和产品成本项目

工业企业在产品生产经营过程中，要发生各种各样的耗费，这些耗费的货币表现就是工业企业的费用，其中包括用于企业生产产品的生产费用、用于销售产品的销售费用、用于组织管理生产经营活动的管理费用，以及筹集生产经营资金的财务费用。而为了生产一定种类、一定数量的产品所支出的各种生产费用之和，就是这些产品的生产成本；管理费用、销售费用及财务费用则为期间费用。为了科学地进行成本管理，正确地计算产品生产成本和期间费用，需要对费用进行分类，其中生产费用要素和产品成本项目是两种最基本的类型。

2.2.1　生产费用要素

产品的生产过程，也是物化劳动(包括劳动对象和劳动手段)和活劳动的耗费过程。因而生产过程中发生的生产费用，按其经济内容分类，可划分为劳动对象方面的费用、劳动手段方面的费用和活劳动方面的费用三大类。生产费用就是在这一划分的基础上细分为若干要素费用的。

(1)外购材料。外购材料是指企业为进行生产经营而耗用的一切从外部购进的原材料、主要材料、半成品、辅助材料、包装物、修理用备件和低值易耗品等。

(2)外购燃料。外购燃料是指企业为进行生产经营而耗用的一切从外部购进的各种燃料，包括固体、液体和气体燃料。外购燃料与外购材料从性质上看是相同的，可归为一类。但由于在许多企业中燃料是重要的能源，在成本中所占的比重较大，故将其单独列为一类进行核算。

(3)外购动力。外购动力是指企业为进行生产而耗用的一切从外部购进的各种动力，包括热力、电力和蒸汽动力等。

(4)职工薪酬。职工薪酬是指企业为进行生产经营而支付给职工的各种薪酬，具体包括：职工工资、奖金、津贴和补贴；职工福利费；医疗保险费、养老保险费、失业保险费、工伤保险费和生育保险费等社会保险费；住房公积金；工会经费和职工教育经费；非货币性福利；因解除与职工的劳动关系给予的补偿；其他与获得职工提供的服务相关的支出。

(5)折旧费。折旧费是指企业按照规定的固定资产折旧方法，对用于生产经营的固定资产所计算提取的费用。

(6)利息支出。利息支出是指企业计入财务费用等的负债利息净支出，即利息支出减去利息收入后的净额。

(7)税金。税金是指企业应计入管理费用的各种税金，如房产税、车船使用税、印花税、土地使用税等。

(8)其他费用。其他费用是指不属于以上各要素但应计入产品成本或期间费用的费用支出，如邮电费、差旅费、租赁费、外部加工费等。

上述各要素称为费用要素。按照费用要素反映的费用，称为要素费用。生产费用要素是一种原始形态的费用支出，将它划分为若干要素进行反映与核算，有助于企业了解在一定时期内发生了哪些生产费用，各要素的比重是多少，借以分析企业各个时期各种要素费用支出的水平。这种费用的划分，能将物化劳动的耗费明显地从劳动耗费中划分出来，进行单独的反映，为企业计算工业增加值和国家计算国民生产总值提供资料，也可为企业控制存货资金占用及编制设备、材料等采购计划提供依据。但是，这种分类不能说明各种费用的用途，因而不便于分析各种费用的支出是否节约、合理。

2.2.2 产品成本项目

工业企业在生产经营中发生的费用，按照经济用途可以分为计入产品成本的生产费用和直接计入当期损益的期间费用两类。

1. 生产费用

为具体反映计入产品成本的生产费用的各种用途，提供产品成本构成情况的资料，还应将生产费用进一步划分为若干个项目，即产品生产成本项目(简称产品成本项目或成本项目)。工业企业一般应设置以下几个成本项目：

(1)原材料，也称直接材料，是指企业在生产产品和提供劳务过程中所消耗的直接用于产品生产并构成产品实体的原料、主要材料、外购半成品以及有助于产品形成的辅助材料。

(2)燃料及动力，也称直接燃料及动力，是指企业在生产产品和提供劳务过程中所消耗的直接用于产品生产的燃料和动力。

(3)工资及福利费，也称直接人工，是指企业在生产产品和提供劳务过程中直接参加产品生产的工人工资以及按生产工人工资总额和规定的比例计算提取的职工福利费。

(4)制造费用，是指企业的生产部门或生产车间为生产产品和提供劳务而发生的各种间接费用，包括工资和福利费、折旧费、办公费、水电费、机物料消耗、劳动保护费、季节性和修理期间的停工损失等。

企业可根据生产特点和管理要求对上述成本项目做适当调整。对于管理上需要单独反映、控制和考核的费用，以及产品成本中比重较大的费用，应专设成本项目；否则，为了简化核算，不必专设成本项目。

2. 期间费用

期间费用是指不计入产品生产成本、直接计入当期损益的费用。企业一定期间所发生的不能直接归属于某个特定产品的生产成本的费用，则归属于期间费用，在发生时直接计入当期损益。工业企业的期间费用按照经济用途可分为管理费用、销售费用和财务费用。

(1)管理费用，是指企业为组织和管理企业生产经营所发生的各种费用，包括企业董事会和行政管理部门在企业的经营管理中发生的，或者应由企业统一负担的公司经费、工会经费、职工教育经费、劳动保险费、待业保险费、董事会费、聘请中介机构费、咨询费、诉讼费、排污费、绿化费、税金、土地使用费(海域使用费)、矿产资源补偿费、技术转让费、技术开发费、无形资产摊销、开办费摊销、业务招待费、坏账损失、存货跌价准备、存货盘亏、毁损和报废(减盘盈)，以及其他管理费用。

(2)销售费用，是指企业在销售商品、产品和提供劳务过程中发生的各项费用以及专设销售机构(含销售网点、售后服务网点等)的各项经费，包括一般销售费用、广告费、展览费、租赁费、专设销售机构经费。

(3)财务费用，是指企业为筹集生产经营所需资金而发生的费用，包括企业生产经营期间发生的利息净支出(减利息收入)、汇兑净损失以及相关机构的手续费。

对企业发生的费用进行正确的核算，是加强企业经营管理、降低消耗、提高企业经济效益的有效途径。

2.2.3　生产费用要素与产品成本项目的关系

1. 生产费用要素与产品成本项目的联系

生产费用要素和产品成本项目反映的经济内容是一致的，都是在企业生产过程中发生的各项费用。因为生产费用的发生过程即是产品成本的形成过程，所以按经济内容反映的各项费用要素的发生额，是构成按经济用途分类的产品成本项目的基础。

2. 生产费用要素与产品成本项目的区别

(1)从反映的内容看，生产费用要素反映的内容包括企业发生的全部生产费用，例如，外购材料，不论是用于产品生产的直接材料或间接材料，还是用于固定资产修理或专项工程等，都包括在内。又如，工资费用，既包括用于产品生产的工资费用，又包括不用于产品生产的工资费用。而产品成本项目中的直接材料仅指构成产品实体(或主要成分)的原材料费用，工资费用仅指直接生产工人的工资。

(2)从涵盖的范围看，生产费用要素反映的是某一时期(月、季、年)内企业实际发生的生产费用，而按成本项目反映的产品成本，是指某一时期某种产品所应负担的费用，是对象化了的生产费用。

综上所述，生产费用要素只能用来反映企业在生产中发生了哪些费用，而产品成本项目是用来反映生产中发生的这些费用到底用在了哪里。明确了费用要素与成本项目的联系和区别，对于搞好成本费用核算，控制、分析、考核成本费用都有着重要的作用。

2.3　成本核算的程序①

2.3.1　成本核算应设置的账户

为了正确反映和核算产品生产过程中所发生的生产费用以及产品生产成本的形成过程，企业一般要设置以下有关账户：

“生产成本”账户是核算企业进行工业性生产，包括生产各种产品(产成品、自制半成品、提供劳务等)、自制材料、自制工具、自制设备等所发生的各项生产费用。该账户属于成本类账户，下设“基本生产成本”和“辅助生产成本”两个二级明细账户。根据成本核算的需要，企业可

---

① 阅读参考：

[1] 朱磊娜，艾文文．若干种成本核算方法的应用与对比[J]．现代经济信息，2012(09)．

[2] 任桂涛．企业会计成本核算方法新探[J]．企业导报，2014(14)．

将“基本生产成本”和“辅助生产成本”两个二级明细账户设成两个一级账户进行核算。

(1)“生产成本——基本生产成本”明细账户。该账户是核算企业为完成主要生产目的而进行的商品、产品生产所发生的各种生产费用。其借方登记企业为进行基本生产所发生的各种费用，如直接材料、直接人工等直接费用，以及通过设置“制造费用”账户归集的、在月末按一定标准分配后转入的间接费用；贷方登记完工入库转出的产品生产成本。余额在借方，表示期末尚未加工完成的在产品成本。“基本生产成本”账户应按产品品种、批别、生产步骤等成本计算对象，设置产品成本明细分类账(或称基本生产明细账、产品成本计算单)，账内按产品成本项目分设专栏或专行。

(2)“生产成本——辅助生产成本”明细账户。该账户用以核算辅助生产车间为基本生产车间和管理部门提供产品、劳务所发生的各项费用。辅助生产车间发生的各项费用，计入“生产成本——辅助生产成本”账户的借方及其明细账，完工入库产品的成本或分配转出的劳务费用，从“生产成本——辅助生产成本”账户贷方转出，分别记入“生产成本——基本生产成本”“制造费用”“低值易耗品”等账户及其明细账的借方。该账户如有余额，肯定在借方，表示辅助生产车间在产品的成本。“生产成本——辅助生产成本”账户按辅助生产车间和产品品种设置明细账，明细账内按成本项目设置专栏登记。

(3)“制造费用”账户。该账户用以核算生产车间所发生的间接费用，费用发生时计入“制造费用”账户的借方及其明细账，月末按一定标准分配制造费用时从“制造费用”账户的贷方转出。该账户月末一般无余额。“制造费用”账户通常按车间设置明细账，归集、分配每一车间发生的费用，制造费用明细账通常采用多栏式。

(4)“废品损失”账户。需要单独核算废品损失的企业，应当设置“废品损失”科目。该账户的借方登记不可修复废品的生产成本和可修复废品的修复费用，贷方登记废品残料回收的价值、应收的赔款以及转出的废品净损失；该账户月末一般无余额。“废品损失”账户应按车间设置明细分类账，账内设置专栏或专行进行明细核算。

(5)“停工损失”账户。凡是需要单独核算“停工损失”的企业，可以设置“停工损失”账户。该账户用于核算企业生产车间由于计划减产或者由于停电、待料、机器设备发生故障等原因而停止生产所造成的损失。该账户借方记录停工期间应付职工薪酬、维护保养设备消耗的材料费用、应负担的制造费用等，贷方反映分配结转的停工损失，月末一般无余额。如果跨月停工，则可能出现借方余额。“停工损失”明细账户应按车间设置，账内按照实际停工和计划停工进行记录，以便明确责任，正确计算产品成本。

需要说明的是，如果企业不单独核算生产车间发生的废品损失和停工期间各种耗费，则废品损失与停工期间的各种消耗就会同正常生产期间的耗费混在一起，计入核算生产成本的相关账户中。

2.3.2 成本核算的基本程序

成本核算的基本程序是指对企业在生产经营过程中发生的各项生产费用和期间费用，按照成本核算的要求，逐步进行归集和分配，最后计算出各种产品的生产成本和各项期间费用的基本过程。根据前述的成本核算要求和生产费用要素及产品成本项目分类，可将成本核算的一般程序归纳如下：

1. 确定产品成本计算对象

产品成本计算的最终目的是要将企业发生的成本费用归集到一定的成本计算对象上，从而计算出该对象完工产品的总成本和单位成本。因此，要进行成本计算，首先必须确定成本计算对象，由于企业的生产工艺特点、管理水平和管理要求、企业规模大小不同，产品成本计算对象也不相同。对于制造企业，成本计算对象有产品品种、产品批别、产品生产步骤三种。企业应根据自身的生产经营特点和管理要求选择适合本企业的产品成本计算对象。

2. 确定成本项目

成本项目是费用按经济用途划分成的若干项目，它可以反映产品生产过程中各种资金的耗费情况，便于分析各项生产费用的支出是否节约、合理。因此企业在成本核算中，应根据自身特点和管理要求，确定成本项目。一般可确定直接材料、直接人工、制造费用三个成本项目。根据生产和管理需要，做适当调整。还可单设废品损失、停工损失等成本项目。

3. 确定成本计算期

成本计算期是指每次计算成本的间隔期间，即多长时间计算一次成本。企业应根据产品生产组织的特点确定各成本对象的成本计算期。成本计算期分为定期和不定期两种，通常在大量大批生产的情况下，每月都有一定的产品完工，应定期按月计算产品成本，即成本计算期与会计核算期一致；而在成批、单件生产的情况下，一般不要求定期按月计算产品成本，而是待一批产品完工时才计算该批产品成本，所以成本计算期与生产周期一致。

4. 归集和分配生产费用

归集和分配生产费用时，首先，必须对支出的费用进行审核和控制，以确定各项费用是否应该开支，已开支的费用是否应该计入产品成本。其次，确定应计入本月产品成本的费用。本月支出的生产费用，不一定都计入本月产品成本；属于本月产品成本负担的，也不一定都是本月支付的费用。企业应根据权责发生制原则和配比原则的要求，分清各项费用特别是跨期摊提费用的归属期：本月支付应由本月负担的生产费用，计入本月产品成本；以前月份支付应由本月负担的生产费用，分配摊入本月产品成本；应由本月负担而以后月份支付的生产费用，预先计入本月产品成本；对于本月开支应由以后月份负担的生产费用，记作待摊费用处理；对于已由以前月份负担而在本月支付的生产费用，应从预提费用列支。最后，将应计入本月产品成本的原材料、燃料、动力、工资、折旧费等各种要素费用在各有关产品之间，按照成本项目进行归集和分配。对于为生产某种产品直接发生的生产费用，能分清成本计算对象的，直接计入该产品成本；对于那些几种产品共同负担的，或为产品生产服务发生的间接费用，可先按发生地点和用途进行归集汇总，然后分配计入各受益产品。可见，产品成本的计算过程也就是生产费用的归集、汇总和分配过程。

5. 计算完工产品成本和月末在产品成本

将生产费用计入各成本计算对象后，对于既有完工产品又有月末在产品的产品，应采用相应的方法，把生产费用在其完工产品和月末在产品之间进行分配，计算出该种产品的完工产品成本和月末在产品成本，并计算出产品总成本及单位成本。

本章小结

企业要想正确地进行成本核算，必须要明确成本核算要求，第一，要树立算管结合、算为管用的思想；第二，要做到正确划分五种费用界限；第三，要正确确定财产物资的计价和价值结转方法；第四，要做好各项基础工作；第五，要采用适当的成本计算方法。在具体实施成本核算程序之前，要明确生产费用要素和产品成本项目，根据企业特点开设相应的成本核算账户，确定产品成本计算对象、成本项目、成本计算期，归集和分配生产费用，计算出完工产品成本和月末在产品成本。

关键术语

生产费用　生产成本　成本项目　财产物资　价值结转　费用归集　费用分配　完工产品　在产品

复习思考题

1. 简述企业成本核算的一般要求。
2. 简述成本核算中一般应划分的几个费用界限。
3. 简述成本核算的一般程序。

第 3 章　生产要素的归集与分配

本章导读

企业在生产过程中耗用原材料、燃料和动力，支付职工工资以及发生各种其他费用。有些费用发生时直接记入相关的账户或产品成本中，有些费用则属于多种产品共同耗用的费用，不能直接记入相关账户或产品成本中，需要采用科学合理的方法进行分配。

3.1　材料费用的归集和分配

材料费用包括企业生产经营过程中耗费原材料、燃料、低值易耗品、包装物等而发生的费用。材料费用的核算包括材料费用的归集和分配两个方面。加强材料费用的核算，对于企业降低产品成本、节约使用资金有着十分重要的作用。

3.1.1　材料费用的归集

1. 入库材料成本的计价

对入库材料进行正确的计价，是正确计算产品成本中材料成本的前提。一般在实际工作中，如果企业的规模较小，材料的品种规格不多且收发不太频繁，材料可按实际成本计价；如果企业的规模较大，材料的品种规格繁多且收发频繁，则材料应按计划成本计价。

2. 发出材料成本的确定

企业生产经营过程中使用的材料包括原料、主要材料、辅助材料、外购半成品、修理用备件、燃料、包装物和低值易耗品等。企业在生产过程中领用材料时，为明确经济责任、便于分配材料费用，领用材料必须办理必要的手续，并填制相关的原始凭证。

(1)领料单。领料单是一次使用的领发料凭证。每领一次材料填写一份。它适用于难以用消耗定额控制和不经常领用的材料，一般要求一单一料一用途，以便分类汇总。领料单格式如表3-1 所示。

表 3-1　领料单

领料部门：　　　　　　　　年　月　日　　　　　　　　发料仓库：第　号

材料编号	材料类别	材料名称规格	计量单位	数量		成本		备注
				请领	实发	单价	金额	
用途								

主管　　会计　　记账　　保管　　发料　　领料

(2)限额领料单。限额领料单是一种在有效期和限额内可以多次使用的累计领发料凭证，适用于经常领用并有消耗定额的材料领用。限额领料单格式如表 3-2 所示。

表 3-2　限额领料单

领料单位：

用途：　　　　　　　　　　　　年　　月　　　　　　　　　　　　发料仓库：第　号

材料编号	材料类别	材料名称规格	计量单位	领用限额	实发数量	金额	日期	领料人签字	发料人签字	限额结余
用途：										

(3)领料登记表。领料登记表是为了减少发料凭证的数量，简化填制和审批手续而采用的领料凭证。领料登记表格式如表 3-3 所示。

表 3-3　领料登记表

领料单位：

材料类别：

材料名称规格：　　　　　　　　年　　月

日期	领用数额	累计领料数量	单价	金额	发料人	领料人

3.1.2　材料费用的分配

到了月末，将各种领料凭证按车间、部门进行汇总，即可计算出各车间、部门消耗材料的数量和金额，通过编制“材料费用分配表”即可进行材料费分配的核算。

1. 材料费用分配的会计分录

对于生产产品所领用的材料，包括构成产品实体的主要材料和有助于产品形成的辅助材料，一般在产品成本中占有较大比重，在“生产成本——基本生产成本”和“生产成本——辅助生产成本”总账户下专设成本项目，直接或分配后计入各种产品的“原材料”成本项目。会计处理如下：

借：生产成本——基本生产成本(直接材料)——某产品

　　生产成本——辅助生产成本(直接材料)——某产品

　　贷：原材料

对于非生产产品所领用的材料，属于期间费用，应按其用途和发生地点分别记入“销售费用”“管理费用”等账户。会计处理如下：

借：销售费用

　　管理费用

　　贷：原材料

2. 材料费用的分配核算

需要分配计入各成本计算对象的材料费用在选择分配方法时，在遵循合理和简便易行原则的基础上，选择恰当的标准和计算方法，计算方法主要包括定额消耗量比例法、定额费用比例法和系数分配法。

(1)定额消耗量比例法[①]。定额消耗量比例法是指以定额耗用量作为分配标准的一种费用分配方法，它一般在各项材料消耗定额健全并且比较准确的情况下采用。具体分配步骤如下：

1)计算各种产品原材料定额消耗量，计算公式为：

某种产品材料定额消耗量＝该种产品实际产量×单位产品材料消耗定额

2)计算原材料费用分配率，计算公式为：

$$\text{原材料费用分配率}=\frac{\text{原材料实际消耗总量}}{\text{各种产品原材料定额消耗量之和}}$$

3)计算各种产品应分配的原材料实际消耗量，计算公式为：

某种产品应分配的原材料实际消耗量＝该产品的原材料定额消耗量×原材料费用分配率

4)计算各种产品应分配负担的原材料实际费用，计算公式为：

某种产品应分配负担的原材料实际费用＝该产品应分配的原材料实际消耗量×原材料单价

【例 3-1】 西安爱飞翔民用无人机组装有限责任公司(以下简称西安爱飞翔公司)生产 AFX—1 型和 AFX—2 型两种无人机产品，共同耗用某种碳纤维管原材料，该公司在 201×年 1 月生产 AFX—1 型无人机实际产量为 1 800 架，AFX—2 型无人机实际产量是 1 200 架，单位 AFX—1 型无人机材料定额耗用量为 6 kg，单位产品材料定额耗用量为 3 kg。该公司 201×年 1 月生产产品耗用该原材料 9 000 kg，碳纤维管单价 20 元/kg。要求：采用定额消耗量比例法分配材料费。

解：①AFX—1 型无人机原材料定额消耗量＝1 800×6＝10 800(kg)

AFX—2 型无人机原材料定额消耗量＝1 200×3＝3 600(kg)

②原材料定额消耗量分配率＝9 000÷(10 800＋3 600)＝0.625

③AFX—1 型无人机应分配的原材料实际消耗量＝10 800×0.625＝6 750(kg)

AFX—2 型无人机应分配的原材料实际消耗量＝3 600×0.625＝2 250(kg)

④AFX—1 型无人机应分配负担的原材料实际费用＝6 750×20＝135 000(元)

AFX—2 型无人机应分配负担的原材料实际费用＝2 250×20＝45 000(元)

采用该方法分配材料费用，可以考核各种材料消耗定额的执行情况，有利于材料消耗的实物管理。如例 3-1 中原材料定额消耗量分配率为 0.625＜1，说明该公司原材料实际消耗量小于定额消耗量，也就是说，在实际生产中节约了原材料。但这种分配方法的缺陷是工作量大。为了简化费用分配工作，也可以直接按照定额消耗量分配原材料费用，公式为：

$$\text{原材料费用分配率}=\frac{\text{原材料实际费用总额}}{\text{各种产品原材料定额消耗量之和}}$$

仍以例 3-1 为例：

$$\text{原材料费用分配率}=\frac{135\ 000+45\ 000}{10\ 800+3\ 600}=12.5$$

AFX—1 型无人机应分配负担的原材料实际费用＝10 800×12.5＝135 000(元)

AFX—2 型无人机应分配负担的原材料实际费用＝3 600×12.5＝45 000(元)

上述两种方法的分配结果完全相同，后一种分配方法虽然简化了分配过程，但不能反映各种产品原材料实际消耗量，不利于材料消耗的实物管理。

(2)定额费用比例法。定额费用比例法是指以定额费用作为分配标准的一种费用分配方法。本方法适用于各种产品共同耗用原材料种类较多，不宜按品种确定原材料消耗定额，但又有比

① 参考阅读：骆从艳．运用定额比例法分配共同费用需注意的问题[J]．财会月刊，2011(18).

较合理的材料费用消耗定额的情况。步骤如下：

1)计算各种产品原材料定额费用，计算公式为：

某种产品原材料定额费用＝该种产品实际产量×单位产品材料费用定额

2)计算原材料费用分配率，即单位产品的原材料定额费用应分配的原材料实际费用，计算公式为：

$$原材料费用分配率=\frac{各种产品原材料实际费用总额}{各种产品原材料定额费用总额}$$

3)计算各种产品应分配负担的原材料实际费用，计算公式为：

某种产品应分配负担的原材料实际费用＝该种产品原材料定额费用×原材料费用分配率

【例 3-2】 西安爱飞翔公司生产 AFX—1 型和 AFX—2 型两种无人机产品，该公司在 201×年 1 月共同耗用碳纤维管、铝合金管两种主要原材料，耗用碳纤维管 400 kg，单价 15 元/kg，耗用铝合金管 400 kg，单价 10 元/kg，共计 10 000 元。本月投产 AFX—1 型无人机 600 架，单位产品原材料定额费用为 8 元；AFX—2 型无人机 800 架，单位产品原材料定额费用为 4 元。要求：采用定额费用比例法分配材料费用。

解：①AFX—1 型无人机原材料定额费用＝600×8＝4 800(元)

AFX—2 型无人机原材料定额费用＝800×4＝3 200(元)

②原材料费用分配率＝10 000÷(4 800＋3 200)＝1.25

③AFX—1 型无人机应分配负担的原材料实际费用＝4 800×1.25＝6 000(元)

AFX—2 型无人机应分配负担的原材料实际费用＝3 200×1.25＝4 000(元)

(3)系数分配法。系数分配法又称标准产量法，是指将各种产品的产量按系数折算成标准产量，并按标准产品产量的比例分配材料费用的一种方法。系数分配法是最简单，也是最为常用的一种成本的分配方法。

系数分配法的计算步骤如下：

①确定标准产品。一般应选择正常稳定、大量生产的产品作为标准产品，或者选择系列产品中规格型号居中的产品作为标准产品。

②计算各种产品的折合系数。折合系数是指某种产品与标准产品的比例关系。通常先将某种产品定为标准产品，并把它的系数定为“1”，用其他各种产品与标准产品相比，一般按产品重量、定额耗用量、定额成本、计划成本、加工难易程度等来确定。其计算公式为：

$$某产品的折合系数=\frac{该产品的材料消耗定额(或重量、体积、面积、售价等)}{标准产品的材料消耗定额(或重量、体积、面积、售价等)}$$

③计算标准产量。标准产量就是各种产品的实际产量按照预定系数换算成标准产品的产量。其计算公式为：

某产品的标准产量＝该产品的实际产量×该产品的折合系数

④计算材料费用分配率。以各种产品共同耗用的材料费用和各种产品标准产量之和计算材料费用分配率。其计算公式为：

$$材料费用分配率=\frac{各种产品共同耗用的材料费用总额}{各种产品标准产量之和}$$

⑤计算各种产品应分配的材料费用。各种产品应分配的材料费用等于该产品的标准产量乘以材料费用分配率，即

某产品应分配的材料费用＝该产品的标准产量×材料费用分配率

【例 3-3】 西安爱飞翔公司生产 AFX—1 型、AFX—2 型和 AFX—3 型三种无人机产品。201×年 1 月共同耗用材料费用 32 860 元。三种产品的实际产量分别为 300 架、400 架和 200 架。

其中，AFX—2 型产品为标准产品，以材料费用定额分别为折合标准，三种产品的材料费用定额分别为 120 元、100 元和 150 元。根据上述资料计算并编制材料费用分配表。

材料费用分配表如表 3-4 所示。

表 3-4　材料费用分配表　　　　单位：元

无人机产品名称	实际产量/架	材料费用定额	折合系数	标准产量/架	材料费用分配率	材料费用分配额
AFX—1 型	300	120	1.2	360	—	11 160
AFX—2 型	400	100	1.0	400	—	12 400
AFX—3 型	200	150	1.5	300	—	9 300
合计	—	—	—	1 060	31	32 860

在材料按计划成本计价的情况下，对于发出的材料，应计算发出材料应负担的材料成本差异，把发出材料的计划成本调整为实际成本。

采用实际成本进行材料日常核算的企业，对于发出材料的实际成本，可采用先进先出法、加权平均法、移动平均法、个别计价法、后进先出法等计算确定。

3.1.3　燃料及动力费用的归集与分配

1. 燃料费用的核算

生产过程中使用的燃料实际上也属于材料，因此，燃料费用与材料费用的归集与分配方法大致相同。如果燃料费用在产品成本中比重较大，可以与动力费用一起专设“燃料及动力”成本项目，来归集生产中使用的燃料费用。这时，对于直接用于产品生产的燃料。能分清是由哪种产品耗用的，则应根据有关的原始凭证，直接计入该产品的成本计算单中的“燃料及动力”成本项目。若企业不设置“燃料及动力”成本项目，则应将其直接计入“制造费用”成本项目。当几种产品共同耗用而分不清哪种产品耗用的燃料费用时，应采用适当的分配标准，在各种产品间进行分配。采用的分配标准一般为产品的重量、体积、定额耗用量等。在生产产品过程中燃料使用不多时，企业可不设置专门的成本项目，而将其计入“制造费用”成本项目中。

2. 动力费用的核算

动力费用是指企业外购和自制的电力、热力等费用。这些费用有的直接用于产品生产，有的用于照明、取暖等。如只为一种产品耗用的动力，则可根据仪器所示的消耗量和单价计算后直接计入该产品制造成本；如工艺用动力费用是为多种产品共同耗用的，则可按各产品耗用工艺动力的定额比例进行分配后，计入各产品制造成本。当该部分动力费用在产品制造成本中所占比重较大时，可在产品成本明细账中单独设置“工艺用动力”成本项目加以列示。如果所占比重不大，也可并入“直接材料”成本项目内；如果所占比重小，可作为间接费用处理，记入“制造费用”账户。组织和管理生产用动力费用，如照明用电等，其性质属一般费用，应先在制造费用中归集。

在实际工作中，一般通过编制动力费用分配表进行动力费用的分配，并编制会计分录，据以登记有关总账和明细账。

现以外购动力费用为例，介绍动力费用的核算。

【例 3-4】　西安爱飞翔公司 201×年 4 月共支付外购动力费用 120 000 元，根据各车间、部门电表计量的用电度数为 300 000 度。根据各车间、部门用电的数量及有关产品的工时资料，编制外购动力费用分配表，见表3-5。

表3-5 外购动力费用分配表

201×年4月　　　　单位：元

分配对象		成本项目	耗用量/度	分配标准（定额工时）	分配率	分配金额
基本生产车间	AFX—1型	燃料及动力		30 000		60 000
	AFX—2型	燃料及动力		20 000		40 000
	小计		250 000	50 000	2	100 000
	车间一般耗用	水电费	25 000			10 000
辅助生产车间		水电费	15 000			6 000
行政管理部门		水电费	10 000			4 000
合计			300 000			120 000

3.1.4 周转材料费用的分配和会计处理

周转材料是指企业能够多次使用、逐渐转移其价值但仍保持原有形态不确认为固定资产的材料，主要包括低值易耗品和包装物。周转材料明细科目可以分为在库(库存内的)、在用(使用中)、摊销等明细科目分离。

1. 低值易耗品的分配和会计处理

低值易耗品是指企业在生产经营过程中所需的单价比较低或者使用期限比较短，不能作为固定资产核算的劳动资料，如工具、管理用具、玻璃器皿等。基本生产车间在生产过程中领用的低值易耗品费用记入"制造费用"账户；用于产品销售和管理的低值易耗品应记入"销售费用"和"管理费用"账户；报废时再将低值易耗品的残值冲减有关的成本、费用项目，同时借记"原材料"账户。

低值易耗品在记入时要对所使用的低值易耗品的价值进行摊销，摊销的方法主要有一次摊销法、分次摊销法和五五摊销法。

(1)一次摊销法。一次摊销法是指低值易耗品在领用时，将其全部价值一次性记入当月的产品成本中，在报废时，将报废的低值易耗品残料价值作为当月低值易耗品摊销额的减少项目，冲减有关成本。采用这种方法，核算简单，但是会使得费用在各产品及各期间分配不合理，不利于进行价值监管。该方法适用于单位价值较低、使用期限短、每次领用数量少且容易耗损的低值易耗品。

【例3-5】 西安爱飞翔公司行政管理部门201×年1月领用管理用具一批，成本是2 400元，年末报废时残值为200元。公司采用一次摊销法。要求：做出会计分录。

编制的会计分录如下：

①领用时：

借：管理费用　　2 400

　　贷：低值易耗品　　2 400

②报废、材料入库时：

借：原材料　　200

　　贷：管理费用　　200

(2)分次摊销法。分次摊销法是将低值易耗品的价值，根据其使用期限的长短，分月平均摊销。分次摊销法虽然能使各月负担的低值易耗品价值比较均衡，但核算工作量较大。因而，这种方法一般适用于单位价值较高，使用期限较长的低值易耗品，或一次领用数量较多，累计价值较大的低值易耗品。

为了反映在库、在用低值易耗品的摊余价值，在“低值易耗品”总账科目下设“在库低值易耗品”“在用低值易耗品”“低值易耗品摊销”三个明细科目。

具体的账务处理：领用时，借记“低值易耗品——在用低值易耗品”账户，贷记“低值易耗品——在库低值易耗品”账户；各月摊销时，借记“制造费用”“管理费用”等账户，贷记“低值易耗品——低值易耗品摊销”账户；报废时，借记“原材料”等账户，贷记“制造费用”“管理费用”等账户，同时冲销累计已摊销额。

【例 3-6】 沿用例 3-5 资料，采用分次摊销法，编制会计分录。

编制的会计分录如下：

①领用时：

借：低值易耗品——在用低值易耗品	2 400	
贷：低值易耗品——在库低值易耗品		2 400

②各月摊销至年末：

借：管理费用	200	
贷：低值易耗品——低值易耗品摊销		200

③报废时：

借：原材料	200	
贷：管理费用		200
借：低值易耗品——低值易耗品摊销	2 400	
贷：低值易耗品——低值易耗品在用		2 400

(3)五五摊销法。五五摊销法就是在低值易耗品领用时摊销其一半价值，在报废时再摊销其另一半价值的方法。五五摊销法适用于使用期限较长、单位价值较高或一次领用数量较大的低值易耗品的摊销。[①]

五五摊销法下二级科目的设置与分次摊销法相同。具体的账务处理为：领用时，借记“低值易耗品——在用低值易耗品”账户，贷记“低值易耗品——在库低值易耗品”账户；同时，根据低值易耗品成本的 50%，转入有关的成本费用，借记“制造费用”“管理费用”“其他业务成本”等账户，贷记“低值易耗品——低值易耗品摊销”账户；报废时如有残值，借记“原材料”等账户，贷记“低值易耗品——在用低值易耗品”账户，也可以在进行低值易耗品报废摊销时，按报废低值易耗品价值 50%减去残值后的差额，借记“制造费用”“管理费用”“其他业务成本”等账户，贷记“低值易耗品——低值易耗品摊销”账户。

此外，还应将报废低值易耗品的价值及累计摊销额注销，借记“低值易耗品——低值易耗品摊销”账户，贷记“低值易耗品——在用低值易耗品”账户。如果低值易耗品按计划成本进行日常核算，月末也要调整分配所应用低值易耗品的计划成本分配成本差异。

【例 3-7】 沿用例 3-5 资料，采用五五摊销法，编制会计分录。

编制的会计分录如下：

①领用时：

---

① 参考阅读：夏红雨．五五摊销法应用过程中的难点[J]．财会月刊，2015(31)．

借：低值易耗品——在用低值易耗品　　2 400
　　贷：低值易耗品——在库低值易耗品　　2 400
借：管理费用　　1 200
　　贷：低值易耗品——低值易耗品摊销　　1 200
②报废时：
借：原材料　　200
　　管埋费用　　1 000
　　贷：低值易耗品——低值易耗品摊销　　1 200
借：低值易耗品——低值易耗品摊销　　2 400
　　贷：低值易耗品——在用低值易耗品　　2 400

2. 包装物的分配和会计处理

包装物是指为包装产品而储备的各种包装容器，如桶、箱、瓶、坛、袋等用于储存和保管产品的材料。需要注意的是，用于储存和保管商品、产品、材料而不对外销售和出租、出借的大型包装物，因其价值较大，使用时间较长，应根据其价值大小和使用时间长短，分别作为固定资产和低值易耗品进行管理，不作为包装物进行核算。单独作为企业的商品、产品而自制的包装物，以及作为商品而购入的包装物，应作为企业的商品、产成品进行核算，也不作为包装物进行核算。

为了反映和监督包装物的增加变动及其价值损耗、结存等情况，企业应当设置"周转材料——包装物"科目进行核算。

包装物的采购、自制和入库的核算与原材料的核算基本相同，下面主要介绍包装物领用、发出的核算。

(1)包装物领用的核算。包装物用途不同，其核算方法也有所不同。生产过程中领用，构成产品组成部分，借记"生产成本"账户；销售过程中领用，随产品出售且不单独计价，借记"销售费用"账户；销售过程中领用且单独计价，借记"其他业务成本"账户。发出包装物的成本，贷记"周转材料——包装物"账户。按计划成本计价进行包装物核算的企业还应分摊发出包装物的成本差异。①

【例 3-8】 西安爱飞翔公司 201×年 1 月销售商品领用单独计价包装物的计划成本为 80 万元，销售收入为 100 万元，增值税额为 17 万元，款项已存入银行。该包装物的材料成本差异率为 3%。要求：做出会计分录。

①出售单独计价包装物：
借：银行存款　　117
　　贷：其他业务收入　　100
　　　　应交税费——应交增值税(销项税额)　　17
②结转所售单独计价包装物的成本：
借：其他业务成本　　82.4
　　贷：周转材料——包装物　　80
　　　　材料成本差异　　2.4

(2)包装物出租、出借的核算。出租包装物是指产品在销售过程中，出租给购买单位使用，用毕归还的包装物。出租包装物，除收取租金外，必须收取押金，用毕退还时，计算押金，押

① 参考阅读：彭广林，赵晓丹．五五摊销法下出租包装物报废的会计处理解析[J]．新会计，2014(06)．

金退回。如果购买单位无法归还包装物，则以押金赔偿。出租包装物的租金收入应贷记“其他业务收入”，出租包装物的摊销借记“其他业务成本”。

出借包装物是企业为了销售产品，以出借方式无偿提供给购货单位暂时使用的包装物，但要收取一定的押金。包装物在出借期间，其价值损耗和发生的修理费用，都是为销售产品而发生的，应记作企业的“销售费用”。出借包装物发出、收回及退还押金与出租核算相同，但对于逾期未退回包装物没收的押金，应记作企业的“营业外收入”。出借包装物报废，对其残料价值，应冲减企业“销售费用”。

出租、出借包装物在周转使用过程中会因磨损而消耗，因此企业应根据出租、出借包装物业务数量的多少、金额大小以及企业在包装物管理中的具体要求，采用不同的方法进行摊销核算，主要方法有一次摊销法、分次摊销法和五五摊销法，具体内容可参照低值易耗品的摊销。

3.2　人工费用的归集与分配

人工费用是指各单位在一定时期内直接支付给本单位职工的全部劳动报酬和其他相关支出，具体包括工资总额、职工福利、社会保险费、住房公积金、工会经费及职工教育经费等。

3.2.1　人工费用计算的归集

企业的人工费用核算必须有一定的原始记录作为依据，如工资档案记录、考勤记录、产量记录和工时记录等。企业应根据自身生产组织、生产工艺的特点及管理的需要合理设计考勤记录、产量记录和工时记录的表格，认真做好各项原始记录的统计工作。确定职工工资一般有计时工资和计件工资两种方法。

3.2.2　人工费用计算的分配

1. 工资费用的分配

企业的工资核算主要是通过“应付职工薪酬”账户进行。“应付职工薪酬”账户按照“工资”“医疗保险费”“养老保险费”“失业保险费”“住房公积金”“工会经费”“职工教育经费”“辞退福利”等进行明细核算。

按照规定，基本生产车间直接从事产品生产的生产工人工资费用，应直接记入“基本生产成本”的“直接人工”项目。实行计件工资的企业，计件工资应按照规定直接计入有关成本计算对象中。如果企业生产多种产品，生产工人工资则应采用适当方法在各产品之间分配。

直接人工费用一般按照产品的生产工时比例进行分配，计算公式为：

$$\text{工资费用分配率}=\frac{\text{某车间生产工人工资总额}}{\text{该车间各种产品生产工时之和}}$$

$$\text{某产品应分配的工资费用}=\text{该产品生产工时}\times\text{工资费用分配率}$$

企业各生产车间为组织和管理生产所发生的管理人员的薪酬费用，列入产品成本的“制造费用”项目；企业其他部门的职工薪酬，根据员工所处的部门，作为期间费用分别列入“辅助生产成本”“管理费用”“销售费用”等账户。

【例 3-9】　西安爱飞翔公司基本生产车间在 201×年 1 月生产 AFX—1 型、AFX—2 型和

AFX—3 型三种无人机。产量分别为 1 500 架、1 000 架和 2 000 架，职工工资表如表 3-6 所示，按生产工时比例分配。AFX—1 型无人机每百架生产工时为 50.2 小时，AFX—2 型无人机每百架生产工时为 78 小时，AFX—3 型无人机每百架生产工时为 39 小时。要求：根据上述资料对职工工资进行分配，并做出会计分录。

计算过程如下：

$$工资费用分配率=\frac{27\ 756}{2\ 313}=12(元/小时)$$

AFX—1 型无人机应分配的职工工资＝12×50.2×15＝9 036(元)

AFX—2 型无人机应分配的职工工资＝12×78×10＝9 360(元)

AFX—3 型无人机应分配的职工工资＝12×39×20＝9 360(元)

表 3-6　201×年 1 月工资汇总表　　单位：元

部门		基本工资	奖金	津贴	事假扣款	应发合计
生产车间	管理人员小计	7 000	2 400	1 200	0	10 600
	生产人员小计	18 000	6 600	3 300	144	27 756
管理部门	企管部小计	8 000	2 400	1 200	0	11 600
	采购部小计	8 000	2 000	1 200	384	10 816
	销售部小计	12 000	3 900	1 950	342	17 508
	财务部小计	12 000	2 700	1 500	192	16 008
合计		65 000	20 000	10 350	1 062	94 288

分配结果见表 3-7。

表 3-7　201×年 1 月工资费用分配表　　单位：元

应借科目		成本项目	直接记入	分配记入			工资费用合计
				生产工时	分配率	分配金额	
基本生产成本	AFX—1 型无人机	直接人工		753	12	9 036	9 036
	AFX—2 型无人机	直接人工		780	12	9 360	9 360
	AFX—3 型无人机	直接人工		780	12	9 360	9 360
	小计					27 756	27 756
制造费用	生产车间	职工薪酬	10 600				10 600
	小计		10 600				10 600
管理费用		职工薪酬	38 424				38 424
销售费用		职工薪酬	17 508				17 508
合计			66 532			27 756	94 288

职工工资分配的会计分录如下：

借：基本生产成本——AFX—1 型无人机　　9 036

　　　　　　　　——AFX—2 型无人机　　9 360

　　　　　　　　——AFX—3 型无人机　　9 360

　　制造费用——职工薪酬　　10 600

管理费用——职工薪酬　　38 424
销售费用——职工薪酬　　17 508
贷：应付职工薪酬　　94 288

2. 其他职工薪酬的分配

其他职工薪酬包括职工福利费、医疗保险费、养老保险费、失业保险费、工伤保险费和生育保险费等社会保险费，住房公积金，工会经费及职工教育经费等。

按现行会计准则规定，上述职工薪酬应按照工资总额的一定比例提取，并依据工资费用分配的对象计入成本和当期费用。

【例 3-10】 根据表 3-6，分别按照工资总额的 10%、12%、2%和 10.5%计提医疗保险费、养老保险费、失业保险费，分别按照工资总额的 2%、2%和 1.5%计提职工福利费、工会经费及职工教育经费。要求：编制其他职工薪酬费用分配表，并做出会计分录。

解： 应记入"基本生产成本"科目的其他职工薪酬金额为：

AFX—1 型无人机：9 036×(10%+12%+2%+10.5%+2%+2%+1.5%)=3 614.40(元)

AFX—2 型无人机：9 360×(10%+12%+2%+10.5%+2%+2%+1.5%)=3 744(元)

AFX—3 型无人机：9 360×(10%+12%+2%+10.5%+2%+2%+1.5%)=3 744(元)

应记入"制造费用"科目的其他职工薪酬金额为：

10 600×(10%+12%+2%+10.5%+2%+2%+1.5%)=4 240(元)

应记入"管理费用"科目的其他职工薪酬金额为：

38 424×(10%+12%+2%+10.5%+2%+2%+1.5%)=15 369.60(元)

应记入"销售费用"科目的其他职工薪酬金额为：

17 508×(10%+12%+2%+10.5%+2%+2%+1.5%)=7 003.20(元)

根据以上计算结果，编制其他职工薪酬费用分配表，如表 3-8 所示。

表 3-8　201×年 1 月其他职工薪酬分配表　　单位：元

应借科目		成本项目	工资总额	计提其他职工薪酬
基本生产成本	AFX—1 型无人机	直接人工	9 036	3 614.40
	AFX—2 型无人机	直接人工	9 360	3 744
	AFX—3 型无人机	直接人工	9 360	3 744
	小计		27 756	11 102.40
制造费用	生产车间	职工薪酬	10 600	4 240
	小计		10 600	4 240
管理费用		职工薪酬	38 424	15 369.60
销售费用		职工薪酬	17 508	7 003.20
合计			94 288	37 715.20

其他职工薪酬分配的会计分录如下：

借：基本生产成本——AFX—1 型无人机　　3 614.40
　　　　　　　　——AFX—2 型无人机　　3 744
　　　　　　　　——AFX—3 型无人机　　3 744
　　制造费用——职工薪酬　　4 240
　　管理费用——职工薪酬　　15 369.60

销售费用——职工薪酬　　7 003.20
贷：应付职工薪酬——医疗保险费　　9 428.80
——养老保险费　　11 314.56
——失业保险费　　1 885.76
——住房公积金　　9 900.24
——职工福利费　　1 885.76
——工会经费　　1 885.76
——职工教育经费　　1 414.32

3.3　折旧费及其他费用的归集与分配

固定资产在使用过程中，其实物形态保持不变，但其价值随着磨损程度逐渐转移到产品成本中去，成为产品成本的组成部分。固定资产损耗价值的转移在会计上称为折旧，按月将其计入产品成本(或费用)的数额则称为折旧费。

3.3.1　固定资产折旧费用的计算

影响计算折旧费的因素主要有固定资产原始价值、预计使用年限、预计的残值和预计的清理费用。折旧费的计算方法包括平均使用年限法、工作量法、双倍余额递减法和年限总和法，而大多数企业固定资产的折旧费一般采用平均使用年限法计算。

固定资产折旧费用的计算是通过编制各车间、部门折旧计算明细表进行的。折旧计算明细表应根据月初计提折旧固定资产的有关资料和确定的折旧计算方法编制。根据规定，月份内增加的固定资产，当月不提折旧，从下月起计提折旧；月份内减少的固定资产，当月照提折旧，从下月起停止计提折旧。

根据《企业会计准则第 4 号——固定资产》的规定，企业所持有的固定资产，除下列情况外，都应计提折旧：①已提足折旧仍继续使用的固定资产；②按规定单独估价作为固定资产入账的土地。

3.3.2　固定资产折旧费用的归集和分配

对于按规定计提的折旧费用，应根据固定资产的使用地点和用途进行归集和分配，分别记入“制造费用”“生产成本——辅助生产成本”“销售费用”和“管理费用”等账户，贷记“累计折旧”账户。但需要指出的是，生产车间生产产品使用的机器设备的折旧费用虽是直接用于产品生产的费用，但是由于生产一种产品往往需要使用多种机器设备，而一种机器设备又可能生产多种产品，如果将机器设备的折旧费用直接计入产品成本，其计算分配工作比较复杂。为了简化成本计算工作，通常不专门设置“折旧费用”成本项目，而是将机器设备的折旧费用与生产车间的其他固定资产折旧费用一起记入“制造费用”账户。

在实际工作中，折旧费用的归集和分配是在汇总各车间、部门固定资产折旧计算明细表的基础上，通过编制折旧费用分配表进行的。折旧费用分配表格式如表 3-9 所示。

表 3-9　201×年 1 月折旧费用分配表　　单位：元

部门 应借账户	第一基本生产车间	第二基本生产车间	修理车间	销售部门	行政管理部门	合计
制造费用	8 400	7 400				15 800
生产成本——辅助生产成本			2 500			2 500
销售费用				840		840
管理费用					2 020	2 020
合计	8 400	7 400	2 500	840	2 020	21 160

根据折旧费用分配表，编制会计分录如下：

借：制造费用　15 800
　　生产成本——辅助生产成本　2 500
　　销售费用　840
　　管理费用　2 020
　　贷：累计折旧　21 160

3.4　辅助生产费用的归集与分配

3.4.1　辅助生产费用的概念及内容

工业企业的生产车间按其生产职能的不同，可以分为基本生产车间和辅助生产车间。基本生产车间是指从事商品产品生产的车间，如纺织厂的纺纱、织布车间；辅助生产车间是指为保证企业商品产品生产正常进行而向基本生产车间、企业行政管理部门等单位提供产品和劳务的服务车间，其所从事的生产活动称为辅助生产。辅助生产车间根据它所提供产品、劳务的品种多少，分为两种类型：一种是单品种辅助生产，即只生产一种产品或提供一种劳务的，如供电、供水、供汽、运输等辅助生产；另一种则是多品种辅助，即生产多种产品或提供多种劳务的，称为多品种辅助生产，如从事工具、模具、修理用备件制造的辅助生产。

辅助生产车间发生的费用称为辅助生产费用，构成了辅助生产车间的产品和劳务的成本。这些产品和劳务有时也对外销售一部分，但其根本任务是服务于本企业商品产品的生产和管理工作，这一特点决定了辅助生产费用必须按其消耗比例分别转入生产成本、制造费用和管理费用。因此，正确、及时地组织辅助生产费用的归集和分配，对于正确、及时地计算产品成本，节约费用，降低成本有着重要的意义。

3.4.2　辅助生产费用的归集

1. 辅助生产费用的账户设置

辅助生产费用的归集和分配通过“辅助生产成本”账户进行核算。该账户是成本计算账户，其借方反映为进行辅助生产而发生的一切生产耗费，既包括各辅助生产车间发生的直接费用，也包括辅助生产车间为组织和管理生产活动所发生的各项间接费用，在辅助生产车间相互提供服务的情况下，还包括接受企业内部其他辅助生产车间的劳务、作业成本；该账户贷方反映辅助生产费用的分配，登记各辅助生产车间向基本生产车间、行政管理部门、其他辅助生产部门以及其他部门提供劳务成本的转出数，以及完工入库的工具、模具、修理用备件等辅助生产产品生产成本的转出数；该账户若有借方余额，则为辅助生产在产品的成本。

“辅助生产成本”一般应按辅助生产车间以及辅助生产产品或劳务的种类设置明细账，账中按成本项目或费用项目设置专栏，进行明细核算。

2. 辅助生产费用的归集方法

对于单品种辅助生产，其发生的所有费用都是直接费用，应根据有关费用分配凭证和费用支付凭证借记“辅助生产成本”账户，并将有关费用直接记入“辅助生产成本”明细账相应的专栏中。

对于多品种辅助生产车间，其发生的费用应先区分为直接费用和间接费用。直接用于某种辅助产品生产或劳务的费用，借记“辅助生产成本”账户，并将其直接记入“辅助生产成本”明细账相应的专栏中。间接费用的核算有两种方法，两种方法的主要区别在于是否设置“制造费用——辅助生产车间”明细账。

(1)不设置“制造费用——辅助生产车间”账户归集辅助生产车间的间接费用。在企业辅助生产车间规模较小，发生制造费用较少，辅助生产也不对外销售产品或提供劳务时，不需要按照规定的成本项目计算辅助生产产品成本，为了简化核算工作，辅助生产车间可以不单独设置“制造费用——辅助生产车间”明细账，直接记入“辅助生产成本”账户及其明细账的借方，如表 3-10 所示。

表 3-10　辅助生产成本明细账

辅助车间：机修　　　　201×年 1 月　　　　单位：元

摘要	直接材料	燃料和动力	直接人工	制造费用	合计	转出
材料费用分配表	26 000				26 000	
外购动力分配表		4 600			4 600	
工资费用分配表			32 000		32 000	
其他职工薪酬分配表			26 000		26 000	
制造费用				26 800	26 800	
合计					115 400	115 400

(2)设置“制造费用——辅助生产车间”账户归集辅助生产车间的间接费用。辅助生产车间发生的制造费用，先在“制造费用——辅助生产车间”明细账户的借方进行归集，然后月末采用一定的方法在各种辅助产品和劳务之间进行分配，再从“制造费用——辅助生产车间”账户的贷方，转入各辅助生产成本明细账户，如表 3-11 所示。

表 3-11　制造费用明细账

辅助车间：机修　　　　201×年 1 月　　　　单位：元

摘要	机物料消耗	燃料和动力	职工薪酬	折旧费用	合计	转出
材料费用分配表	1 200				1 200	
外购动力分配表		800			800	
工资费用分配表			6 000		6 000	

续表

摘要	机物料消耗	燃料和动力	职工薪酬	折旧费用	合计	转出
其他职工薪酬分配表			3 200		3 200	
折旧费用分配表				15 600	15 600	
制造费用分配表						26 800
合计	1 200	800	9 200	15 600	26 800	26 800

3.4.3 辅助生产费用的分配方法①

由于辅助生产车间所提供的产品和劳务种类不同，辅助生产费用的分配转出程序也不一样。辅助生产提供可以入库的产品，如自制材料、工具、模具等产品的成本，应在产品完工入库时，从"生产成本——辅助生产成本"账户及其明细账的贷方分别转入"原材料"或"低值易耗品"账户的借方；基本生产车间和管理部门领用时，则根据存货核算的要求，按其用途，从"原材料""低值易耗品"账户的贷方，转入"生产成本——基本生产成本""制造费用""管理费用""在建工程"等账户的借方。如果辅助生产提供的是不能入库的产品或劳务，如提供电、水、气或运输、修理等劳务，则辅助生产费用应按其提供的产品劳务数量或其他比例，在各受益对象之间进行分配。分配时，应从"生产成本——辅助生产成本"账户及其明细账的贷方转入"生产成本——基本生产成本""制造费用""管理费用""在建工程"等账户的借方。

辅助生产费用分配的方法通常有直接分配法、交互分配法、计划成本分配法、顺序分配法、代数分配法。

1. 直接分配法

直接分配法是指将各辅助生产车间发生的费用，直接分配给辅助生产车间以外的各受益单位，而不考虑各个辅助生产车间之间相互提供劳务的情况。这种分配方法只适用于在辅助生产内部相互提供产品或劳务不多、不进行费用的交互分配对辅助生产成本和产品生产成本影响不大的情况下采用。其分配步骤如下：

(1)根据各辅助车间发生的费用总额和向辅助生产以外的各受益单位提供的劳务的数量计算费用分配率。

某种辅助生产费用分配率＝该辅助生产车间费用总额÷基本生产车间和其他部门耗用劳务(或产品)总量

(2)根据各受益单位的耗用量和费用分配率，计算各受益单位应分配的费用。

某车间、部门(或产品)应分配的辅助生产费用＝该车间、部门(或产品)耗用劳务总量×辅助生产费用分配率

【例 3-11】 西安爱飞翔公司设有机修和供水两个辅助生产车间，201×年 1 月机修车间本月份发生的费用金额为 157 100 元，共提供修理工时 32 000 小时，其中为供水车间提供 800 小时，供水车间本月份发生的费用金额为 111 700 元，共供水 62 000 m^3，其中机修耗水 1 500 m^3。各辅助生产车间提供的劳务数量及各受益单位耗用量如表 3-12 所示。要求：采用直接分配法对辅助生产费用进行分配。

① 参考阅读：
[1]徐丽．辅助生产费用分配方法之比较分析[J]．商业会计，2014(07)．
[2]沈晓娟．辅助生产费用的分配方法探讨[J]．商业会计，2012(03)．

表 3-12　201×年 1 月辅助生产耗用情况汇总表　　单位：元

受益单位		修理工时/小时	供水量/m^3
基本生产	AFX—1 型无人机	16 400	24 000
	AFX—2 型无人机	13 000	29 200
辅助生产车间	机修车间		1 500
	供水车间	800	
基本生产车间		600	4 200
行政管理部门		1 200	3 100
合计		32 000	62 000

采用直接分配法对辅助生产费用进行分配情况如表 3-13 所示。

表 3-13　201×年 1 月辅助生产费用分配表(直接分配法)　　单位：元

辅助生产车间名称		机修车间		供水车间		合计
		修理工时/小时	修理费用/元	供水量/m^3	水费	
待分配辅助费用及劳务数量		31 200	157 100	60 500	111 700	268 800
费用分配率			5.035 3		1.846 3	
基本生产耗用	AFX—1 型无人机	16 400	82 578.92	24 000	44 311.2	126 890.12
	AFX—2 型无人机	13 000	65 458.9	29 200	53 911.96	119 370.86
	小计	29 400	148 037.82	53 200	98 223.16	246 260.98
基本生产车间耗用		600				10 775.64
行政管理部门耗用		1 200				11 763.38
合计			157 100		111 700	268 800

注：数字四舍五入，小数尾差计入管理费用。

费用分配率的计算如下：

机修车间的费用分配率＝157 100/(32 000－800)＝5.035 3

供水车间的费用分配率＝111 700/(62 000－1 500)＝1.846 3

根据辅助生产费用分配表编制的会计分录如下：

借：生产成本——基本生产成本——AFX—1 型无人机　　126 890.12

　　　　　　　　　　　　　　——AFX—2 型无人机　　119 370.86

　　制造费用　　10 775.64

　　管理费用　　11 763.38

　　贷：生产成本——辅助生产成本——机修车间　　157 100

　　　　　　　　　　　　　　　　——供水车间　　111 700

从上例可以看出，供水车间不分配负担用修理费，机修车间不分配负担水费，两车间的费用是在没有进行交互分配的情况下，按照对外(指辅助生产车间、部门以外)提供的劳务数量计算费用分配率，直接进行对外分配的。

2. 交互分配法①

交互分配法又称一次交互分配法，是指先将辅助生产车间发生的费用在辅助生产车间之间进行交互分配，然后将各辅助生产车间交互分配后的实际费用分配给辅助生产车间以外的受益单位。

采用这种分配方法，辅助生产费用分配分两步进行：

(1)交互分配法第一次分配(交互分配)，即辅助生产车间之间的交互分配。根据各辅助生产车间之间相互提供的产品或劳务数量以及交互分配前的辅助生产车间的费用在辅助生产车间之间进行一次相互分配。

(2)交互分配法第二次分配(对外分配)的实际费用为交互分配前的成本加上分配转入的成本费用，减去交互分配转出的成本费用。其计算公式如下：

某辅助生产车间交互费用分配率＝辅助生产成本总额÷辅助生产劳务数量

其他辅助生产车间应负担的该辅助生产费用＝该受益单位耗用的劳务数量×交互分配率

对外分配率＝(交互前的辅助生产成本总额＋交互分配转入的费用－交互分配转出的费用)÷辅助生产的产品或劳务数量(不包括对辅助生产各车间提供的产品或劳务数量)

某受益产品或部门应负担的该辅助生产费用＝该受益产品或部门耗用的劳务数量×对外分配率

交互分配法克服了直接分配法的不足，考虑了各辅助生产车间之间相互提供劳务的分配，提高了费用分配的准确性、合理性。但是，交互分配是按照各辅助生产车间直接发生费用而非实际费用进行，因而分配结果也不很准确。而且对于实行厂部、车间两级核算的企业，车间要等财务部门转来其他车间分配的费用才能算出费用总额，影响了成本核算的及时性。该分配方法适用于各辅助生产车间相互提供劳务量大但无一定顺序的企业。

【例 3-12】 沿用例 3-11 的资料，采用交互分配法对辅助生产费用进行分配。

①交互分配前的费用分配率：

机修车间的费用分配率＝157 100÷32 000＝4.909 4

供水车间的费用分配率＝111 700÷62 000＝1.801 6

②交互分配：

机修车间分配的水费＝1 500×1.801 6＝2 702.4(元)

供水车间分配的修理费＝800×4.909 4＝3 927.52(元)

③交互分配后辅助生产车间的实际费用：

机修车间的实际费用＝157 100＋2 702.4－3 927.52＝155 874.88(元)

供水车间的实际费用＝111 700＋3 927.52－2 702.4＝112 925.12(元)

④交互分配后的费用分配率：

机修车间的费用分配率＝155 874.88÷31 200＝4.996 0

供水车间的费用分配率＝112 925.12÷60 500＝1.866 5

采用交互分配法对辅助生产费用进行分配情况如表 3-14 所示。

① 参考阅读：戴华江．辅助生产费用交互分配的 Excel 模型设计[J]．财会月刊，2013(05)．

表 3-14　201×年 1 月辅助生产费用分配表(交互分配法)　　单位：元

<table>
<tr><th colspan="3" rowspan="2">辅助生产车间名称</th><th colspan="3">交互分配</th><th colspan="3">对外分配</th></tr>
<tr><th>机修</th><th>供水</th><th>合计</th><th>机修</th><th>供水</th><th>合计</th></tr>
<tr><td colspan="3">待分配辅助费用/元</td><td>157 100</td><td>111 700</td><td>268 800</td><td>155 874.88</td><td>112 925.12</td><td>268 800</td></tr>
<tr><td colspan="3">供应劳务数量/小时</td><td>32 000</td><td>62 000</td><td></td><td>31 200</td><td>60 500</td><td></td></tr>
<tr><td colspan="3">费用分配率</td><td>4.909 4</td><td>1.801 6</td><td></td><td>4.996 0</td><td>1.866 5</td><td></td></tr>
<tr><td rowspan="5">辅助生产车间耗用</td><td rowspan="2">机修车间</td><td>耗用量/m^3</td><td></td><td>1 500</td><td></td><td></td><td></td><td></td></tr>
<tr><td>分配金额/元</td><td></td><td>2 702.4</td><td>2 702.4</td><td></td><td></td><td></td></tr>
<tr><td rowspan="2">供水车间</td><td>耗用量/小时</td><td>800</td><td></td><td></td><td></td><td></td><td></td></tr>
<tr><td>分配金额/元</td><td>3 927.52</td><td></td><td>3 927.52</td><td></td><td></td><td></td></tr>
<tr><td colspan="2">分配金额小计/元</td><td>3 927.52</td><td>2 702.4</td><td>6 629.92</td><td></td><td></td><td></td></tr>
<tr><td rowspan="5">生产产品耗用</td><td rowspan="2">AFX—1 型无人机</td><td>耗用量/m^3</td><td></td><td></td><td></td><td>16 400</td><td>24 000</td><td></td></tr>
<tr><td>分配金额/元</td><td></td><td></td><td></td><td>81 934.4</td><td>44 796</td><td>126 730.4</td></tr>
<tr><td rowspan="2">AFX—2 型无人机</td><td>耗用量/小时</td><td></td><td></td><td></td><td>13 000</td><td>29 200</td><td></td></tr>
<tr><td>分配金额/元</td><td></td><td></td><td></td><td>64 948</td><td>54 501.8</td><td>119 449.8</td></tr>
<tr><td colspan="2">分配金额小计/元</td><td></td><td></td><td></td><td>146 882.4</td><td>99 297.8</td><td>246 180.2</td></tr>
<tr><td colspan="2" rowspan="2">基本生产车间</td><td>耗用量/m^3</td><td></td><td></td><td></td><td>600</td><td>4 200</td><td></td></tr>
<tr><td>分配金额/元</td><td></td><td></td><td></td><td>2 997.6</td><td>7 839.3</td><td>10 836.9</td></tr>
<tr><td colspan="2" rowspan="2">行政管理部门</td><td>耗用量/m^3</td><td></td><td></td><td></td><td>1 200</td><td>3 100</td><td></td></tr>
<tr><td>分配金额/元</td><td></td><td></td><td></td><td>5 994.88</td><td>5 788.02</td><td>11 782.9</td></tr>
</table>

注：数字四舍五入，小数尾差计入管理费用。

根据辅助生产费用分配表编制的会计分录如下：

①交互分配：

借：生产成本——辅助生产成本——机修车间　　2 702.4
　　　　　　　　　　　　　　——供水车间　　3 927.52
　贷：生产成本——辅助生产成本——供水车间　　2 702.4
　　　　　　　　　　　　　　　——机修车间　　3 927.52

②对外分配：

借：生产成本——基本生产成本——AFX—1 型无人机　　126 730.4
　　　　　　　　　　　　　　——AFX—2 型无人机　　119 449.8
　制造费用　　10 836.9
　管理费用　　11 782.9
　贷：生产成本——辅助生产成本——机修车间　　155 874.88
　　　　　　　　　　　　　　　——供水车间　　112 925.12

3. 计划成本分配法

计划成本分配法是指先按辅助生产车间提供劳务的计划单位成本和受益单位的实际耗用量分配辅助生产费用，然后将计划分配额与实际发生费用进行调整的方法。

计划成本分配法对辅助生产费用进行分配的步骤如下：

(1)按计划单位成本分配。按计划单位成本和包括辅助生产车间在内的各受益单位实际耗用得产品或劳务的数量进行分配。其计算公式为：

受益单位应负担的辅助生产车间生产费用计划成本＝该受益单位实际耗用生产车间产品或劳务的数量×该产品或劳务计划单位成本

(2)计算各辅助生产车间实际发生的费用。

某辅助生产车间实际费用＝某辅助生产车间分配前的费用＋按计划单位成本从其他辅助生产车间分配转入的费用

(3)计算各辅助生产车间的成本差异。

某辅助生产车间的成本差异＝某辅助生产车间实际费用－按计划单位成本分配转出的费用

(4)进行成本差异的追加分配。对辅助生产车间的成本差异应按照实际受益比例在辅助车间以外的受益单位之间进行分配。如果成本差异较小，可以简化，将成本差异计入管理费用。

【例 3-13】 沿用例 3-11 的资料，假设机修车间修理工时计划费用率为 4.9 元/小时，供水车间水费计划单位成本为 1.8 元/m^3，采用计划成本分配法对辅助生产费用进行分配。

采用计划成本分配法对辅助生产费用进行分配情况如表 3-15 所示。

表 3-15　201×年 1 月辅助生产费用分配表(计划成本分配法)　　单位：元

辅助生产车间名称			机修车间	供水车间	合计
待分配辅助费用/元			157 100	111 700	268 800
计划单位成本			4.9 元/小时	1.8 元/m^3	
辅助生产车间耗用	机修车间	耗用量/m^3	1 500		
		分配金额/元	2 700		2 700
	供水车间	耗用量/小时		800	
		分配金额/元		3 920	3 920
	分配金额小计/元		3 920	2 700	6 620
生产产品耗用	AFX—1 型无人机	耗用量/m^3	16 400	24 000	
		分配金额/元	80 360	43 200	123 560
	AFX—2 型无人机	耗用量/小时	13 000	29 200	
		分配金额/元	63 700	52 560	116 260
	分配金额小计/元		144 060	95 760	239 820
基本生产车间		耗用量/m^3	600	4 200	
		分配金额/元	2 940	7 560	10 500
行政管理部门		耗用量/m^3	1 200	3 100	
		分配金额/元	5 880	5 580	11 460
按计划成本分配金额/元			156 800	111 600	268 400
辅助生产实际成本/元			159 800	115 620	275 420
辅助生产成本差异/元			＋3 000	＋4 020	＋7 020

根据辅助生产费用分配表编制的会计分录如下：

①按计划成本分配。

借：生产成本——辅助生产成本——机修车间　　3 920

　　　　　　　　　　　　　　——供水车间　　2 700

生产成本——基本生产成本——AFX—1 型无人机　　123 560

——AFX—2 型无人机　　116 260

制造费用　　10 500

管理费用　　11 460

贷：生产成本——辅助生产成本——机修车间　　156 800

——供水车间　　111 600

②对成本差异的处理。

借：管理费用　　7 020

贷：生产成本——辅助生产成本——机修车间　　3 000

——供水车间　　4 020

计划成本分配法按事先制订的计划单位成本进行分配，既能简化计算工作，又能弥补交互分配法不够及时的不足，加快分配速度，同时还利于分清各车间、各部门的经济责任，便于成本考核分析。但是其分配结果受计划准确程度的影响，因此该方法适合计划成本资料比较健全，成本核算基础工作较好的企业。

4. 顺序分配法

顺序分配法是指按照辅助生产车间之间相互提供产品或劳务数量多少的顺序依次排列分配辅助生产费用的方法，也叫梯形分配法。采用这种方法，受益少的辅助生产车间排在前面，先进行分配；受益多的辅助生产车间排在后面，后进行分配。各辅助生产车间的费用，只对排在后面的辅助生产车间分配，而不对排在其前面的辅助生产车间进行分配，即排列在前的车间将费用分配给排列在后面的车间，后面车间应分配的费用，要在原费用的基础上加上前面车间的分配转入数。

【例 3-14】 沿用例 3-11 的资料，由于机修车间耗费的水费[111 700÷62 000×1 500＝2 702.42(元)]少于供水车间消耗的修理费[157 100÷32 000×800＝3 927.5(元)]，因此，应先分配机修车间的修理费。

修理费用分配率＝157 100÷32 000＝4.909 4

水费分配率＝(111 700＋3 927.52)÷(62 000－1 500)＝1.911 2

做出会计分录如下：

借：生产成本——基本生产成本——AFX—1 型无人机　　80 514.16

——AFX—2 型无人机　　63 822.2

制造费用　　2 945.64

管理费用　　5 890.48

生产成本——辅助生产成本——供水车间　　3 927.52

贷：生产成本——辅助生产成本——机修车间　　157 100

借：生产成本——基本生产成本——AFX—1 型无人机　　45 858.77

——AFX—2 型无人机　　55 807.00

制造费用　　8 027.03

管理费用　　59 924.72

贷：生产成本——辅助生产成本——供水车间　　115 627.52

采用顺序分配法，在一定程度上考虑了辅助生产车间互相提供劳务因素，计算工作有所简化。但由于排列在前的辅助生产车间不负担排列在后的辅助生产车间的费用，因而分配结果的正确性会受一定的影响。所以，这种方法仅适用于各辅助生产车间之间相互受益，程序有明显顺序的企业。

5. 代数分配法[①]

代数分配法是利用代数中多元一次联立方程组求解的原理，计算出劳务的单位成本。然后按受益单位的实际劳务受益量乘以单位成本计算出分配额的方法。其基本程序为：

(1)设未知数(即辅助生产车间劳务的单位成本)，并根据辅助生产车间之间相互提供劳务的关系建立多元一次联立方程组。

(2)解方程组，算出各种产品或劳务的单位成本。

(3)用各单位成本乘以各受益部门的耗用量，求出各受益部门应分配计入的辅助生产费用。

【例 3-15】 沿用例 3-11 的资料，设 x 为修理费用分配率，y 为水费的单位成本，设立方程组如下：

$$\begin{cases} 157\ 100+1\ 500y=32\ 000x \\ 111\ 700+800x=62\ 000y \end{cases}$$

解方程得 $\begin{cases} x=4.996\ 8 \\ y=1.866\ 1 \end{cases}$

采用代数分配法对辅助生产费用进行分配情况如表 3-16 所示。

表 3-16 201×年 1 月辅助生产费用分配表(代数分配法) 单位：元

辅助生产车间名称			机修车间	供水车间	合计
待分配辅助费用/元			157 100	111 700	268 800
待分配劳务数量/小时			32 000	62 000	
实际单位成本			4.996 8 元/小时	1.866 1 元/m³	
辅助生产车间耗用	机修车间	耗用量/m³		1 500	
		分配金额/元		2 799.15	2 799.15
	供水车间	耗用量/小时	800		
		分配金额/元	3 997.44		3 997.44
	分配金额小计/元		3 997.44	2 799.15	6 796.59
生产产品耗用	AFX—1 型无人机	耗用量/m³	16 400	24 000	
		分配金额/元	81 947.52	44 786.4	126 733.92
	AFX—2 型无人机	耗用量/小时	13 000	29 200	
		分配金额/元	64 958.4	54 490.12	119 448.52
	分配金额小计/元		146 905.92	99 276.52	246 182.44
基本生产车间		耗用量/m³	600	4 200	
		分配金额/元	2 998.08	7 837.62	10 835.7
行政管理部门		耗用量/m³	1 200	3 100	
		分配金额/元	5 994.71	5 784.15	11 778.86
分配合计金额/元			159 896.15	115 697.44	275 593.59

采用代数分配法，其费用成本分配结果最正确。但在辅助生产车间较多的情况下，未知数较多，计算复杂，因而这种分配方法适宜在计算工作已经实现电算化的企业采用。

① 参考阅读：张文福．基于 Excel 改进辅助生产费用代数分配法[J]．财会月刊，2013(19)．

3.5 制造费用的归集与分配

3.5.1 制造费用核算的概念和内容

制造费用是产品成本的重要组成部分。它是指企业各个生产单位(分厂、车间)为生产产品或提供劳务而发生的各项间接费用，包括产品制造成本中除直接材料费用和直接人工费用以外的其余一切费用。因为制造费用属于间接费用，不能直接计入所生产的产品成本中去，它必须按费用发生的地点先行归集，月终时再采用一定的方法在各成本计算对象间进行分配，计入各成本计算对象的成本中。合理地归集和分配制造费用对于正确计算和控制产品成本具有重要的意义。随着企业生产规模的不断扩大，产品生产的自动化、专业化程度不断提高，制造费用占产品成本的比例也不断增加。

一般情况下，工业企业的制造费用包括各个生产单位管理人员的工资、奖金，房屋、建筑物和机器设备等的折旧费、修理费、租赁费(不包括融资租入固定资产的租赁费)，以及各生产单位耗用的机物料、低值易耗品摊销费、保险费、取暖费、水电费、办公费、差旅费、运输费、设计制图费、实验费、劳动保护费、季节性生产和固定资产修理期间的停工损失、在产品盘亏和毁损损失以及其他制造费用等。

制造费用按其发生的地点和范围，又分为基本生产车间制造费用和辅助生产车间制造费用。基本生产车间和辅助生产车间都属企业的生产单位，它们所发生的制造费用最终都要按一定的程序和方法分配计入产品制造成本。

制造费用发生时，应先通过设置“制造费用”账户来归集，然后按一定的分配标准分配计入各成本对象。所以制造费用的核算包括两个步骤：制造费用的归集和分配。

3.5.2 制造费用的归集

制造费用的归集是通过“制造费用”账户进行的。该账户是集合分配账户，其借方反映企业一定时期内发生的全部制造费用，贷方反映制造费用的分配，月末一般无余额。对于基本生产车间，不论是生产单一产品还是多种产品，均应对制造费用单独进行核算。而对于辅助生产车间，倘若生产单一产品或劳务，通常不需要对制造费用单独设账，可将其直接列入“生产成本——辅助生产成本”账户。另外，企业应根据管理的需要，按车间、部门设置“制造费用”明细账，账内按费用项目分设专栏，企业也可以根据费用比重的大小和管理的需要，将费用项目进行合并，以简化核算工作。

制造费用发生时，根据有关付款凭证、转账凭证和前述各种费用分配表，记入“制造费用”账户借方，并视具体情况，分别记入“原材料”“应付职工薪酬”“累计折旧”“生产成本——辅助生产成本”“银行存款”等账户的贷方。

3.5.3 制造费用的分配

本期实际发生的制造费用经过归集汇总后，应在月末将其分配到各产品成本中。如果生产车间或部门只生产一种产品，归集的制造费用可从“制造费用”账户贷方直接转入“生产成本——

基本生产成本”账户的借方。如果生产车间或部门生产多种产品，需要用合理的分配方法分配到各种产品的成本中。分配方法主要有生产工时比例法和年度计划成本分配率分配法等。具体方法应根据企业的实际情况选择采用。

1. 生产工时比例法

生产工时比例法是按各产品消耗生产工人工时分配制造费用，生产工时可以是实际耗用的工时，也可以是定额工时。其计算公式为：

$$制造费用分配率=\frac{制造费用总额}{产品实际(定额)工时总额}$$

$$某产品应分配的制造费用=某产品实际(定额)工时\times制造费用分配率$$

【例 3-16】 西安爱飞翔公司基本生产车间 201×年 7 月生产 AFX—1 型无人机所耗工时 12 000 小时，生产 AFX—2 型无人机所耗工时 16 000 小时，该车间共发生制造费用 35 000 元。计算制造费用分配如表 3-17 所示。

表 3-17　201×年 7 月制造费用分配表

应借科目	生产工时/小时	分配率	分配金额/元
生产成本——基本生产成本——AFX—1 型无人机	12 000		15 000
生产成本——基本生产成本——AFX—2 型无人机	16 000		20 000
合计	28 000	1.25	35 000

根据表 3-17，编制会计分录如下：

借：生产成本——基本生产成本——AFX—1 型无人机　　15 000
　　　　　　　　　　　　　　——AFX—2 型无人机　　20 000
　贷：制造费用　　35 000

按各产品消耗生产工人工时分配制造费用，将劳动生产率同产品负担的费用水平联系起来，分配结果比较合理，而且分配所需的工时资料比较容易取得，所以此方法在实际工作中使用较多。但是如果车间、部门内生产的各种产品机械化程度不同，则不宜采用此方法。因此，生产工时比例分配法一般适用于机械化程度较低且各种产品机械化水平大致相同的车间或部门。与此分配方法类似的还有生产工人工资比例法、机器工时比例法、产品产量比例法、标准产品产量比例法、耗用原材料比例法等。

2. 年度计划分配率分配法①

年度计划分配率分配法是按照年度计划确定的计划分配率分配的一种方法。各月按计划分配率计算分配的制造费用与实际归集的制造费用的差额，年末一次按已分配数的比例进行调整。其计算公式如下：

$$年度计划分配率=\frac{年度制造费用计划总额}{年度各种产品的定额标准之和}$$

$$某产品某月应分配的制造费用=该产品该月实际产量定额标准\times年度计划分配率$$

上述公式中的“定额标准”可以是生产工人定额工时、生产工人定额工资或机器定额工时。“制造费用”账户年末余额就是全年制造费用的实际发生额与计划分配额的差额，一般在年末调整计入 12 月的产品成本。

① 参考阅读：李艳．季节性生产企业制造费用的年度计划分配率分配法[J]．财会月刊，2013(05)．

$$年末差额分配率=\frac{全年实际制造费用-全年按计划分配率分配的制造费用}{全年各产品按计划分配率分配制造费用之和}$$

某产品应负担的差额=该产品全年按计划分配率分配的制造费用×差额分配率

【例 3-16】 西安爱飞翔公司某生产车间年度制造费用的预算额为 71 910 元。全年各种产品计划产量为：AFX—1 型无人机 1 200 架，AFX—2 型无人机 2 300 架。单位产品工时定额为：AFX—1 型无人机 4 小时，AFX—2 型无人机 2 小时。假设 201×年 7 月产品实际产量为：AFX—1 型无人机 110 架，AFX—2 型无人机 200 架，实际制造费用 5 130 元。根据上述资料编制制造费用分配表并做出会计分录。

制造费用分配表见表 3-18。

表 3-18　201×年 7 月制造费用分配表　　单位：元

应借科目	实际产量	单位产品工时定额	实际产量定额工时	计划分配率	制造费用
生产成本——基本生产成本——AFX—1 型无人机	110	4	440		3 366
生产成本——基本生产成本——AFX—2 型无人机	200	2	400		3 060
合计	—		840	7.65	6 426

根据表 3-18，编制会计分录如下：

借：生产成本——基本生产成本——AFX—1 型无人机　　3 366
　　　　　　　　　　　　　　——AFX—2 型无人机　　3 060
　贷：制造费用　　6 426

假设该车间全年实际发生的制造费用为 68 628 元，而按计划分配率分配，全年 AFX—1 型无人机分配制造费用 38 544 元，AFX—2 型无人机分配制造费用 33 696 元，共已分配制造费用 72 240 元。

年末差额分配率=(68 628−72 240)/(38 544+33 696)=−0.05

AFX—1 型无人机应负担的差额=38 544×(−0.05)=−1 927.2(元)

AFX—2 型无人机应负担的差额=33 696×(−0.05)=−1 684.8(元)

借：生产成本——基本生产成本——AFX—1 型无人机　　1 927.2
　　　　　　　　　　　　　　——AFX—2 型无人机　　1 684.8
　贷：制造费用　　3 612

按计划分配率分配制造费用，可以根据计划分配率及时进行分配，不仅能简化计算工作，而且能及时反映制造费用预算数与实际数的差异，有利于分析费用预算的执行情况。但是，运用此方法必须有切实可行的计划金额，否则会影响成本核算的准确性，该方法适用于季节性生产的车间或部门。

本章小结

为了实现对费用的有效管理及指导企业的定价策略，企业需要对各项要素进行归集和分配。

材料费用的分配通过编制材料费用分配表进行。对于生产产品的材料在“生产成本——基本生产成本”和“生产成本——辅助生产成本”总账户下专设成本项目，直接或分配后记入各种产品的“原材料”成本项目。对于非生产产品所领用的材料，属于期间费用。材料费用的分配核算方法主要包括定额消耗量比例法、定额费用比例法和系数分配法。

人工费用主要包括工资费用和其他职工薪酬。企业的工资核算主要是通过“应付职工薪酬”账户进行。基本生产车间直接从事产品生产的生产工人工资费用，应直接记入“基本生产成本”的“直接人工”项目。如果企业生产多种产品，直接人工费用一般按照产品的生产工时比例进行分配。其他职工薪酬应按照工资总额的一定比例提取，并依据工资费用分配的对象计入成本和当期费用。

固定资产折旧费用的计算是通过编制各车间、部门折旧计算明细表进行的。对于按规定计提的折旧费用，应根据固定资产的使用地点和用途进行归集和分配，分别记入“制造费用”“生产成本——辅助生产成本”“销售费用”和“管理费用”等账户，贷记“累计折旧”账户。

辅助生产费用的归集和分配通过“辅助生产成本”账户进行核算。对于单品种辅助生产，应根据有关费用分配凭证和费用支付凭证借记“辅助生产成本”账户，并将有关费用直接记入“辅助生产成本”明细账相应的专栏中。对于多品种辅助生产车间，其发生的费用应先区分为直接费用和间接费用。直接用于某种辅助产品生产或劳务的费用，借记“辅助生产成本”账户，并将其直接记入“辅助生产成本”明细账相应的专栏中。间接费用的核算有两种方法，两种方法的主要区别在于是否设置“制造费用——辅助生产车间”明细账。辅助生产费用分配的方法通常有直接分配法、交互分配法、计划成本分配法、顺分配法和代数分配法。

制造费用发生时，应先通过设置“制造费用”账户来归集，然后按一定的分配标准分配计入各成本对象。制造费用的归集是通过“制造费用”账户进行的。制造费用的分配方法主要有生产工时比例法和年度计划分配率分配法等。

关键术语

生产成本　定额消耗量比例法　定额费用比例法　系数分配法　工资费用　其他职工薪酬　辅助生产成本　直接分配法　顺序分配法　交互分配法　代数分配法　计划成本分配法　制造费用

复习思考题

1. 简述材料费用的分配核算方法。
2. 简述辅助生产费用的归集方法。
3. 简述制造费用的分配核算方法。

第4章　生产损失的核算

本章导读

在企业生产过程中，会因工艺技术、操作水平、材料质量、企业管理水平等原因而不可避免地发生一些损失。生产损失都是与产品生产直接有关的损失，因此，生产损失通常应由合格品的销售收入来补偿。因此，企业应及时采取有效措施，尽可能地控制生产损失的发生以降低产品成本。本章将主要论述企业可能出现的两种主要的生产损失及其核算方法，力图从中寻求降低成本、节约费用的途径。

4.1　废品损失的核算

4.1.1　废品及废品损失[①]

废品是指经检验在质量上不符合规定的技术标准，不能按原定用途使用，或需在生产中经过重新加工修理后才能使用的产品。工业企业在产品生产过程中，不可避免会出现一些废品。为了正确计算产品成本，并使其不断降低，以便进行成本分析和考核，就应核算废品损失。

废品的种类不同，废品损失的核算方法也不一样。因此，要准确地核算废品损失，有必要对废品进行分类。在实际工作中，一般按废品的废损程度和其在经济上是否具有修复价值，将废品划分为可修复废品和不可修复废品两类。可修复废品是指该废品在技术上是可以修复的，而且在重新修理加工过程中所支付的费用在经济上是合算的废品。相反地，不可修复废品是指该废品在技术上是不可修复的或者虽能修复，但在经济上是不合算的废品。

废品损失是指在生产过程中发现的、入库后发现的不可修复废品的生产成本，以及可修复废品的修复费用，扣除回收的废品残料价值和应收赔款以后的净损失。这里必须指出，经过质量检验部门鉴定不需要返修，可以降价出售的不合格品的成本与合格产品成本相同，其降价损失，应在计算销售损益时体现，不应作为废品损失处理；另外，产成品入库后，由于保管不善等原因而损坏变质的损失，属于管理上的问题，应作为管理费用处理，也不作为废品损失处理；实行包修、包退、包换的"三包"企业，在产品出售后发现的废品所发生的一切损失，也计入管理费用，不包括在废品损失内。

废品不论是在生产过程中发现或是入库后发现，都应由质量检查部门填制废品通知单。废品通知单要列明废品的种类、数量、产生废品的原因和过失人等。如按规定，废品应由过失人

---

① 阅读参考：

[1] 邹金伶，王东．废品损失核算改进思考[J]．财会月刊，2014(03).

[2] 刘智英．废品损失处理的中英差异及改进思考[J]．财会月刊，2013(03).

负责赔偿，还应在单内注明赔偿的金额。

生产中产生的废品须视其是否可以修复予以不同的处理。不可修复废品应送交仓库，要另填废品交库单，在单上须注明废品的残料价值。如果废品不是由工人过失造成(如料废)，在计件工资形式下，应照付工资，在废品通知单内注明应付数额，以作为结算的依据。如果废品是由工人过失造成，应该不计工资。可修复废品须继续加工予以修复，在返修中所领用的各种材料和所耗用的工时，应另填领料单和工作通知单，并在单上注明"返修废品用"标记，以资识别。废品通知单、废品交库单、返修用料的领料单、工作通知单等都是核算废品损失的依据。

4.1.2　废品损失的核算

单独核算废品损失企业，应设置"废品损失"科目，在成本项目中增设"废品损失"成本项目。该账户按照产品品种进行明细核算，其借方登记不可修复废品的生产成本和可修复废品的修复费用；贷方登记应从废品成本中扣除的回收废料的价值和应向责任人索赔的数额。该账户借贷双方上述内容相抵后的余额，即为企业的全部废品净损失。其中对应由责任人负担的部分，则从其贷方转入"其他应收款"账户借方，及时要求赔偿；其余废品净损失，应该全部归由本期完工的同种产品成本负担，列入"废品损失"项目，即从"生产成本——废品损失"账户的贷方，转入"基本生产成本——××产品"账户的借方，结转后的"生产成本——废品损失"账户应无期末余额。

1. 不可修复废品损失的核算

不可修复废品损失是指废品的成本扣除残料价值与过失人承担的赔偿部分后的净损失。由于不可修复废品的成本包括在合格产品之中，计算不可修复废品的损失比较复杂，需要采用适当的方法以确定其成本。一般有两种方法：

(1)按废品所耗实际费用计算法。按废品所耗实际费用计算法是根据合格产品与废品实际耗用总成本，按合格产品和废品的数量比例分配各项生产费用，以计算出废品的实际成本。如果废品是在生产过程中发现的，还要根据废品的加工程度折合成完工产品的数量，以计算废品的实际成本。一般情况下，废品应负担的工资费用与制造费用可根据其完工程度、生产工时比例计算，而材料费用在一次投料的情况下，则与完工的合格品负担相同的费用。

【例 4-1】 西安爱飞翔公司生产 AFX—1 型无人机 500 架，其中 50 架为不可修复废品，废品残值 40 万元，无赔偿。这种产品的成本资料如下：

直接材料(一次投料)	10 000 万元
直接人工	4 500 万元
制造费用	3 000 万元
合计	17 500 万元

1)假设 50 件不可修复废品是在生产的最终阶段发生的，按成本项目分别计算应负担的废品成本为：

废品应负担的材料费用＝(10 000÷500)×50＝1 000(万元)

废品应负担的工资费用＝(4 500÷500)×50＝450(万元)

废品应负担的制造费用＝(3 000÷500)×50＝300(万元)

应负担的废品成本＝1 000＋450＋300＝1 750(万元)

根据上列资料编制废品成本计算单，如表 4-1 所示。

表 4-1　不可修复废品损失计算单(按实际成本计算)

20××年×月×日　　　　单位：万元

车间：装配车间		产品名称：AFX—1 型无人机			废品数量：50 架
项目	产量/件	直接材料	直接人工	制造费用	合计
费用总额	500	10 000	4 500	3 000	17 500
费用分配率/件		20	9	6	35
废品成本	50	1 000	450	300	1 750

废品损失＝1 750－40(残值)＝1 710(万元)

相应的账务处理如下：

①结转不可修复的废品成本：

借：废品损失——AFX—1 型无人机　　17 500 000

　　贷：生产成本——基本生产成本——AFX—1 型无人机——直接材料　　10 000 000

　　　　　　　　　　　　　　　　　　　　　　　　——直接人工　　4 500 000

　　　　　　　　　　　　　　　　　　　　　　　　——制造费用　　3 000 000

②收回废品残值入账时：

借：原材料　　400 000

　　贷：废品损失——AFX—1 型无人机　　400 000

③结转废品净损失于产品成本：

借：生产成本——基本生产成本——AFX—1 型无人机　　17 100 000

　　贷：废品损失——A 产品　　17 100 000

2)假设 200 件不可修复废品是在加工程度为 60%时发生，按成本项目分别计算废品应负担的成本为：

废品应负担的材料费用＝(10 000÷500)×50＝1 000(万元)；

废品应负担的工资费用＝[4 500÷(450＋50×60%)]×50×60%＝281.25(万元)

废品应负担的制造费用＝[3 000÷(450＋50×60%)]×50×60%＝187.50(万元)

应负担的废品成本＝1 000＋281.25＋187.50＝1 468.75(万元)

废品损失＝1 468.75－40(残值)＝1 428.75(万元)

相应的账务处理如下：

①结转不可修复的废品成本：

借：废品损失——AFX—1 型无人机　　14 687 500

　　贷：生产成本——基本生产成本——AFX—1 型无人机——直接材料　　10 000 000

　　　　　　　　　　　　　　　　　　　　　　　　——直接人工　　2 812 500

　　　　　　　　　　　　　　　　　　　　　　　　——制造费用　　1 875 000

②收回废品残值入账时：

借：原材料　　400 000

　　贷：废品损失——AFX—1 型无人机　　400 000

③结转废品净损失于产品成本：

借：生产成本——基本生产成本——AFX—1 型无人机　　14 287 500

　　贷：废品损失——AFX—1 型无人机　　14 287 500

根据废品成本计算单将不可修复废品成本、残料交库价值、过失人赔款等全部记入废品损失明细账，并据以计算出不可修复废品的净损失额。

(2)按废品所耗定额费用计算法。按废品所耗定额费用计算法是指按单位产品的定额成本和发生的不可修复废品的数量以及投料程度和加工程度计算不可修复废品的损失，而不考虑废品实际发生的费用。

【例 4-2】 假设例 4 1 中 AFX—1 型无人机每架材料费用定额 20 万元，工时定额 2 000 小时，计划小时工资率 10 元，计划小时制造费用率 5 元，废品损失计算如表 4-2 所示。

相应的账务处理如下：

表 4-2　不可修复废品损失计算表(按计划成本计算)

20××年×月×日　　　　单位：万元

车间：装配车间		产品名称：AFX—1 型无人机			废品数量：50 架	
项目	数量/件	直接材料	工时/小时	直接人工	制造费用	合计
单位定额成本	50	20	2 000	2	1	23
废品定额成本		1 000	100 000	100	50	1 150
减：废品残值		40				40
废品净损失		960	100 000	100	50	1 110

1)结转不可修复的废品成本：

借：废品损失——AFX—1 型无人机　　11 500 000

　　贷：生产成本——基本生产成本——AFX—1 型无人机——直接材料　　10 000 000

　　　　——直接人工　　1 000 000

　　　　——制造费用　　500 000

2)收回废品残值入账时：

借：原材料　　400 000

　　贷：废品损失——AFX—1 型无人机　　400 000

3)结转废品净损失于产品成本：

借：生产成本——基本生产成本——AFX—1 型无人机　　11 100 000

　　贷：废品损失——AFX—1 型无人机　　11 100 000

2. 可修复废品损失的核算

可修复废品损失是指为修复废品而支付的修复费用，包括材料费用、工资费用、制造费用。而可修复废品返修以前发生的生产费用，在“生产成本”科目及有关明细账中不必转出，这是因为其不是废品损失。返修时发生的修理费用，可以通过各种费用分配表或直接根据有关凭证计算得来。如果修复费用中要由过失人赔偿一部分，则废品损失应从修复费用总额中扣除应由过失人赔偿的金额，最后将废品净损失(修复费用减残值和赔款)从“废品损失”科目贷方转入“生产成本”科目的借方及其有关成本明细账的“废品损失”成本项目。必须指出，可修复废品损失的核算，是在废品修复时，如果当月发生废品，下月修复，损失就表现在下月的成本计算单上。

【例 4-3】 西安爱飞翔公司装配车间当月发现 AFX—1 型无人机有可修复废品 25 架，修复期内根据各种费用分配表计算发生的各项费用如表 4-3 所示。

表 4-3 可修复废品损失计算表

车间名称：装配车间　　　　20××年×月　　　　单位：万元

数量	计量单位	产品名称	修复费用			
			直接材料	直接人工	制造费用	费用合计
25	件	AFX—1 型无人机	25	40	20	85

相应的账务处理如下：

(1)归集可修复废品的修复费用：

借：废品损失——AFX—1 型无人机　　850 000

　　贷：原材料　　250 000

　　　　应付职工薪酬　　400 000

　　　　制造费用　　200 000

(2)结转可修复废品的修复费用于成品成本：

借：生产成本——基本生产成本——AFX—1 型无人机　　850 000

　　贷：废品损失——AFX—1 型无人机　　850 000

4.2 停工损失的核算①

4.2.1 停工损失的概念及内容

停工损失是指企业生产车间或车间内某个班组由于计划减产，或因停电、待料、机器设备故障而停工，在停工期间所发生的一切费用支出。它包括支付的职工薪酬、耗用的燃料和动力、应负担的制造费用等。可以取得赔偿的停工损失，应该索赔，并从停工损失中扣除。发生停工的原因很多，应分不同的情况区别对待。由于自然灾害等引起的非正常停工损失，应按规定转作营业外支出；其他停工损失，如季节性停工、修理期间的停工等原因发生的损失，应计入制造费用。另外，企业停工多种多样，时间有长有短，范围有大有小，为了简化核算手续，只有在超过一定时间(一般为 1 日以上)和范围时，才计算停工损失。具体时间和范围界限一般应根据企业具体情况而定。在停工时，车间应该填列停工报告单，并在考勤记录中进行登记。会计部门和车间核算人员，应对停工报告单所列停工范围、时数及其原因和过失单位等事项进行审核。只有经过审核的停工报告单，才能作为停工损失核算的根据。

4.2.2 停工损失的核算方法

为了单独核算停工损失，在会计账户中应增设“停工损失”账户，在成本项目中应增设“停工损失”项目。“停工损失”账户是为了归集和分配停工损失而设立的。该账户应按车间设立明细账，账内按成本项目分设专栏或专行，进行明细核算。停工期间发生、应该计入停工损失的各

① 阅读参考：

[1] 梁富洲，唐纯斌．停工损失及其会计处理[J]．财会通讯，2010(01).

[2] 郑崴．停工损失核算方法存在的问题及完善建议[J]．财务与会计．2011(02).

种费用，都应在该账户的借方归集，借记“停工损失”账户，贷记“原材料”“应付职工薪酬”和“制造费用”等账户。因此，在单独核算停工损失的企业中，在编制各种费用分配表时，应该将属于停工损失的费用，加填借记“停工损失”账户的行次，而在制造费用项目中，则可不再设立“季节性和修理期间停工损失”费用项目。

归集在“停工损失”账户借方的停工损失，由于产生的原因不同，其结转分配的方法也不同，主要包括下列情形：

(1)对于应向过失人或保险公司索赔的损失，记入“其他应收款”账户。

(2)属于自然灾害等原因引起的非正常停工损失，记入“营业外支出”账户。

(3)对于计划内停工损失，一般应由开工期所产产品的生产成本来负担，记入“基本生产成本”账户。

(4)对于由于原材料供应不足、机器设备发生故障等引起的计划外停工损失，在规定的期限内(全厂连续停产 10 天以内、生产车间连续停产 1 个月以内)，应计入当月生产产品的生产成本；超过上述期限的转作“营业外支出”。

计入产品成本的停工损失，如果停工的车间只生产一种产品，应直接记入该种产品成本明细账的“停工损失”项目；如果停工的车间生产多种产品，则应采用适当的分配方法(如采用类似于分配制造费用的方法)，分配记入该车间各种产品成本明细账的“停工损失”项目。当车间发生全月停工的特殊情况时，可将停工损失保留在“停工损失”账户，留待下月生产的产品负担。通过上述归集和分配，“停工损失”账户一般应无月末余额。

停工损失的具体账务处理如下。

1. 计划内停工损失的账务处理

(1)发生计划内停工损失时：

借：停工损失

　　贷：原材料

　　　　应付职工薪酬

　　　　制造费用等

(2)结转计划内停工损失：

借：基本生产成本——××产品

　　贷：停工损失

2. 计划外停工损失的账务处理

(1)发生计划外停工损失时：

借：停工损失

　　贷：原材料

　　　　应付职工薪酬

　　　　制造费用等

(2)由过失人赔偿时：

借：其他应收款(或“库存现金”等)

　　贷：停工损失

(3)结转计划外停工损失：

借：基本生产成本——××产品

　　贷：停工损失

或

借：营业外支出(非正常停工损失)

　　贷：停工损失

在不单独核算停工损失的企业中，不设立“停工损失”账户和项目。停工期间发生的属于停工损失的各种费用，直接记入“制造费用”和“营业外支出”等账户。这样核算很简便，但对于停工损失的分析和控制会产生不利的影响。

以上所述废品损失和停工损失，都是指基本生产车间的废品损失和停工损失。辅助生产车间由于规模一般不大，为了简化核算工作，都不单独核算废品损失和停工损失。

本章小结

本章主要介绍了生产制造型企业在生产经营过程中出现生产损失时的核算方法。本章从生产损失常见的两种情形着手，分别介绍了废品损失的核算和生产损失的核算。在废品损失核算中，介绍了废品及废品损失的概念，并着重阐述了不可修复废品损失的核算及可修复废品损失的核算；接着介绍了停工损失的概念及停工损失的核算。

关键术语

废品　废品损失　不可修复废品损失　可修复废品损失　修复费用　定额费用　停工损失

复习思考题

1. 什么是生产损失？它主要包括哪些内容？
2. 不可修复废品损失应如何计算？各种不同的计算方法有什么区别？
3. 停工损失一般包括哪些内容？停工产生的原因有哪些？

第 5 章　生产费用在完工产品与月末在产品之间的分配

本章导读

通过本章的学习，应理解在产品的概念及确定方法；熟练掌握生产费用在本月完工产品与月末在产品之间进行分配的各种具体方法，懂得这些分配方法的应用条件，以及适当采用这些方法对于正确计算本月完工产品成本和月末在产品成本的作用；掌握完工产品成本结转的账务处理。

5.1　在产品的数量核算

5.1.1　在产品的概念

在产品是指没有完成企业全部生产过程，不能作为商品销售的产品。在产品有广义和狭义之分。广义在产品是指从整个企业来看，凡是处于企业各生产车间加工中的在制品(包括返修中的可修复废品)，还需继续加工的自制半成品(包括未经验收入库的产成品和等待返修的可修复废品)均属此列。狭义在产品是指正在各个车间或各生产步骤加工的在制品。

在产品数量不仅是计算在产品成本的基础，也是计算完工产品成本的前提条件。因此，正确组织在产品数量核算，及时反映、控制在产品数量增减变动结存情况，对加强在产品实物管理，掌握在产品动态，保证其安全完整，合理组织生产，加速资金周转，正确计算产品成本，都具有十分重要的意义。

5.1.2　在产品台账的设置

在产品的计算包括自制半成品和在制品的计算。自制半成品的数量可根据验收入库的自制半成品入库凭证计算，与完工产品的数量核算相同。在制品的数量一般是通过在产品台账进行计算的，如表 5-1 所示。

企业归集各项生产费用、计算在产品数量的目的是确定完工产品的成本。当月末某种产品既有完工产品又有未完工产品时，就需将归集的生产费用在完工产品和月末在产品之间分配。分配时，首先，应将“生产成本——基本生产成本”账户的月初在产品成本，加上本月归集在借方的各项生产费用，计算出生产费用累计数；其次，根据在产品数量及完工程度、各项费用比重大小以及定额管理水平等具体情况，选择适当的分配方法，将生产费用累计数在完工产品和月末在产品之间进行分配。

表 5-1 在产品收、发、存账(在产品台账)

在产品名称： 车间名称： 单位：件

年		摘要		收入		发出		结存	
月	日			凭证号	数量	凭证号	数量	完工	未完工
合计									

5.2 生产费用在完工产品与月末在产品之间的分配方法

完工产品和月末在产品之间分配费用，是成本计算工作中一个重要而复杂的问题，在产品结构复杂、零部件种类和加工工序较多的情况下更是如此。企业应该根据在产品数量的多少、各月在产品数量变化的大小、各项费用比重的大小以及定额管理基础的好坏等具体条件，选择既合理又较简便的分配方法，在完工产品与月末在产品之间分配费用。

为便于理解各项具体条件与分配方法之间的联系，将月初在产品费用、本月生产费用、本月完工产品费用和月末在产品费用之间相互关系的公式表达如下：

月初在产品成本＋本月生产费用＝本月完工产品成本＋月末在产品成本

本月完工产品成本＝月初在产品成本＋本月生产费用－月末在产品成本

完工产品与在产品之间分配费用通常采用的分配方法有不计算在产品成本法、在产品成本按年初(固定成本)计算法、在产品按所耗原材料计算法、在产品按完工产品成本计价法、约当产量法、定额成本计算法和定额比例法。

5.2.1 不计算在产品成本法

不计算在产品成本法，是指虽然月末有结存在产品，但月末在产品数量很小，价值很低，且各月在产品数量比较稳定的情况下，对月末在产品成本忽略不计的一种方法。采用这种方法是因为月初与月末在产品成本很小，月初在产品成本与月末在产品成本之差可忽略，不计算各月月末在产品成本对完工产品成本影响不大。因此，根据成本核算的重要性原则，同时考虑简化产品成本计算工作，可不计算月末在产品成本，如连续型生产企业都可用此方法。采用该方法本月产品发出的生产费用就是本月完工产品的总成本，除以本月完工产品产量，即可求得单位产品制造成本。其计算公式如下：

本月完工产品成本＝本月发生生产费用

5.2.2 在产品成本按年初(固定成本)计算法

在产品成本按年初计算法，是对各月月末在产品成本按年初在产品成本计价的一种方法。这种方法适用于各月月末在产品结存数量较少，或者虽然在产品结存数量较多，但各月月末在产品数量稳定，起落变化不大的产品；在月末在产品结存数量较少，但价值较大，或者在产品数量较多的情况下。如采用不计算在产品成本法，则会使成本计算不正确，使会计反应失实，但如果月末在产品结存数量较少，或者在产品结存数量较多；但在各月月末在产品结存数量稳定的情况下，由于在产品成本各月月初与月末之间的差额很小，因此，以年初在产品成本对各月月末在产品进行计价，则对各月完工产品成本的影响不大。所以，为简化产品制造成本的计算工作，对各月月末在产品可按年初在产品成本计价，这样，各月月末在产品成本不变，月初与月末在产品成本相等，那么每月各产品发生的生产费用即为本月该完工产品的总成本。

但在年末，应该根据实际盘点的在产品数量，具体计算在产品成本，据以计算 12 月份产品成本，并将算出的年末在产品成本作为下一年度各月固定的在产品成本，以免相隔时间过长，在产品成本与实际出入太大，影响产品成本计算的正确性。产量稳定的冶炼企业和化工企业的产品，由于高炉和化学反应装置的容积固定，其在产品成本就可以这样计算。在物价变动较大的情况下，不宜采用此方法，以防成本计算不准确。其计算公式如下：

本月完工产品成本＝本月发生生产费用

本月在产品成本＝年初在产品成本

假定企业年初在产品成本为 48 万元，那么，本年度 1—11 月的月末在产品成本都按照 48 万元计算。由于上月末与下月初为同一个时点，因此，本年度 12 个月的月初在产品成本都是 48 万元，即 1—11 月的月初在产品成本等于月末在产品成本。12 月月末就要根据实际盘点的在产品数量，将固定成本调整为月末在产品成本的实际成本，并以此作为下一年度在产品的年初固定成本。

5.2.3　在产品按所耗原材料计算法

采用这种分配方法时，月末在产品只计算其所耗用的原材料费用，不计算生产工人薪酬等加工费用。即产品的加工费用全部由完工产品成本负担。某种产品的全部生产费用，减去月末在产品的原材料费用，就是完工产品的成本。

这种分配方法适用于各月月末在产品数量较大，各月在产品数量变化也较大，但原材料费用在成本中所占比重较大，而生产工人薪酬等加工费用比重不大，在产品成本中的加工费用以及月初、月末在产品加工费用的差额不大，月初和月末在产品的加工费用基本上可以互相抵消。因此，为了简化计算工作，在产品可以不计算加工费用，这时，这种产品的全部生产费用，减去按所耗原材料费用计算的在产品成本，就是该种完工产品的成本。纺织、造纸和酿酒等企业的产品，原材料费用比较大，都可以采用这种分配方法。其具体计算公式如下：

直接材料费用分配率＝(月初直接材料费用＋本月发生的直接材料费用)÷(本月完工产品＋月末在产品)

完工产品负担直接材料费用＝完工产品数量×分配率

月末在产品负担直接材料费用(月末在产品成本)＝月末在产品数量×分配率

【例 5-1】　西安爱飞翔公司主要生产 AFX—1 型无人机，属于多步骤生产，产品顺序加工，最后形成产成品。原材料费用是在生产开始时一次投入的，月初在产品成本原材料费用 5 800 元，本月生产费用 271 800 元，其中原材料费用 247 500 元，人工费用 108 40 元，制造费用 13 460元，本月已组装 10 054 架，月末未包装的产品 500 架。

直接材料分配率＝(5 800＋247 500)÷(10 054＋500)＝24

完工产品负担直接材料费用＝10 054×24＝241 296(元)

月末在产品负担直接材料费用(月末在产品成本)＝500×24＝12 000(元)

完工产品成本＝241 296＋108 40＋13 460＝265 596(元)

产品成本明细账详见表 5-2。

表 5-2　成本明细账　　单位：元

摘要	直接材料	直接人工	制造费用	合计
月初在产品成本	5 800			5 800
本月生产费用	247 500	10 840	13 460	271 800
本月生产费用合计	253 300	10 840	13 460	277 600
本月完工产品成本	241 296	10 840	13 460	265 596
月末在产品成本	12 004			12 004

5.2.4　在产品按完工产品成本计价法

有些产品生产周期很短，并且自动化程度很高，如面粉厂、冶炼厂、轧钢厂一般月末在产品已接近完工，或者已经完工，只是尚未包装或尚未验收入库，在这种情况下，在产品的成本已经非常接近甚至等于完工产品的成本。为了简化成本核算工作，可以将在产品视同完工产品，按两者的数量比例分配原材料费用和各项加工费用。其计算公式如下：

生产费用分配率＝生产费用合计÷(完工产品数量＋月末在产品数量)

完工产品成本＝生产费用分配率×完工产品数量

月末在产品成本＝生产费用分配率×月末在产品数量

【例 5-2】 西安爱飞翔公司 201×年 11 月生产 AFX—1 型无人机 1 200 架，月末在产品 40 架，月末在产品成本按完工产品成本计算，月初在产品成本为：直接材料成本 128 000 元，直接人工 13 480 元，制造费用 35 940 元。本月发生生产费用 1 422 180 元，其中：直接材料 456 700 元，直接人工 800 000 元，制造费用 165 480 元。根据资料计算月末在产品成本和完工产品成本。

(1)按生产费用总额进行分配：

生产费用分配率＝1 599 600÷1 240＝1 290

完工产品成本＝1 290×1 200＝1 548 000(元)

月末在产品成本＝1 290×40＝51 600(元)

或　月末在产品成本＝1 599 600－1 548 000＝51 600(元)

这种计算方法简单，可直接计算完工产品成本与在产品成本，但不便于分项进行成本分析，所以一般情况下，应按成本项目进行计算。

(2)按成本项目进行计算：

直接材料费用分配率＝(128 000＋456 700)÷(1 200＋40)＝471.53

直接人工费用分配率＝(13 480＋800 000)÷(1 200＋40)＝656.03

制造费用分配率＝(35 940＋165 480)÷(1 200＋40)＝162.44

产品单位成本＝471.53＋656.03＋162.44＝1 290(元)

完工产品直接材料费用＝471.53×1 200＝565 836(元)

完工产品直接人工费用＝656.03×1 200＝787 236(元)

完工产品制造费用＝162.44×1 200＝194 928(元)

完工产品总成本＝565 836＋787 236＋194 928＝1 548 000(元)

月末在产品直接材料费用＝471.53×40＝18 861.2(元)

月末在产品直接人工费用＝656.03×40＝26 241.2(元)

月末在产品制造费用＝162.44×40＝6 497.6(元)

月末在产品总成本＝18 861.2＋26 241.2＋6 497.6＝51 600(元)

费用分配结果如表 5-3 所示。

表 5-3　产品成本计算单

产品名称：AFX—1 型无人机　　　　201×年 11 月　　　　单位：元

成本项目	生产费用	费用分配率	完工产品		月末在产品	
			数量/架	费用	数量/架	费用
直接材料	584 700	471.53	1 200	565 836	40	18 861.2
直接人工	813 480	656.03	1 200	787 236	40	26 241.2
制造费用	201 420	162.44	1 200	194 928	40	6 497.6
合计	1 599 600			1 548 000		51 600

5.2.5　约当产量法

约当产量是指将月末实际结存的产品数量，按其完工程度或投料程度折算为相当于完工产品的数量。约当产量法就是根据完工产品数量和月末在产品约当产量比例来分配生产费用，从而确定完工产品成本和月末在产品成本的方法。为了反映完工产品成本构成情况，分配生产费用时，应按成本项目分别计算。其计算公式如下：

$$在产品约当产量＝月末在产品数量×完工程度(或投料程度)$$

$$某项费用分配率＝\frac{该项费用总额}{完工产品费用用分配额＋在产品费用分配额}$$

$$完工产品费用分配额＝本月完工产品数量×费用分配率$$

$$在产品费用分配额＝月末在产品约当产量×费用分配率$$

在上述公式中，除在产品约当产量外，其余数量都可以直接从有关账簿资料中得到。采用约当产量法分配生产费用的关键是正确计算在产品的约当产量，它的正确与否主要取决于在产品的完工程度和投料程度的确定。由于月末在产品的投料程度和加工程度可能不一致，直接材料和直接人工、制造费用的投入程度也就可能不同，因此应按成本项目计算月末在产品的约当产量。

直接材料成本项目应根据月末在产品所耗直接材料的投入程度折算约当产量；直接人工、燃料、动力和制造费用成本项目应根据月末在产品的加工程度折算约当产量，并应分成本项目计算约当产量单位成本、完工产品成本和月末在产品成本。

1. 直接人工、制造费用的分配①

在计算分配直接人工和制造费用所依据的在产品约当量，采用的是在产品的加工程度(完工

① 如何利用 Excel 工作表完成在产品成本分配，请参阅马元驹．成本会计学模拟实验教程[M]．北京：中国人民大学出版社，2013.

率）。在产品加工程度的确定方法及加工费用的分配方法如下：

某工序在产品完工率＝已完成的加工工时÷产品工时定额×100％

【例 5-3】 西安爱飞翔公司生产 AFX—1 型无人机使用机体组件作原材料。月末完工产品 1 200件，分布在各个不同的生产环节的在产品为：完成第一道工序的 216 件，完成第二道工序的 324 件，完成第三道工序的 180 件。各工序的完工率见表 5-4。本月直接材料费用为 873 600 元，直接人工费用为 180 435 元，制造费用为 89 433 元。直接材料是在切割工序一次投入，人工费用及制造费用应按约当产量进行分配。

表 5-4 各工序测定的完工率

工序	所耗时间/h	完工率/％	月末在产品数量/件	约当产量/件
1	2	25	216	54
2	4	50	324	162
3	4	85	180	153
合计	10	—	720	369

(1)计算月末在产品约当产量：

月末在产品约当产量＝216×25％＋324×50％＋180×85％＝369(件)

(2)直接人工费用分配：

直接人工费用分配率＝180 435÷(1 200＋369)＝115

完工产品直接人工费用＝115×1 200＝138 000(元)

月末在产品直接人工费用＝115×369＝42 435(元)

(3)制造费用分配：

制造费用分配率＝89 433÷(1 200＋369)＝57

完工产品制造费用＝57×1 200＝68 400(元)

月末在产品制造费用＝57×369＝21 033(元)

2. 原材料费用的分配

在约当产量法下，计算分配原材料费用所依据的在产品约当量，采用的是在产品投料程度。在产品投料程度，根据原材料投入方式不同而有所不同。在产品投料程度的确定方法有四种，现分述如下：

(1)原材料在生产开始时一次投入。在这种情况下，在产品所耗的原材料与完工产品相同，即在产品的投料率为 100％。因此，原材料费用应按完工产品的数量与月末在产品数量的比例进行分配。

【例 5-4】 承接例 5-3，采用表 5-4 的数据，计算材料费用分配。

①计算直接材料费用分配率：

直接材料费用分配率＝873 600÷(1 200＋216＋324＋180)＝455

②计算完工产品直接材料费用：

完工产品直接材料费用＝455×1 200＝546 000(元)

③计算月末在产品直接材料费用：

月末在产品直接材料费用＝455×(216＋324＋180)＝327 600(元)

无人机机体组件的成本计算单如表 5-5 所示。

表 5-5　产品成本计算单

产品名称：AFX—1 型无人机组件　　201×年 11 月　　单位：元

成本项目	生产费用	费用分配率	完工产品		月末在产品	
			数量/件	费用	数量/件	费用
直接材料	873 600	455	1 200	546 000	720	327 600
直接人工	180 435	115	1 200	138 000	369	42 435
制造费用	89 433	57	1 200	68 400	369	21 033
合计	1 143 468			752 400		391 068

(2)原材料随着生产进度分工序投入。原材料随着生产进度分工序投入，每道工序在工序开始时一次投入，在这种情况下，应将一次投料的计算方法与陆续投料的计算方法结合起来计算完工率(投料率)，并在此基础上计算确定月末在产品的约当产量。其计算公式如下：

$$某道工序的投料程度(\%)=\frac{以前工序的消耗定额之和+本工序消耗定额}{完工产品原材料消耗定额}\times 100\%$$

(3)原材料随着生产进度陆续投入。

①原材料随着生产进度陆续投入，但投料程度与生产进度不一致。在这种情况下，为了提高原材料费用分配的正确性，应按每一工序原材料的消耗定额计算投料率，进而计算确定月末在产品的约当量。其计算公式如下：

$$某道工序的投料程度(\%)=(以前工序的消耗定额之和+本工序消耗定额\times 50\%)\div 完工产品原材料消耗定额\times 100\%$$

$$月末在产品约当产量=\sum(各工序在产品数量\times 各工序在产品投料程度)$$

②原材料随着生产力进度陆续投入，但投料程度与生产进度基本一致。现假设生产某产品需经过两道工序，工序 1：需要 2 小时，原材料投入量 60%；工序 2：需要 3 小时，原材料投入量 40%，分别采用表 5-6 中的三种方法计算的完工率和投料程度。

表 5-6　三种方法确定完工率和投料程度　　%

在产品	方法(1)		方法(2)		方法(3)	
	完工率	投料程度	完工率	投料程度	完工率	投料程度
工序 1	20	60	20	30	20	20
工序 2	70	100	70	80	70	70

5.2.6　定额成本计算法

定额成本计算法有两种：一种是在产品按定额成本计算法，另一种是完工产品按定额成本计算法。

1. 在产品按定额成本计算法

定额成本法是指根据月末在产品数量、投料量和加工程度，以及单位材料消耗定额、工时定额、加工费用定额等资料，计算月末在产品成本的方法。首先用定额资料计算月末在产品成本，然后将月末在产品成本从本月总生产费用中扣除，得出本月完工产品成本。其计算公式如下：

$$在产品材料定额成本=在产品数量\times 单位材料消耗定额\times 材料计划单价$$

$$在产品工资(费用)定额成本=在产品数量\times 单位工时定额\times 单位定额工资(费用)$$

月末在产品定额成本＝在产品材料定额成本＋在产品工资定额成本＋在产品制造费用定额成本

完工产品成本＝月初在产品定额成本＋本月生产费用－月末在产品定额成本

这种分配方法适用于定额管理完善，各项消耗定额比较准确、产品生产稳定，保持各月在产品数量变动不大的产品。

一般而言，企业月末在产品的完工率是不同的。因此，也不可能有一个固定的定额成本，月末在产品按定额成本预算法，其实是约当产量计算法的简化而已，这就需要确定在产品的材料定额和工时定额。如果材料是开工时一次投入，材料费用投料(率)就是100%，在产品的加工费用采用统一的平均完工率计算，即在产品的定额工时(或定额费用)进行分配。

【例5-5】 承接例5-4，在产品材料定额成本为360元，每工时费用定额分别为：人工费用10元，制造费用6元，本月直接材料费用为873 600元，直接人工费用为180 435元，制造费用为89 433元。月末完工产品1 200架，在产品280架，在产品定额工时为5.5小时。

(1)计算在产品成本：

在产品材料成本＝280×360＝100 800(元)

在产品人工成本＝10×5.5×280＝15 400(元)

在产品制造费用＝6×5.5×280＝9 240(元)

(2)计算完工产品成本：

完工产品材料成本＝873 600－100 800＝772 800(元)

完工产品人工成本＝180 435－15 400＝165 035(元)

完工产品制造费用＝89 433－9 240＝80 193(元)

计算结果如表5-7所示。

表5-7 产品成本计算单

产品名称：AFX—1型无人机　　201×年11月　　单位：元

成本项目	生产费用	定额工时/小时	费用定额	完工产品/小时		月末在产品	
				数量/架	费用	数量/架	费用
直接材料	873 600		360	1 200	772 800	280	100 800
直接人工	180 435	5.5	10	1 200	165 035	280	15 400
制造费用	89 433		6	1 200	80 193	280	9 240
合计	1 143 468				1 018 028		125 440

特别说明，在例5-5中，因产品的材料是一次投入的，所以在产品的材料费用定额是按照该产品的材料成本预算确定的，而人工费用和制造费用按照在产品平均完工率确定的工时，即完工产品耗用的工时为11小时。如果采用约当产量法计算，那么在产品的定额工时也是11小时，但分配人工费用和制造费用时，在产品数量就是折合的约当产量140架。因为这种分配方法中，月末在产品定额成本与实际成本之间的差异，全部由完工产品承担，所以在产品原材料及工时定额的准确，决定了在产品定额成本与实际成本之间的差异额。

2. 完工产品按定额成本计算法

完工产品按定额成本计算，是根据月末完工产品的定额费用和数量，确定完工产品成本，然后将本月生产费用合计减去完工产品成本的定额，得出月末在产品成本。该方法将完工产品成本的定额与实际的差异都计入在产品成本。采用该方法计算简单，但不能确定月末在产品的完工率。因为完工产品的定额可参照企业长期以来产品成本的核算资料定制，也是比较准确的。

在企业实际成本核算工作中，采用完工产品按定额成本计算法的要多于采用在产品按定额成本计算法。

【例 5-6】 承接 5-5，完工产品的定额工时为 11 小时，材料费用为 360 元，其他资料不变。

完工产品材料成本＝360×1 200＝432 000(元)

完工产品人工成本＝1 200×10×11＝132 000(元)

完工产品制造费用＝1 200×6×11＝79 200(元)

完工产品成本＝432 000＋132 000＋79 200＝643 200(元)

月末在产品＝1 143 468－1 018 028＝125 440(元)

月末在产品材料成本＝873 600－432 000＝441 600(元)

月末在产品人工成本＝180 435－132 000＝48 435(元)

月末在产品制造费用＝89 433－79 200＝10 233(元)

计算结果如表 5-8 所示。

表 5-8　产品成本计算单

产品名称：AFX—1 型无人机　　　　201×年 11 月　　　　单位：元

成本项目	生产费用	定额工时	费用定额	完工产品		月末在产品
				数量	费用	
直接材料	873 600		360	1 200	432 000	441 600
直接人工	180 435	11	10	1 200	132 000	48 435
制造费用	89 433		6	1 200	79 200	10 233
合计	1 143 468				643 200	500 268

比较以上两种定额成本计算法，便可发现，如果定额资料完善且在产品完工率测定准确，无论采用哪种方法，计算结果都相差不多。但一般而言，完工产品的定额要比测定不同工序在产品的完工率容易得多，且完工产品要办理验收入库，因此有准确的盘点数量，故该方法被广泛采用。

5.2.7　定额比例法

定额比例法是按完工产品和月末在产品的定额耗用量或定额费用的比例分配生产费用的一种在产品成本计算方法。采用定额比例法，必须分别按成本项目进行费用的分配。直接材料费用可按照原材料定额耗用量或原材料定额费用比例分配，直接人工和制造费用一般按定额工时的比例进行分配。

费用分配率＝(月初在产品成本＋本月生产费用)÷(完工产品定额消耗量＋在产品定额消耗量)

或

消耗量分配率＝(月初在产品实际消耗量＋本月实际消耗量)÷(完工产品定额消耗量＋月末在产品定额消耗量)

完工产品成本＝完工产品定额消耗量×费用分配率

月末在产品成本＝本月生产费用累计－完工产品成本

费用分配率，可以是材料费用分配率、人工费用分配率、制造费用分配率，式中的分子是实际发生的费用，分母是定额消耗量(或定额费用、定额工时)。

按定额消耗比例分配生产费用的优点是有利于考核、分析各项消耗定额的执行情况，有利于控制各项费用耗用量。但是，如果产品所耗原材料品种较多，而不同原材料的消耗量不能汇总，就需逐一计算每种原材料的分配率及分配额而势必增大计算工作量。因此，若企业产品消耗原材料品种较多，可按定额费用比例进行分配。其方法是将上述公式中的“定额消耗量”换成“定额费用”。在实际工作中，常将这两种方法结合运用。①

【例 5-7】 西安爱飞翔公司，月初在产品的实际费用为：直接材料 4 800 元，直接人工 720 元，制造费用 580 元。月初在产品直接材料定额费用为 3 800 元，定额工时为 50 小时。本月实际费用为：直接材料 470 400 元，直接人工 155 520 元，制造费用 105 560 元。本月投入生产的直接材料定额费用为 470 000 元，定额工时为 10 500 小时。本月完工产品 1 200 架，直接材料定额费用为 465 226 元，定额工时为 10 385 小时。月末在产品的直接材料费用定额为 8 574 元，定额工时为 165 小时。直接材料费用按原材料定额费用比例分配，其他费用按定额工时比例分配。实际费用资料如表 5-9 所示，定额资料如表 5-10 所示。

表 5-9　实际费用　　单位：元

成本项目	直接材料	直接人工	制造费用	合计	备注
月初在产品成本	4 800	720	580	6 100	分别构成费用分配率的分子
本月生产费用	470 400	155 520	105 560	731 480	
合计	475 200	156 240	106 140		

表 5-10　定额　　单位：元

成本项目	直接材料	直接人工(制造费用)/小时	备注
月初在产品	3 800	50	费用分配率的分母可以采用①或②，并对应两个不同的公式
本月生产费用	470 000	10 500	
本月合计①	473 800	10 550	
完工产品	465 226	10 385	
月末在产品	8 574	165	
月末合计②	473 800	10 550	

(1)计算直接材料费用：

直接材料费用分配率＝(4 800＋470 400)÷(3 800＋470 000)＝1.003

完工产品分配的直接材料费用＝465 226×1.003＝466 622(元)

月末在产品分配的直接材料费用＝8 574×1.003＝8 600(元)

(2)计算直接人工费用：

直接人工费用分配率＝(720＋155 520)÷(50＋10 500)＝14.8(元/小时)

完工产品分配的直接人工费用＝10 385×14.8＝153 698(元)

在产品分配的直接人工费用＝165×14.8＝2 442(元)

(3)计算制造费用：

制造费用分配率＝(580＋105 560)÷(50＋10 500)＝10(元/小时)

完工产品分配的制造费用＝10 385×10＝103 850(元)

---

① 用定额比例法分配共同费用是否存在其他问题，学术界有各种观点，这里可参阅骆从艳．运用定额比例法分配共同费用需注意的问题[J]．财会月刊，2011.

在产品分配的制造费用＝165×10＝1 650(元)

各项费用分配计算结果如表 5-11 所示。

表 5-11　产品成本计算单

产品名称：AFX—1 型无人机　　　　201×年 11 月　　　　单位：元

成本项目	月初在产品	本月生产费用	生产费用合计	分配率/(元·小时$^{-1}$)	完工产品		月末在产品	
					定额	实际	定额	实际
直接材料	4 800	470 400	475 200	9.35	465 226	466 622	8 574	8 600
直接人工	720	155 520	156 240	14.8	10 385	153 698	165	2 442
制造费用	580	105 560	106 140	10	10 385	103 850	165	1 650
合计	6 100	731 480	737 580			724 170		12 692

定额比例法避免了月末在产品按定额成本计算法的不足，将定额成本与实际成本的差异，在完工产品与月末在产品成本之间按比例进行分配，提高了产品成本计算的准确性。

5.3　完工产品成本结转核算

企业的成本核算过程是，首先进行各项费用要素的核算，将生产费用在生产的产品中进行分配，然后再将生产费用在完工产品和在产品之间进行分配，便可计算出完工产品成本。对于产品成本计算单中的完工产品，应从"基本生产成本"账户的贷方转入"库存商品"账户的借方。"基本生产成本"总账户的期末余额，就是在产品成本。

【例 5-8】 根据表 5-3 无人机的成本计算单，结转完工产品成本，编制会计分录如下：

借：库存商品——AFX—1 型无人机　　　　1 548 000

　　贷：基本生产成本——AFX—1 型无人机　　　　1 548 000

根据表 5-8 无人机的成本计算单，结转完工产品成本，编制会计分录如下：

借：库存商品——AFX—1 型无人机　　　　643 200

　　贷：基本生产成本——AFX—1 型无人机　　　　643 200

本章小结

在产品是企业已经投入生产过程中但尚未最后完工，不能作为商品销售的产品。

本章中的在产品，主要是指企业的某一生产单位或某一步骤中尚未加工或装配完成的产品。

计算产品成本，必须要确定月末在产品数量。月末在产品数量的确定有两种方法：一种通过账面核算资料确定，即通过"在产品收、发、存"明细账上反映的期末结存数确定；二是在月末通过对在产品进行实地盘点确定。在成本会计实务中，这两种方法往往结合运用，以确保在产品数量的准确度。为保证在产品的安全完整，做到账实相符，企业应定期对在产品进行清查盘点，盘点结果和账目不符时，应编制在产品盘盈盘亏报告表，并调整账面记录。

产品成本计算与在产品的关系极为密切，即完工产品成本等于月初在产品成本加上本月产品生产费用减去月末在产品成本，这决定了产品成本在完工产品与月末在产品之间的分配与月末在产品的计价相关。产品成本在完工与月末在产品之间的分配方法主要有不计算在产品成本法、在产品成本按年初(固定成本)计算法、在产品按所耗原材料计算法、在产品按完工产品成本计价法、约当产量法、定额成本计算法和定额比例法。

关键术语

在产品　完工产品　生产费用分配率　完工产品成本　制造费用分配率　约当产量法　定额成本法　定额比例法

复习思考题

1. 生产费用在完工产品与月末在产品之间进行分配的方法有哪几种?
2. 约当产量法的特点和适用范围各是什么?
3. 如何测定在产品的完工程度?
4. 在产品按定额成本计价法的特点和适用范围是什么?
5. 定额比例法的特点和适用范围各是什么?
6. 在产品按所消耗原材料费用计价法的特点和适用范围各是什么?

第 6 章　产品成本计算的基本方法

本章导读

本章主要阐述了产品成本核算的基本方法，包括品种法、分批法和分步法的含义、适用范围、主要特点、计算程序和相应的账务处理。品种法是产品成本计算的最基本方法；分批法分别阐述了一般分批法和简化分批法；分步法分为逐步结转分步法和平行结转分步法，两种方法的特点、应用条件、计算程序均有所不同。

6.1　产品成本计算方法概述

6.1.1　企业的生产类型及其特点

企业的生产类型及不同生产类型的特点，对企业选择成本计算方法有着重要的影响。企业的生产类型，可按生产工艺流程的特点和生产组织的特点进行划分。

1. 按生产工艺流程的特点划分

企业的生产按生产工艺流程特点划分，可以分为简单生产和复杂生产两种类型。

(1)简单生产。简单生产是指生产工艺流程不能间断、不能分散在不同工作地点进行的生产。属于简单生产的企业，其产品的生产周期一般比较短，通常没有自制半成品或几个企业协作进行生产。因此，这种类型的生产，一般也称为单步骤生产。发电、采掘等企业就是简单生产的典型企业。

(2)复杂生产。复杂生产是指生产工艺流程是由可以间断的若干生产步骤所组成的生产，它既可以在一个企业或车间内独立进行，也可以由几个企业或车间在不同的工作地点协作进行生产。属于复杂生产的企业，其产品的生产周期一般较长，产品品种不是单一的，有半成品或中间产品，并且可由几个企业或车间协作进行生产，因此，也称为多步骤生产。

2. 按生产组织的特点划分

企业的生产按生产组织的特点划分，可分为大量生产、成批生产和单件生产三种类型。

(1)大量生产。大量生产是指不断地重复生产一种或几种产品的生产。这种类型生产的主要特点是企业生产的产品品种较少，各种产品的产量较大，一般是采用专业设备重复进行生产，专业化水平较高。例如，纺织、采掘、冶金、造纸、酿酒等企业，就是大量生产的典型企业。

(2)成批生产。成批生产是指按照预先确定的产品批别和数量，轮番进行若干种产品的生产，成批生产按照批量的大小，又进一步划分为大批生产和小批生产。大批生产类似于大量生产，小批生产类似于单件生产。服装、机床等企业就是成批生产的典型企业。

(3)单件生产。单件生产是根据各订货单位的要求，生产某种规格、型号、性能的特定产品。这种类型生产的主要特点是品种多，每一订单产品数量少，一般不重复或不定期重复生产，专业化程度不高，通常采用通用设备进行加工。例如，造船、重型机械等企业就是单件生产的典型企业。

一般来说，简单或连续式复杂生产在生产类型上通常都是大量或大批生产，而装配式复杂生产则可能是大量或大批生产，也可能是单件或小批生产。

6.1.2 生产类型的特点及成本管理的要求对成本计算方法的影响

生产类型的特点对产品成本计算方法的影响，主要表现在成本对象的确定、成本计算期的确定、生产费用在完工产品和在产品之间的分配问题。这三个方面的有机结合，决定了特定成本计算方法的主要特点。

1. 成本计算对象

成本计算对象是指企业为了计算产品成本而确定的归集和分配生产费用的各个对象，即成本费用的承担者。企业在进行成本计算时，首先应确定成本计算对象，按照确定的成本计算对象设置“基本生产成本明细账”(或“产品成本＋算单”)，据以归集和分配每一成本对象所发生的费用。

成本计算对象应根据生产的特点来确定，如在大量大批简单生产的企业里，一般产量较大，生产过程不能间断，所以，它是以产品品种作为成本计算对象的；在大量大批复杂生产的企业里，由于其生产过程是可以间断的，因而，不仅可以计算出每种产品的成本，而且还可以计算出各个步骤半成品的成本。所以，它的成本计算对象就是每种产品和它所经过的生产步骤；在单件小批生产的企业里，它一般是按客户的订单或批别来组织生产的，在进行成本计算时，要求计算每一订单产品或每批产品的成本。上面所说的按每种产品、产品生产经过的生产步骤、每一订单或每批产品，就是归集生产费用计算产品成本的承担者，也就是成本计算对象。

2. 成本计算期

成本计算期是指每次计算产品成本的期间。计算产品成本的期间并不完全与产品的生产周期或会计报告期一致。有时，产品成本计算期与会计报告期相一致，有时并不一致，而与产品的生产周期一致。影响成本计算期的主要因素是生产类型的特点。在大量大批生产的企业里，在月内一般都有大量的完工产品，产品的生产周期较短，由于随时有完工产品，因此不能在产品完工的同时，就计算它的成本，而是定期地在月末进行计算。这时，产品的成本计算期与会计报告期一致，而与产品的生产周期不一致；在单件小批生产的企业里，当每一订单产品或每批产品未完工时，全部是在产品的成本，只有产品全部完工时，才能计算完工产品的成本，故其成本计算期是不固定的，与产品的生产周期一致，但与会计报告期不一致。需要指出的是，成本计算期与会计报告期并不完全一致，尽管在单件小批生产的企业里要在产品完工时才计算完工产品的成本，但企业与成本计算有关的经济业务，如费用的归集与分配都应按月进行，并按月结账，据以考核各单位成本的发生情况。同时，可以积累核算资料，待产品完工时，便于及时进行成本核算。

3. 在产品的成本计算

企业生产产品过程中发生的全部生产费用，经过费用要素的归集和分配后，最终都集中在“基本生产成本明细账”或者各种“产品成本计算单”当中。若该种产品月末在产品数量很少或没有在产品，则归集在“基本生产成本明细账”中的所有生产费用，就是完工产品的总成本。用总成本除以产量，就是单位产品成本。如果该种单位产品月末在产品数量很多，金额也较大，这时就应该将在“基本生产成本明细账”中归集的费用采用一定的方法在完工产品和在产品之间进行分配。此时所要分配的费用，是月初在产品成本加上本月发生的费用之和，应在完工产品和在产品之间进行分配。

6.1.3　产品成本的基本计算方法

综上所述，企业生产特点和管理要求，主要影响成本计算对象的确定，同时也影响成本计算期和在产品的计价，这些方面的有机结合形成了不同的成本计算方法，成本计算对象是区别不同成本计算方法的主要标志。为了适应不同类型生产特点和管理要求，下面介绍三种成本计算方法。

1. 品种法

品种法是以产品的品种作为成本计算对象计算产品成本的方法。在单步骤、大量生产的企业，由于其生产工艺过程不能间断，生产步骤单一，企业不断地、大量地重复生产品种相同的产品，在管理上也需要掌握各种产品的成本，因此在计算产品成本时，通常采用品种法。在连续加工式多步骤、大量或大批生产的企业，当管理上不需要分步骤计算产品成本，只需要掌握完工产品的成本时，也可以采用品种法。

2. 分批法

分批法是以产品的批别或订单作为成本计算对象计算产品成本的方法。在装配式多步骤、成批或单件生产的企业，由于其生产工艺过程是先将材料分别加工成各种零件、部件，然后将各种零件、部件装配成产成品。生产车间是按照生产部门下达的生产批号或购货方的订单组织产品生产的，在管理上需要掌握各批投产产品的成本，因此在计算产品成本时，通常采用分批法。

3. 分步法

分步法是以产品的生产步骤作为成本计算对象计算产品成本的方法。在连续加工多步骤、大量或大批生产的企业，由于其生产过程可以划分为若干个生产步骤，且每个加工步骤均有自制半成品，在管理上需要单独掌握各种自制半成品的成本，因此在计算产品成本时，通常采用分步法。

成本计算基本方法的特点归纳如表 6-1 所示。

表 6-1　三种成本计算基本方法的特点比较

成本计算方法	生产组织类型	生产工艺过程和管理要求	成本计算对象	成本计算期	企业
品种法	大量大批生产	单步骤生产或管理上不要求分步骤计算成本的多步骤生产	品种	定期	发电、采掘等
分批法	单件小批生产		批别	不定期	船舶、专用设备等
分步法	大量大批生产	管理上要求分步骤计算成本的多步骤生产	步骤	定期	冶金、纺织等

6.1.4 各种产品成本计算方法的实际应用

1. 同时使用几种成本计算方法计算成本

大部分企业不只生产一种产品，这些产品的结构功能各不相同，其生产类型也可能不一样，成本管理要求企业采用不同的成本计算方法进行产品成本计算。例如，工业企业一般都没有基本生产车间和辅助生产车间，基本生产车间和辅助生产车间生产类型特点和管理要求是不一样的，应采用不同的成本计算方法进行计算。

通常所说的某类型企业采用的什么成本计算方法，主要是针对基本生产车间而言的，并不说明该企业就只能用一种方法计算成本，而是多种成本计算方法可以同时使用。

2. 结合使用几种成本计算方法计算成本

企业生产的各种产品特点不同，所安排的生产工艺和生产步骤不同，所采用的成本计算方法不同时，可以同时结合使用几种成本计算方法。

企业采用什么方法计算产品成本，应根据企业生产类型特点和成本管理要求来确定，灵活掌握。在确定成本计算方法时，应注意成本计算方法与成本计划方法的口径一致；与同行业其他企业的成本计算方法相一致，保持相对稳定，以便正确计算产品的总成本和单位成本，形成可比一贯的成本信息，方便企业进行有效的成本分析和成本考核，实现降低成本、提高效益的目标。

6.2 品种法

6.2.1 品种法的含义

产品成本计算的品种法是最基本的成本计算方法。它是以产品的品种为成本计算对象，归集费用，计算产品成本的一种方法。品种法一般适用于大量大批单步骤生产类型的企业，如发电、采掘等企业。在这种类型的企业中，由于产品生产的工艺过程不能间断，没有必要也不可能划分生产步骤计算产品成本。只能以产品品种作为成本计算对象。

6.2.2 品种法的特点

1. 以产品品种作为成本计算对象

品种法的成本计算对象是每种产品，因此，在进行成本计算时，需要为每一品种产品设置一张产品成本计算单。如果企业只生产一种产品，成本计算对象就是该种产品，只需为该种产品设置一张成本计算单，单中按成本项目设置专栏，生产中所发生的生产费用都是直接费用，可以直接根据有关凭证和费用分配表，区分成本项目全部列入该种产品的成本计算单中。如果企业生产多种产品，成本计算对象则是每种产品，需要按每种产品分别设置产品成本计算单，生产中发生的生产费用要区分为直接费用和间接费用。凡能分清应由某种产品负担的直接费用，应直接列入该种产品的成本计算单中。对于几种产品共同耗用而又分不清应由哪种产品负担多少数额的间接费用，应采用适当的分配方法，在各种产品之间或者直接进行分配或者另行归集汇总为制造费用后再经过分配列入各成本计算单的相关成本项目中。

2. 按月定期计算产品成本

品种法的成本计算期是按月定期，于每月的月终进行，与会计报告期一致，与产品生产周期不一致。从其生产过程看，有的是单步骤生产，有的是多步骤生产，但从生产组织方式看，大多是大量大批生产，是连续不断地重复着某种或几种产品的生产。凡生产工艺体现为连续不断地重复生产一种或几种产品，存在着大量的完工产品，不能等到产品全部制造完工时再计算成本，而只能定期在月末计算成本。

3. 月末在产品的计算

月末计算在产品成本时，如果没有在产品，或者在产品数量很少，占有生产费用数额不大，按照重要性原则，就不需要计算在产品成本。成本计算单中所归集的全部生产费用就是该产品的完工产品总成本除以该产品的产量即可求得该产成品的单位成本；如果月末有在产品，而且数量较多，占用的费用也较大，就需要将成本计算单上所归集的生产费用(包括月初在产品成本和本月发生的费用)，采用适当的分配方法在完工产品和月末在产品之间进行分配，以便计算出完工产品成本和月末在产品成本。

6.2.3　品种法的成本计算程序

成本计算程序是指对产品生产过程中所发生的各项费用，按照会计准则的规定，进行审核、归集和分配，计算完工产品成本和月末在产品成本的过程。

1. 按产品品种设置基本生产成本明细账

按产品品种设置基本生产成本明细账(或成本计算单)，并按直接材料、直接人工、制造费用等成本项目设置专栏；按辅助生产车间或辅助产品品种开设辅助生产成本明细账，并按生产车间开设制造费用明细账，账内按成本或费用项目设置专栏。如果有月初在产品成本，应先在生产成本明细账中登记。

2. 编制各种费用表，分配应由本期负担的各项生产费用

(1)要素费用的分配。根据本月发生的各要素费用的原始凭证和相关资料，对生产过程中发生的各项费用进行审核、归集和分配，编制各种要素费用分配表，分配各要素费用；根据各要素费用分配表，登记“基本生产成本明细账”“辅助生产成本明细账”“制造费用明细账”和“管理费用明细账”。

(2)辅助生产费用的分配。根据辅助生产成本明细账所归集的全月费用，编制辅助生产费用分配表，并据以登记有关成本明细账。

(3)制造费用的分配。根据制造费用明细账所归集的全月费用，编制制造费用分配表，并据以登记基本生产成本明细账。

(4)损失性费用的分配。根据废品损失明细账、停工损失明细账归集的净损失，编制废品损失分配表和停工损失分配表分配费用，并登记基本生产成本明细账。

3. 生产费用在完工产品与月末在产品之间的分配

在基本生产成本明细账内，按成本项目归集全部生产费用，采用适当的方法在本月完工产品和月末在产品之间分配，计算出各种完工产品和月末在产品成本。

品种法计算程序如图 6-1 所示。

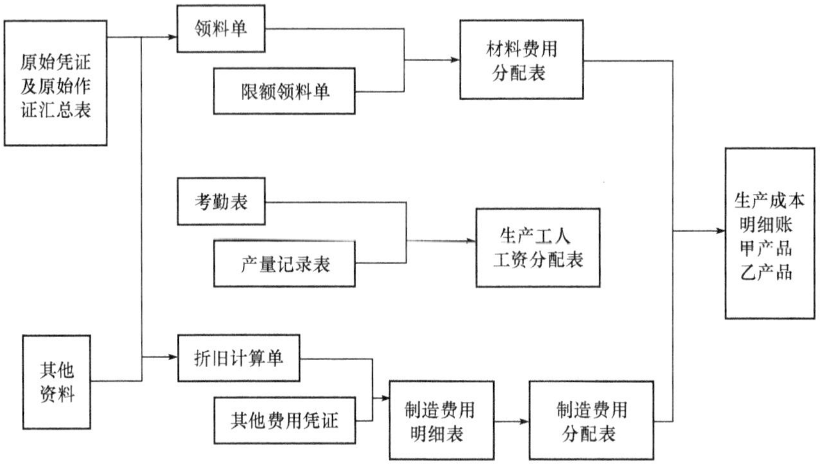

图 6-1 品种法计算程序

【例 6-1】 西安爱飞翔公司无人机组装时需要自产机体组件，为大量大批单步骤生产。设有一个基本生产车间，大量生产 AFX—1 型和 AFX—2 型无人机机体组件两种产品；另设一个辅助生产车间——供电车间，为整个企业提供电力服务，该辅助车间不单独核算制造费用。该企业 201×年 11 月有关成本资料如下所述：

(1)该企业产量资料如表 6-2 所示。

表 6-2 产量资料

201×年 11 月　　　　单位：件

产品名称	月初在产品	本月投入	本月完工产品	月末在产品
AFX—1 型机体组件	300	600	700	200
AFX—2 型机体组件	260	540	800	0

(2)AFX—1 型和 AFX—2 型两种机体组件产品耗用生产工时分别为 3 000 小时和 2 000 小时。

(3)月初在产品成本资料如表 6-3 所示。

表 6-3 月初在产品成本资料

201×年 11 月　　　　单位：元

产品名称	直接材料	直接人工	制造费用	合计
AFX—1 型机体组件	23 000	12 000	15 000	50 000
AFX—2 型机体组件	20 000	10 000	13 000	43 000

本月发生的生产费用如下：

1)汇总材料费用。本月共发生材料费用 110 000 元。其中生产 AFX—1 型机体组件直接耗用碳纤维管 40 000 元，生产 AFX—2 型机体组件直接耗用碳纤维管 39 000 元。生产 AFX—1 型和 AFX—2 型两种机体组件产品共同耗用铝合金管 14 000 元，AFX—1 型和 AFX—2 型两种机体组件产品铝合金管的定额耗用量分别为 900 kg、500 kg。供电车间耗用碳纤维管 8 000 元，基本生产车间耗用碳纤维管 5 000 元，企业行政管理部门耗用碳纤维管 4 000 元。AFX—1 型和 AFX—2 型两种机体组件产品共同耗用的材料按定额耗用量比例分配。

2)汇总低值易耗品费用。领用低值易耗品采用一次摊销法。本月基本生产车间领用生产工具一批，价值4 400元，供电车间领用专用工具一批，价值6 600元，企业行政管理部门领用一般工具一批，价值2 200元。

3)汇总工资费用。本月共发生工资费用59 000元。其中为生产AFX—1型和AFX—2型两种机体组件产品共支付生产车间工人工资45 000元，供电车间工人工资6 000元，基本生产车间管理人员工资3 000元。生产车间的工资按AFX—1型和AFX—2型两种机体组件产品的生产工时比例分配。

4)计提折旧费用。本月末计提固定资产折旧费26 000元，其中基本生产车间10 500元，辅助生产车间9 000元，企业行政管理部门6 500元。

5)汇总货币支出。本月用银行存款支付下列费用：基本生产车间办公费用3 200元，其他费用800元；辅助生产车间办公费用1 720元，其他费用280元；企业行政管理部门办公费用1 600元，其他费用200元。

6)归集和分配辅助生产费用。辅助生产费用按直接分配法分配。本月供电车间共对外提供电量12 500度，其中生产AFX—1型和AFX—2型两种机体组件产品分别耗用5 000度、4 000度，基本生产车间耗用1 000度，企业行政管理部门耗用2 500度。

要求：采用品种法计算AFX—1型和AFX—2型两种机体组件产品的成本。其中，生产工人工资、制造费用按所耗工时比例分配；生产费用在完工产品和月末在产品之间的分配采用约当产量比例法。假设AFX—1型和AFX—2型两种机体组件产品的原材料都在生产开始时一次投入，加工费用发生比较均衡，月末在产品完工程度均为50%。①

步骤如下：

(1)设置相关成本费用明细账。按基本生产车间生产产品品种设置基本生产成本明细账和成本计算单，按车间设置辅助生产成本明细账和制造费用明细账。

(2)各项生产费用的归集和分配。

1)归集和分配各要素费用。根据有关原始凭证及相关资料编制各种费用分配表和相应的会计分录(代为记账凭证，下同)，并登记相关的成本费用明细账。

①根据本月材料领用情况，编制材料费用分配表和相应的会计分录，并登记基本生产、辅助生产成本明细账和制造费用明细账。

材料费用分配表见表6-4。

表6-4　材料费用分配表

201×年11月

领料部门及用途		成本项目	A材料	B材料			合计
				定额耗用量	分配率	分配额	
基本生产成本	AFX—1型组件	直接材料	40 000	900		9 000	49 000
	AFX—2型组件	直接材料	39 000	500		5 000	44 000
	小计		79 000	1 400	10	14 000	93 000

① 参考阅读：

[1] 曹洪刚，仲旭．Excel 2007在品种法中的应用[J]．中国管理信息化，2015(23).

[2] 汪鸿艳．“品种法”成本核算软件操作流程[J]．中国管理信息化，2014(04).

续表

领料部门及用途		成本项目	A材料	B材料			合计
				定额耗用量	分配率	分配额	
辅助生产车间	供电车间	材料费	8 000				8 000
基本生产车间耗用		机物料	5 000				5 000
行政管理部门		其他	4 000				4 000
合计			96 000				110 000

编制会计分录如下：

借：生产成本——基本生产成本——AFX—1 型组件　　49 000
　　　　　　　　　　　　　　——AFX—2 型组件　　44 000
　　生产成本——辅助生产成本——供电车间　　8 000
　　制造费用——基本生产车间　　5 000
　　管理费用　　4 000
　　贷：原材料——碳纤维管　　96 000
　　　　　　　——铝合金管　　14 000

②根据本月低值易耗品领用情况，编制低值易耗品费用分配表和相应的会计分录，登记辅助生产成本明细账、制造费用明细账。

低值易耗品费用分配表见表 6-5。

表 6-5　低值易耗品费用分配表

201×年 11 月　　单位：元

领料部门及用途		费用项目	摊销额
辅助生产车间	供电	低值易耗品摊销	6 600
基本生产车间	一般耗用	低值易耗品摊销	4 400
行政管理部门		低值易耗品摊销	2 200
合计			13 200

编制会计分录如下：

借：生产成本——辅助生产成本——供电车间　　6 600
　　制造费用——基本生产车间　　4 400
　　管理费用　　2 200
　　贷：周转材料——低值易耗品　　13 200

③根据本月工资情况，编制工资费用分配表和相应的会计分录，并登记基本生产成本明细账、辅助生产成本明细账、制造费用明细账。

工资费用分配表见表 6-6。

表 6-6　工资费用分配表

201×年 11 月　　　　单位：元

领料部门		成本项目	工时	分配率	金额
基本生产成本	AFX—1 型组件	直接工资	3 000		27 000
	AFX—2 型组件	直接工资	2 000		18 000
	小计		5 000	9	45 000
辅助生产车间	供电车间	工资			6 000
基本生产车间		工资			5 000
行政管理部门		工资			3 000
合计					59 000

编制会计分录如下：

借：生产成本——基本生产成本——AFX—1 型组件　　27 000
　　　　　　　　　　　　　　——AFX—2 型组件　　18 000
　　生产成本——辅助生产成本——供电车间　　6 000
　　制造费用——基本生产车间　　5 000
　　管理费用　　3 000
　　贷：应付职工薪酬——工资　　59 000

④根据本月末计提固定资产折旧情况，编制折旧费用分配表和会计分录，并登记有关明细账。

固定资产折旧费用分配表见表 6-7。

表 6-7　固定资产折旧费用分配表

201×年 11 月　　　　单位：元

部门	费用项目	金额
辅助生产车间	折旧费	9 000
基本生产车间	折旧费	10 500
行政管理部门	折旧费	6 500
合计		26 000

编制会计分录如下：

借：制造费用——基本生产车间　　10 500
　　辅助生产成本——供电车间　　9 000
　　管理费用　　6 500
　　贷：累计折旧　　26 000

⑤根据各项货币支出情况，编制货币支出的其他费用汇总表和相应的会计分录，并登记辅助生产成本明细账和制造费用明细账。

其他费用汇总表见表 6-8。

表 6-8　其他费用汇总表

201×年 11 月　　　　单位：元

车间或部门	费用项目	金额
供电车间	办公费用	1 720
	其他	280
	小计	2 000
基本生产车间	办公费用	3 200
	其他	800
	小计	4 000
行政管理部门	办公费用	1 600
	其他	200
	小计	1 800
合计		7 800

为简化计算，编制会计分录汇总如下：

借：生产成本——辅助生产成本——供电车间　　2 000
　　制造费用——基本生产车间　　4 000
　　管理费用　　1 800
　　贷：银行存款　　7 800

2)归集和分配辅助生产费用。根据本月辅助生产成本明细账，归集供电车间本月发生费用为 31 600 元。辅助生产成本明细账见表 6-9。

表 6-9　辅助生产成本明细账

车间名称：供电车间　　201×年 11 月　　单位：元

201×年		凭证		摘要	材料费	工资	折旧费	低值易耗品	办公费	其他	合计
月	日	字	号	分配材料费用	8 000						8 000
11	30	略	略	摊销低值易耗品				6 600			6 600
	30			分配工资费用		6 000					6 000
	30			分配折旧费用			9 000				9 000
	30			分配其他费用					1 720	280	2 000
	30			本月合计	8 000	6 000	9 000	6 600	1 720	280	31 600
	30			分配转出辅助生产费用	8 000	6 000	9 000	6 600	1 720	280	31 600

该企业采用直接分配法分配辅助生产费用。按供电车间对外提供电量度数，编制辅助生产费用分配表和相应的会计分录，并登记有关明细账。

辅助生产费用分配表见表 6-10。

表 6-10　辅助生产费用分配表

201×年 11 月　　　　单位：元

部门		成本或费用项目	耗电度数	分配率	金额
基本生产成本	AFX—1 型组件	制造费用	5 000		12 640
	AFX—2 型组件	制造费用	4 000		10 112
	小计		9 000	9	22 752
	一般耗用		1 000		2 528
行政管理部门		电费	2 500		6 320
合计			12 500	2.528	31 600

编制会计分录如下：

借：生产成本——基本生产成本——AFX—1 型组件　　12 640

　　　　　　　　　　　　　　——AFX—2 型组件　　10 112

　　制造费用——基本生产车间　　2 528

　　管理费用　　6 320

　　贷：生产成本——辅助生产成本——供电车间　　31 600

3)归集和分配制造费用。根据本月已登记的制造费用明细账，归集基本生产车间本月发生的制造费用为 31 428 元。制造费用明细账见表 6-11。

表 6-11　制造费用明细账

车间名称：基本生产车间　　201×年 11 月　　单位：元

201×年		凭证		摘要	材料费	工资	折旧费	低值易耗品	办公费	电费	其他	合计
月	日	字	号	分配材料费用	5 000							5 000
11	30	略	略	摊销低值易耗品				4 400				4 400
	30			分配工资费用		5 000						5 000
	30			分配折旧费用			10 500					10 500
	30			分配电费						2 528		2 528
				分配其他费用					3 200		800	4 000
	30			本月合计	5 000	5 000	10 500	4 400	3 200	2 528	800	31 428
				分配转出辅助生产费用	5 000	5 000	10 500	4 400	3 200	2 528	800	31 428

制造费用按 AFX—1 型和 AFX—2 型两种组件产品的生产工时比例分配，编制制造费用分配表和相应的会计分录，并登记基本生产成本明细账。

制造费用分配表见表 6-12。

表 6-12　制造费用分配表

车间名称：基本生产车间　　201×年 11 月　　单位：元

产品名称	生产工时/小时	分配率	金额
AFX—1 型组件	3 000		18 856.80
AFX—2 型组件	2 000		12 571.20
合计	5 000	6.285 9	31 428

根据制造费用分配表编制会计分录如下：

借：生产成本——基本生产成本——AFX—1型组件　　18 856.80

——AFX—2型组件　　12 571.20

贷：制造费用——基本生产车间　　31 428

(3)生产费用在完工产品和月末在产品之间分配。根据各种费用分配表和其他资料，登记基本生产成本明细账，分别归集出AFX—1型和AFX—2型两种组件产品的生产费用。AFX—1型组件采用约当产量比例法计算出完工产品和月末在产品成本。AFX—2型组件由于没有月末在产品，则基本生产成本明细账中归集的生产费用全部是完工产品成本。分别编制AFX—1型和AFX—2型两种组件产品的成本计算单。

AFX—1型和AFX—2型两种组件产品的基本生产成本明细账分别见表6-13和表6-14。

表6-13　基本生产成本明细账(1)

产品名称：AFX—1型组件　　201×年11月　　单位：元

201×年		凭证		摘要	成本项目			合计
					直接材料	直接人工	制造费用	
11	1	略	略	月初在产品成本	23 000	12 000	15 000	50 000
	30			分配材料费用	49 000			49 000
	30			分配工资费用		27 000		27 000
	30			分配电费			12 640	12 640
	30			分配制造费用			18 856.80	18 856.80
	30			生产费用合计	72 000	39 000	46 496.80	157 496.80
	30			结转完工产品成本	65 000	34 125	40 684.70	139 809.70
	30			月末在产品成本	16 000	4 875	5 812.10	26 687.10

表6-14　基本生产成本明细账(2)

产品名称：AFX—2型组件　　201×年11月　　单位：元

201×年		凭证		摘要	成本项目			合计
					直接材料	直接人工	制造费用	
11	1	略	略	月初在产品成本	20 000	10 000	13 000	43 000
	30			分配材料费用	44 000			44 000
	30			分配工资费用		18 000		18 000
	30			分配电费			10 112	10 112
	30			分配制造费用			12 571.20	12 571.20
	30			生产费用合计	64 000	28 000	35 683.20	127 683.20
	30			结转完工产品成本	64 000	28 000	35 683.20	127 683.20
	30			月末在产品成本	—	—	—	—

AFX—1型和AFX—2型两种组件产品的成本计算单分别见表6-15和表6-16。

表 6-15　产品成本计算单(1)

完工产品数量：700 件

名称：AFX—1 型组件　　201×年 11 月　　月末在产品数量：200 件

项目	直接材料	直接人工	制造费用	合计
生产费用合计	72 000	39 000	49 496.80	160 496.80
产量合计	700＋200＝900	700＋200×50%＝800	700＋200×50%＝800	—
分配率	80	48.75	58.121	186.871
完工产品成本	700×80＝56 000	700×48.75＝34 125	700×58.121＝40 684.70	130 809.70
月末在产品成本	200×80＝16 000	100×48.75＝4 875	100×58.121＝5 812.10	26 687.10
单位产品成本	80	48.75	58.121	186.871

表 6-16　产品成本计算单(2)

完工产品数量：700 件

名称：AFX—2 型组件　　201×年 11 月　　月末在产品数量：0 件

项目	直接材料	直接人工	制造费用	合计
生产费用合计	64 000	28 000	35 683.20	127 683.20
产量合计	800	800	800	—
完工产品成本	64 000	28 000	35 683.20	127 683.20
月末在产品成本	200×80＝16 000	100×48.75＝4 875	100×58.121＝5 812.10	26 687.10
单位产品成本	80	35	44.60	159.60

(4)结转完工产品成本。根据 AFX—1 型和 AFX—2 型两种组件产品的成本计算单，编制完工产品成本汇总计算单，见表 6-17。

表 6-17　完工产品成本汇总计算单

201×年 11 月　　单位：元

成本项目	AFX—1 型组件(700 件)		AFX—2 型组件(800 件)	
	总成本	单位成本	总成本	单位成本
直接材料	56 000	50	64 000	80
直接人工	34 125	48.75	28 000	35
制造费用	40 684.70	58.12	35 683.20	44.60
合计	130 809.70	156.87	127 683.20	159.60

根据完工产品成本汇总计算单编制会计分录如下：

借：库存商品——AFX—1 型组件　　130 809.70
　　　　　　——AFX—2 型组件　　127 683.20
　贷：基本生产成本——AFX—1 型组件　　130 809.70
　　　　　　　　　——AFX—2 型组件　　127 683.20

6.3 分批法

6.3.1 分批法的含义

分批法是按照产品批别作为成本核算对象归集生产费用，计算产品成本的一种方法。产品的批量一般是按照订货单位的订单确定的，因此，分批法又称订单法。各订单所定产品往往种类不同或规格不一，所用的原料和制造方法各异，因此，一份订单的成本必须与其他各份订单的成本分开计算。

分批法适用于小批生产和单件生产，如精密仪器、专用设备、重型机械和船舶的制造，某些特殊或精密铸件的熔铸、新产品的试制和机器设备的修理，以及辅助生产的工具、模具制造等。

6.3.2 分批法的特点

1. 按照产品批别作为成本计算对象

按照产品批别组织生产时，生产计划部门要签发生产通知单下达车间，并通知会计部门。生产通知单应对该批生产任务进行编号，称为产品批号。会计部门应根据生产计划部门下达的产品批号，也就是产品批别，设立产品成本明细账。产品成本明细账的设立和结账，应与生产通知单的签发和结束密切配合，协调一致，以保证各批产品成本计算的合理性。

2. 成本计算期通常与生产周期相同

采用分批法，企业要按月汇集各批产品的实际生产费用。但只有该批产品全部完工，才能计算其实际成本。因此，分批法的成本计算期与会计报告期不一致，而与该批产品的生产周期一致。分批法的成本计算期是不定期的。

3. 生产费用一般不需要在完工产品与在产品之间分配

如果企业是单件生产，产品完工以前，产品成本明细账所记录的生产费用都是在产品成本。如果产品完工，产品成本明细账所记录的生产费用就是完工产品的成本。因而，在月末计算产品成本时，不存在生产费用在完工产品与在产品之间分配的问题。

如果企业是小批生产，批内产品一般都能同时完工。在月末计算产品成本时，或是全部已经完工，或是全部没有完工，一般也不存在生产费用在完工产品与在产品之间分配的问题。但在批内产品跨月陆续完工的情况下，月末计算产品成本时，一部分产品已完工，另一部分尚未完工，这时生产费用就要在完工产品与在产品之间分配，以便计算完工产品成本与月末在产品成本。

由于小批生产的批量不大，批内产品跨月陆续完工的情况不多，因而可以采用简便的分配方法。为了正确地分析和考核该批产品成本计划的执行情况，在该批产品全部完工时，还应计算该批产品的实际总成本和实际单位成本，但对已经转账的完工产品成本不做账面调整。如果批内产品跨月完工的情况较多，月末批内完工产品的数量占全部批量的比重较大，为了增强成本计算的合理性，则应根据具体条件采用适当的分配方法，在完工产品和月末在产品之间分配生产费用，计算完工产品成本与月末产品成本。

6.3.3　分批法的成本计算程序

1. 按产品批别设置生产成本明细账(产品成本计算单)

分批法以产品批别作为成本核算对象，因此，应当按产品批别设置生产成本明细账(产品成本计算单)，用以归集和分配生产费用，计算各批产品的实际总成本和单位成本。会计部门根据生产管理部门签发的生产任务通知单上的生产令号或产品批号，为每一批产品开设产品成本明细账，明细账按产品成本项目分设专栏。为了分析和考核各生产车间的工作业绩，加强各车间的成本管理，明细账也可按车间和各车间产品批别设立，以便分别计算各批产品在各生产车间各项耗费的发生情况。

2. 按产品批别归集和分配本月发生的各种费用

企业当月发生的生产费用，能够按照批次划分的直接计入费用，包括直接材料费用、直接人工费用等，要在费用原始凭证上注明产品批号(或工作令号)，以便据以直接记入各批产品生产成本明细账(产品成本计算单)；对于多批产品共同发生的直接材料和直接人工等费用，则应在费用原始凭证上注明费用的用途，以便按费用项目归集，按照企业确定的费用分配方法，在各批产品(各受益对象)之间进行分配以后，再记入各批产品生产成本明细账(产品成本计算单)。

3. 分配辅助生产费用

在设有辅助生产单位的企业，月末应将汇集的辅助生产费用分配给各受益对象，包括直接分配给产品的生产成本和基本生产单位的制造费用等。

4. 分配基本生产单位制造费用

基本生产单位的制造费用应由该生产单位的各批产品成本负担，月末应将汇集的基本生产单位的制造费用分配给各受益对象。

5. 计算完工产品成本

采用分批法一般不需要在本月完工产品和月末在产品之间分配生产费用。某批产品全部完工，则该批别产品生产成本明细账(产品成本计算单)归集的生产费用合计数就是该批产品的实际总成本。如果某批产品少量跨月陆续完工，可以用完工产品实际数量乘以近期实际单位成本或计划单位成本、定额单位成本，作为完工产品实际总成本。为了正确分析和考核该批产品成本计划的执行情况，在该批产品全部完工时还应计算该批产品的实际总成本和单位成本。

6. 结转完工产品成本

期末，根据成本计算结果结转本期完工产品的实际总成本。

分批法成本计算程序，除了产品成本明细账的设置和完工产品成本的计算与品种法有所区别外，其他与品种法是完全一致的。

分批法的成本计算程序如图 6-2 所示。

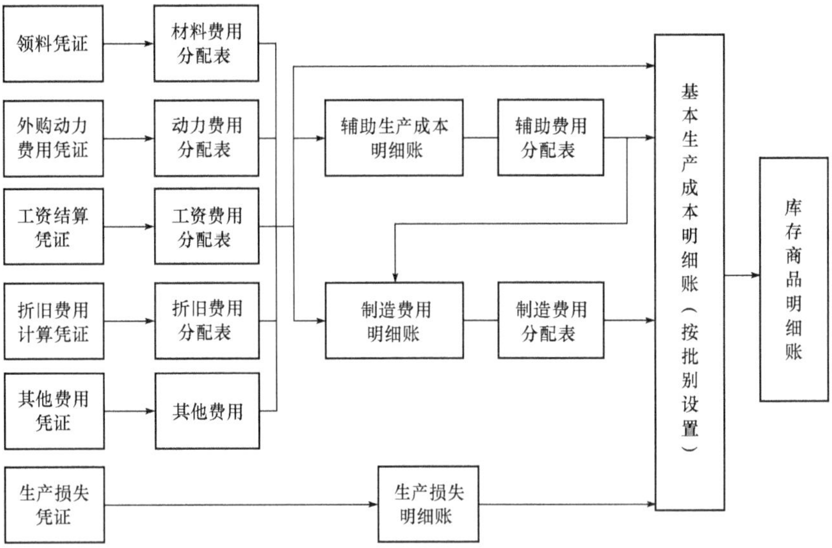

图 6-2　分批法的成本计算程序

【例 6-2】　西安爱飞翔公司根据顾客订单的要求，小批生产 AFX—1 型和 AFX—2 型无人机两种产品，采用分批法计算各批产品成本。该公司于 201×年 7 月投产 AFX—1 型无人机 7 500 架，批号为 0701，8 月(本月)尚未完工。7 月投产 AFX—2 型无人机 4 500 架，批号为 0702，8 月完工 3 000 架，验收入库，未完工 1 500 架，其完工产品与月末在产品的原材料费用按完工产品与月末在产品实际数量分配。其他费用按约当产量比例分配。

(1)按产品批次 0701、0702 开设成本计算单(7 月投产时开设)，并对各种费用的原始凭证加以归类、整理，编制各种“费用分配明细表”(本例省略)，据以登记有关费用明细账和产品成本明细账。该两批产品的成本明细账和有关资料如表 6-18 和表 6-19 所示。

表 6-18　产品的成本明细账(1)

产品名称：AFX—1 型无人机　　批次：0701　　开工日期：201×年 7 月　　单位：元

日期		凭证编号	摘要	直接材料	直接人工	制造费用	合计
月	日						
8	1		期初在产品	60 000	45 750	37 500	143 250
8	30		本月发生额	129 000	117 000	64 620①	310 620
合计				189 000	162 750	102 120	453 870

注：①见表 6-21。

表 6-19　产品的成本明细账

产品名称：AFX—2 型无人机　　批次：0702　　开工日期：201×年 7 月　　单位：元

本月完工 3 000 架，月末在产品 1 500 架

日期		凭证编号	摘要	直接材料	直接人工	制造费用	合计
月	日						
8	1		期初在产品	24 000	13 500	19 500	57 000
8	30		本月发生额	30 000	22 500	43 080②	95 580

续表

日期		凭证编号	摘要	直接材料	直接人工	制造费用	合计
月	日						
合计				54 000	36 000	62 580	152 580
结转完工产品成本③				36 000	26 471	46 015	108 486
期末在产品成本④				18 000	9 529	16 565	44 094

注：②见表 6-20，③、④见表 6-22。

(2)根据有关的原始凭证、各种费用分配表等资料(本例省略)，登记“基本生产车间制造费用明细账”，如表 6-20 所示。

表 6-20　制造费用明细账

车间：基本生产车间　　201×年 8 月　　单位：元

摘要	借方						贷方	余额
	人工费	材料费	折旧费	修理费	办公费	其他		
本月发生额	9 000	4 500	90 000	3 000	750	450		
月末转出额							107 700	0

(3)根据“制造费用明细账”汇集的费用，按照各批产品实际工时进行分配，编制制造费用分配表，如表 6-21 所示。

表 6-21　制造费用分配表

201×年 8 月　　单位：元

分配对象	实际工时	分配率/(元·工时$^{-1}$)	分配金额
0701 批次	4 500		64 620
0702 批次	3 000		43 080
合计	7 500	14.36	107 700

根据表 6-21，编制会计分录如下：

借：生产成本——基本生产成本——0701 批次　　64 620

——0702 批次　　43 080

贷：制造费用　　107 700

(4)计算完工产品成本。由于 0701 批次 8 月份尚未完工，因此，不需要计算其完工产品成本。0702 批次 8 月完工 3 000 件，月末在产品 1 500 件，因此，0702 批产品的生产费用需要在完工产品与月末在产品之间进行分配。假设该产品分三个步骤生产，月末在产品约当产量计算及产品成本计算单所归集的生产费用如表 6-22 和表 6-23 所示。

表 6-22　0702 批产品月末在产品约当产量计算表

201×年 8 月

工序	完工率/%	盘存数	约当产量
1	30	300	90
2	70	450	315
3	90	750	675
合计	—	1 500	1 080

表 6-23　0702 批产品成本分配计算单

201×年 8 月　　　　单位：元

<table>
<tr><td rowspan="2">项目</td><td colspan="2">直接材料</td><td colspan="3">其他项目</td><td rowspan="3">合计</td></tr>
<tr><td rowspan="2">分配标准</td><td rowspan="2">分配金额</td><td rowspan="2">分配标准</td><td colspan="2">分配标准</td></tr>
<tr><td>完工产品</td><td>直接人工</td><td>制造费用</td></tr>
<tr><td>月末在产品</td><td rowspan="2">产量
4 500</td><td>36 000</td><td rowspan="2">约当产量
4 080</td><td>26 471</td><td>46 015</td><td>108 486</td></tr>
<tr><td></td><td>18 000</td><td>9 529</td><td>16 565</td><td>44 094</td></tr>
<tr><td colspan="4">合计</td><td>36 000</td><td>62 580</td><td>152 580</td></tr>
</table>

根据表 6-23，编制会计分录如下：

借：库存商品——AFX—2 型无人机　　　108 486

　　贷：生产成本——基本生产成本——0702 批次　　　108 486

6.3.4　简化分批法①

1. 简化分批法的含义

在小批单件生产的企业或车间中，同一月份内投产的产品批数往往很多，有的多达几十批，甚至几百批。在这种情况下，各种间接费用在各个批次产品之间进行分配的工作就极为繁重。因此，在投产批数繁多而且月末完工批数较多的企业中还可以采用一种简化的分批法，也就是不分批计算在产品成本的分批法。

2. 简化分批法的特点

(1)必须设置生产成本二级账。采用简化的分批法，仍应按照产品批别设置产品生产成本明细账(产品成本计算单)；同时，必须按生产单位设置基本生产成本二级账。基本生产成本二级账用来登记生产车间各月发生的间接计入费用，以总括反映各批次产品中未完工产品的间接计入费用的累计金额。

(2)不分批次计算月末在产品成本。将本月完工产品应负担的间接计入费用转入各完工产品生产成本明细账(产品成本计算单)以后，基本生产成本二级账反映全部批次月末在产品的成本。各批次未完工产品的生产成本明细账(产品成本计算单)只反映累计直接计入费用和累计工时，不反映各批次月末在产品成本。月末，基本生产成本二级账与产品生产成本明细账(产品生产计算单)只能核对直接计入费用，不能核对全部余额。

(3)通过计算累计费用分配率来分配间接计入费用。简化的分批法将间接计入费用在各批次产品之间的分配和在本月完工产品与月末在产品(全部批次)之间的分配一次完成，大大简化了成本计算工作。间接计入费用的分配是利用计算出的累计间接计入费用分配率进行的。其计算公式如下：

$$\text{全部产品某项累计间接费用分配率}=\frac{\text{全部产品该项累计间接费用}}{\text{全部产品累计生产工时}}$$

$$\text{某项完工产品应负担的某项间接费用}=\text{该批完工产品的累计工时数}\times\text{全部产品某项累计间接费用分配率}$$

①　参考阅读：

[1]王国芬．解析“简化分批法”在产品成本核算中的运用[J]．济南职业技术学院学报，2015(03)．

[2]湛忠灿．成本计算中的简化分批法详解[J]．财会学习，2012(06)．

2. 简化分批法的成本计算程序

(1)开设基本生产成本二级账，并按产品批别设置基本生产成本明细账。采用简化分批法时，仍按产品批别设置基本生产成本明细账(或成本计算单)，按成本项目和生产工时分设专栏。此外，设置基本生产成本二级账，也按成本项目和生产工时分设专栏。在产品完工以前的月份，基本生产成本明细账内只按月登记直接计入费用和生产工时。对每月发生的应由各批产品共同负担的直接工资和制造费用等间接费用，则不需按月分配，而是分成本项目登记在基本生产成本二级账上。

(2)月末有完工产品时，计算累计间接费用分配率，计算完工产品应分配的间接费用。在有完工产品的月份，把各项间接费用分别累加起来，按上述公式计算出各项间接费用分配率，分别登记在基本生产成本二级账和基本生产成本明细账上。

(3)计算并结转完工产品成本。根据间接费用分配率计算出各批完工产品成本，将完工产品成本记录基本生产成本二级账和基本生产成本明细账上。

简化分批法的成本计算程序如图 6-3 所示。

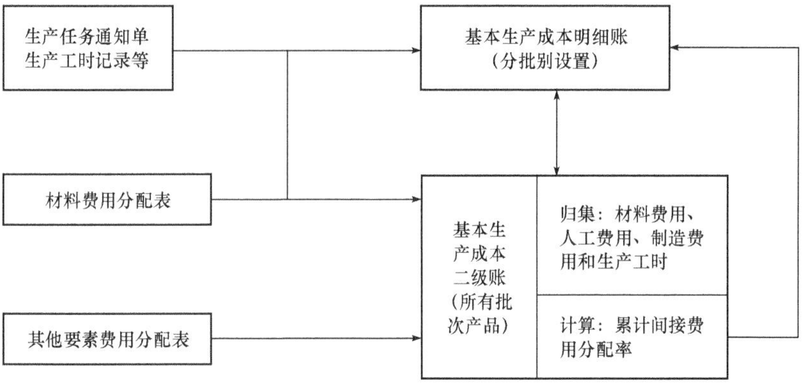

图 6-3　简化分批法的成本计算程序

【例 6-3】　西安爱飞翔公司主要生产 AFX—1 型和 AFX—2 型无人机，公司根据顾客订单的要求产品批数多。为了简化产品成本计算工作，采用简化分批法计算成本。该公司 201×年 8 月各批产品情况如表 6-24 所示。

表 6-24　各批产品生产情况表

201×年 8 月

批号	产品名称	投入量	本月完工	月末在产品
0701 批	AFX—1 型无人机	上月投产 18 架	15 架	3 架(完工 55%)
0803 批	AFX—2 型无人机	本月投产 8 架	—	8 架(完工 30%)
0804 批	AFX—3 型无人机	本月投产 6 架	6 架	—

该公司设立的“基本生产成本”二级账如表 6-25 所示。

表 6-25 “基本生产成本”二级账

201×年 8 月　　　　单位：元

201×年		摘要	直接材料	工时	直接人工	制造费用	合计
月	日						
8	1	期初余额	5 250	150	8 100	6 000	19 350
8	31	本月发生额	18 000	900	36 000	15 000	69 000
8	31	累计费用、工时	23 250	1 050	44 100	21 000	88 350
8	31	累计间接费用分配率			42	20	
8	31	转出完工产品成本	14 875	780	32 760	15 600	63 235
8	31	期末在产品余额	8 375	270	11 340	5 400	25 115

①根据表 6-25，累计间接费用分配率计算如下：

累计工资及福利费分配率＝44 100÷1 050＝42

累计制造费用分配率＝21 000÷1 050＝20

②编制各种“产品成本计算单”，如表 6-25 至表 6-27 所示。其中，AFX—1 型无人机耗用的直接材料是生产开始时一次投料。

表 6-26 产品成本计算单

产品批号：0701　　　　产品名称：AFX—1 型无人机　　　　7 月投产 18 架，本月完工 15 架

201×年		摘要	直接材料	工时	直接人工	制造费用	合计
月	日						
8	1	期初余额	5 250	150	8 100	6 000	19 350
8	31	本月费用、工时		300			
8	31	累计费用、工时	5 250	450			
8	31	累计间接费用分配率			42	20	
8	31	转出完工产品成本	4 375	405①	17 010	8 100	29 485
8	31	期末在产品余额	875	45			

注：①405＝450÷(15＋3×55%)×15。

表 6-27 产品成本计算单

产品批号：0803　　　　产品名称：AFX—2 型无人机　　　　8 月投产 8 架，月末在产品 8 架

201×年		摘要	直接材料	工时	直接人工	制造费用	合计
月	日						
8	1	期初余额					
8	31	本月费用、工时	7 500	225			
8	31	累计费用、工时	7 500	225			

表 6-28　产品成本计算单

产品批号：0804　　　　产品名称：AFX—3 型无人机　　　　8 月投产 6 架，本月完工 6 架

201×年		摘要	直接材料	工时	直接人工	制造费用	合计
月	日						
8	1	期初余额					
8	31	本月费用、工时	10 500	375			
8	31	累计费用、工时	10 500	375			
8	31	累计间接费用分配率			42	20	
8	31	转出完工产品成本	10 500	375	15 750	7 500	33 750

在“基本生产成本”二级账中，完工产品的原材料费用和生产工时应根据各批产品成本明细账完工产品的原材料费用和生产工时汇总登记。完工产品的各项间接计入费用可以根据完工产品生产工时分别乘以该累计费用分配率计算登记，也可以根据各批产品成本明细账完工产品的该费用分别汇总登记。“基本生产成本”二级账月末在产品的原材料费用和生产工时，可以根据账中累计的原材料费用和生产工时分别减去本月完工产品的原材料费用和生产工时计算登记，也可以根据各批产品成本明细账本月末在产品的原材料费用和生产工时分别汇总登记，两者计算结果应该相符。

在上述各批产品成本明细账中，对于有完工产品(包括全批完工或批内部分完工)的月份，除了登记原材料费用和生产工时以及各累计数以外，还应根据“基本生产成本”二级账登记各项累计间接费用分配率。

0804 批产品，月末全部完工，因而其累计的原材料费用和生产工时就是完工产品的原材料费用和生产工时，以其生产工时分别乘以各项累计间接费用分配率，即为完工产品的各项间接计入费用。

0701 批产品，月末部分完工、部分在产品，因而还应在完工产品与月末在产品之间分配费用。该种产品所耗原材料在生产开始时一次投入，因而原材料费用按完工产品与月末在产品的数量比例分配。

各批产品成本明细账登记完毕，其中完工产品的原材料费用和生产工时应分别汇总记入“基本生产成本”二级账，并据以计算、登记各批全部完工产品的总成本。

采用简化分批法，由于生产费用的横向分配工作和纵向分配工作，利用累计间接费用分配率，到产品完工时合并一次完成，因而大大简化了生产费用的分配和登记工作。月末未完工产品的批数越多，核算工作就越简化。

这种方法在各月间接计入费用水平相差悬殊的情况下则不宜采用，否则就会影响各月产品成本的正确性。例如，前几个月的间接计入费用水平高，本月间接计入费用水平低，而某批次产品本月投产，当月完工，在这种情况下，按累计间接计入费用分配率分配计算的该批完工产品的成本就会发生不应有的偏高。另外，如果月末未完工产品的批次不多，也不适合采用这种方法。因为在这种情况下，绝大多数产品的批号仍然要分配登记各项间接计入费用，核算工作量减少不多，但计算的正确性却要受到影响。

综上所述，要使简化分批法充分发挥其简化成本核算工作的优点，避免可能影响各月产品成本正确性的缺点。采用这种方法必须具备两个条件：第一，各个月份的间接计入费用的水平相差不多；第二，月末产品的批次较多。

6.4 分步法

6.4.1 分步法的含义

产品成本计算的分步法是按产品品种和每种产品所经过的生产步骤归集生产费用，计算产品成本的一种方法。它适用于大批量生产、管理上要求分步骤计算产品成本的企业，如冶金、纺织、造纸等连续加工式生产以及机械制造等企业。

在产品按步骤组织生产的情况下，由于各企业对生产步骤成本管理的要求不同，以及出于简化成本计算工作的考虑，各生产步骤的成本计算和结转，有逐步结转和平行结转两种方法。相应地，分步法按各步骤生产费用结转方式的不同分为逐步结转分步法和平行结转分步法。

6.4.2 分步法的特点

1. 以生产步骤及产品品种为成本计算对象

如果一个生产步骤只生产一种产品，可以按该种产品和生产步骤设置成本计算单；如果一个生产步骤生产多种产品，则需按生产步骤和产品品种分别设置成本计算单。

2. 成本计算按月进行

在分步法下，以产品与步骤作为成本计算对象，而产品也是大量重复生产的，所以成本计算无法同生产周期一致，而是同会计报告期一致，每个会计报告期都要进行产品成本计算。

3. 生产费用需在完工产品和月末在产品之间进行分配

在大量、大批、多步骤生产的企业，原材料连续投入，产品连续不断向下一个工序移动生产，产品往往是跨月陆续完工，因此，存在月末计算产品成本时，各步骤内都有在产品存在，这时则要求将各步骤的生产费用在该步骤产成品和在产品之间进行分配。

4. 分步法计算成本，需要计算结转产品的各步骤成本

由于产品生产是分步骤进行的，上一步骤生产的半成品是下一步骤加工的对象，因此，为了计算各种产品的产成品成本，还需要按照产品品种结转各步骤成本。

6.4.3 逐步结转分步法①

1. 逐步结转分步法的含义

逐步结转分步法也称计算半成品成本法，是指按照产品生产加工的先后顺序，逐步计算结转半成品成本直到最后一个步骤计算出产成品成本的一种方法。该方法的显著特点是能够提供一个步骤完整的半成品资料，因此，该方法又称计算半成品成本的分步法。

2. 逐步结转分步法的适用范围

逐步结转分步法主要适用于各步骤半成品有独立的经济意义、管理上要求核算半成品成本的企业。采用逐步结转分步法时，各步骤生产的半成品既可以交给下一个步骤继续加工，也可

---

① 参考阅读：李东成．产品成本计算采用逐步结转分步法的优势分析[J]．中外企业家，2012(23).

以作为产成品直接对外销售，还可以为企业的其他多种产品所耗用。正是由于半成品的特殊性决定了这类企业应采用逐步结转分步法计算产品成本。

3. 逐步结转分步法的成本计算程序

(1)确定成本计算对象，设置成本明细账。逐步结转分步法的成本计算对象是各种产成品及其所经过的各生产步骤的半成品成本。在最后生产步骤前的每一步骤都会有半成品入库或直接结转下一步骤作为加工对象，到最后步骤生产出的是经过全部生产步骤的最终产成品。因此，最后步骤需要按照产成品设置生产成本明细账，其前面的步骤需要按照半成品设置成本明细账。

(2)选择成本结转程序。成本结转时，须视企业完工半成品是否入库而采取不同的结转程序。一般有半成品直接转移和半成品入库两种成本结转程序。半成品直接转移成本时，各步骤的半成品成本随着半成品实物的转移。从上一步骤的生产成本明细账转到下一步骤相同产品的生产成本明细账中，以便逐步计算出各步骤的半成品成本和最后一个步骤的产成品成本。

半成品入库转移成本时，半成品完工以后先通过半成品仓库收发，企业须设置“自制半成品”明细账，借记“自制半成品”账户，贷记“生产成本”账户；下一步骤产品领用半成品时，借记“生产成本”账户，贷记“自制半成品”账户。

(3)进行生产费用在完工半产品和在产品之间的分配，计算产品成本。采用逐步结转分步法时，月末需要将各步骤生产成本明细账归集的生产费用，在各步骤完工半成品和在产品之间进行分配。这里，各步骤分配的生产费用既包括本步骤发生的费用，也包括上一步骤转入的半成品的成本；在产品是指月末实际结存于各步骤的在产品，是狭义在产品。

逐步结转分步法的成本计算程序如图 6-4 所示。

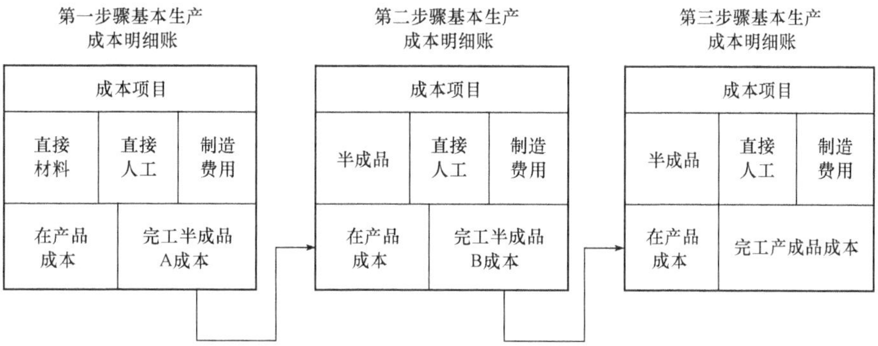

图 6-4　逐步结转分步法的成本计算程序

可见，逐步结转分步法实际上是品种法多次连续应用，即在采用品种法计算上一步骤的半成品成本后，按照下一步骤的耗用数量转入下一步骤成本，下一步骤再采用品种法归集所耗半成品的费用和本步骤其他费用，计算其半成品成本，如此逐步结转，直至最后一个步骤计算出产成品成本。逐步结转分步法，按结转的半成品在下一步骤产品成本明细账中的反映方法分为综合结转法和分项结转法。

4. 逐步结转分步法的综合结转法

(1)综合结转法及其应用。综合结转法是将上一步骤半成品成本向下一步骤生产成本明细账中结转时，不分成本项目，而是以半成品总成本，登记在下一步骤生产成本明细账中的“直接材料”(或专设的“自制半成品”)成本项目专栏。半成品成本的综合结转可以按实际成本结转，也可以按计划成本结转，因此，综合结转法可分为按实际成本综合结转法和按计划成本综合结转法。本书只讲述按实际成本综合结转法。

半成品按实际成本综合结转，是指上一步骤生产完工的半成品成本在结转到下一步骤时，按照上一步骤半成品成本计算单确定的实际成本，综合计入下一步骤产品成本单中的“半成品”(或直接材料)成本项目。本步骤所耗上一步骤半成品成本根据本步骤所耗上一步骤半成品数量乘以上一步骤半成品的实际单位成本计算。

由于各月所产半成品的单位成本不完全相同，应采用先进先出法、全月一次加权平均法等计算其所领用上一步骤的完工半成品实际单位成本。

【例 6-4】 西安爱飞翔公司生产的 AFX—1 型无人机经过三个基本生产车间连续加工制成，一车间生产完工的碳纤维管半成品，不经过仓库收发，直接转入二车间加工制成 AFX—1 型无人机机体组件，AFX—1 型无人机机体组件通过仓库收发入库，三车间向半成品仓库领用 AFX—1 型无人机机体组件继续加工成 AFX—1 型无人机成品。其中，1 架 AFX—1 型无人机耗用 1 件 AFX—1 型无人机机体组件，1 件 AFX—1 型无人机机体组件耗用 1 件碳纤维管半成品。

生产 AFX—1 型无人机所需原材料于一车间生产开始时一次投入，二、三车间不再投入材料。此外，该公司由于生产比较均衡，各基本生产车间的月末在产品完工率均为 50%。

各车间的生产费用在完工产品和在产品之间的分配，采用约当产量法。三车间领用的 AFX—1 型无人机机体组件成本结转，采用加权平均法计算半成品的单位成本。月初 AFX—1 型无人机机体组件数量 20 件，单位成本 195 元，共计 3 900 元。

201×年 8 月生产 AFX—1 型无人机的有关资料如下：

1)本月各车间产量资料如表 6-28 所示。

表 6-29 本月各车间产量资料表

201×8 月　　　　单位：件

摘要	一车间	二车间	三车间
月初在产品数量	50	20	40
本月投入数量或上步转入	150	160	80
本月完工产品数量	160	100	100
月末在产品数量	40	80	20

2)各车间月初及本月费用资料见表 6-30。

表 6-30 各车间月初及本月生产费用表

201×年 8 月　　　　单位：元

摘要		直接材料	半成品	直接人工	制造费用	合计
一车间	月初在产品数量	2 000		200	100	2 300
	本月的生产费用	18 000		2 000	2 500	22 500
二车间	月初在产品数量		5 000	400	200	5 600
	本月的生产费用			3 500	4 500	8 000
三车间	月初在产品数量		6 000	300	200	6 500
	本月的生产费用			4 500	2 500	7 000

要求：根据上述资料，编制各步骤成本计算单，采用综合结转法计算各步骤半成品成本及

产品成本。①

计算过程如下：

1)编制一车间的成本计算单，计算一车间的 A 半成品的实际生产成本，见表 6-31。

表 6-31　产品成本计算单

产品名称：碳纤维管半成品　　车间：一车间　　单位：元

摘要	直接材料	直接人工	制造费用	合计
月初在产品数量	2 000	200	100	2 300
本月的生产费用	18 000	2 000	2 500	22 500
生产费用合计	20 000	2 200	2 600	24 800
在产品的数量	40	40	40	
在产品的约当产量	40	20	20	
完工碳纤维管半成品数量	160	160	160	
约当总产量	200	180	180	
分配率(单位成本)	100	12.22	14.44	126.66
完工的 A 半成品的生产成本	16 000	1 955.2	2 310.4	20 265.6
月末在产品成本	4 000	244.8	289.6	4 534.4

2)编制二车间的成本计算单，计算二车间的 AFX—1 型无人机机体组件的实际生产成本，见表 6-32。

表 6-32　产品成本计算单

产品名称：AFX—1 型无人机机体组件　　车间：二车间　　单位：元

摘要	直接材料	直接人工	制造费用	合计
月初在产品数量	5 000	400	200	5 600
本月的生产费用	20 265.6	3 500	4 500	28 265.6
生产费用合计	25 265.6	3 900	4 700	33 865.6
在产品的数量	80	80	80	
在产品的约当产量	80	40	40	
完工机体组件数量	100	100	100	
约当总产量	180	140	140	
分配率(单位成本)	140.36	27.86	33.57	201.79
完工的 A 半成品的生产成本	14 036	2 786	3 357	20 179
月末在产品成本	11 229.6	1 114	1 343	13 686.6

根据表 6-32 的计算结果和产成品入库单，编制会计分录如下：

借：自制半成品——AFX—1 型无人机机体组件　　20 179

　　贷：生产成本——基本生产成本——二车间(AFX—1 型无人机机体组件)　20 179

3)登记 AFX—1 型无人机机体组件明细账并计算三车间领用半成品的实际成本，见表 6-33。

① 参考阅读：李侠．综合结转分步法的 Excel 模型设计[J]．财务与会计，2016(02).

该公司使用加权平均法计算领用半成品成本。

表 6-33 自制半成品明细账

产品名称：AFX—1 型无人机机体组件　　201×年　　单位：元

201×年		凭证	摘要	收入			发出			结存		
月	日			数量	单价	金额	数量	单价	金额	数量	单价	金额
8	31	略	合计							20	195	3 900
9	30		入库	100	201.79	20 179						
	30		出库				80	200.66	16 052.8			
	30		合计	100	201.79	20 179	80	200.66	16 052.8	40	200.66	8 026.4

根据表 6-33 的计算结果，编制会计分录如下：

借：库存商品——AFX—1 型无人机　　25 196

　　贷：生产成本——基本生产成本——三车间　　25 196

上述会计分录应计入自制半成品明细账(表 6-33)和三车间的成本计算单内(表 6-34)。

根据表 6-34 的计算结果和产成品入库单，编制会计分录如下：

借：库存商品——AFX—1 型无人机　　25 196

　　贷：生产成本——基本生产成本——三车间　　25 196

综合结转法的优点主要表现在可以在各步骤的基本生产成本明细账中反映各该步骤完工产品所耗上一步骤半成品费用的水平和本步骤所发生加工费用的水平，有利于各步骤的成本管理；这种方法实际上是品种法在产品各加工步骤间的连续运用，由半成品成本随其在步骤间的转移而综合结转，各步骤领用上步骤半成品类同于从仓库领料，这就说明了逐步结转分步法的综合结转法原理简单、方法简便。

表 6-34 产品成本计算单

产品名称：AFX—1 型无人机　　车间：三车间　　单位：元

摘要	直接材料	直接人工	制造费用	合计
月初在产品成本	6 000	300	200	6 500
本月的生产费用	16 052.8	4 500	2 500	23 052.80
生产费用合计	22 052.6	4 800	4 700	29 552.80
在产品的数量	20	20	20	
在产品的约当产量	20	10	10	
完工的产品数量	100	100	100	
约当总产量	120	110	110	
分配率(单位成本)	183.77	43.64	24.55	251.96
完工的甲产品的生产成本	18 377	4 364	2 455	25 196
月末在产品成本	3 675.80	436	245	4 356.80

综合结转法的缺点是为了从整个企业角度反映产品成本的构成，加强企业的综合成本管理水平，必须进行成本还原，从而增加了成本核算的工作量，并增加了信息解读的难度。

(2)综合结转法的成本还原。

1)成本还原的意义。逐步结转分步法采用半成品成本综合结转方式时，上一生产步骤转入的自制半成品成本，综合登记在本步骤产品生产成本明细账中的“半成品”(或“直接材料”)成本项目。综合结转法虽然可以简化成本核算工作，但是在最后生产步骤计算出的产品成本中，除了本步骤发生的加工费用是按原始成本项目反映外，前面各步骤发生的各种费用都集中在“半成品”一个成本项目中。例如，表 6-33 计算出 AFX—1 型无人机产品实际总成本为 25 196 元，表中的各个成本项目的数据，没能真实地反映出产品成本的原始构成情况。“半成品”的 18 377 元不是生产 100 件 AFX—1 型无人机所耗的真正的材料成本，而是含着前面两个步骤的直接人工和制造费用的综合性成本；“直接人工”4 364 元和“制造费用”2 455 元，也只是 AFX—1 型无人机发生在最后步骤的直接人工和制造费用。也就是说，由于半成品成本的综合成本不能提供完工产品按原始成本项目反映的成本资料，不利于从整个企业的角度来考核和分析产品成本的构成。为了能够从整个企业的角度来分析和考核产成品成本的构成，寻求降低产品成本的途径，必须对产成品成本中的“自制半成品”项目的成本进行还原，以反映产成品原始构成的实际情况。

成本还原是指在综合结转法下，将产品成本中所耗用上一步骤半成品的综合成本，从最后步骤起向前逐步分解还原为直接材料、直接人工和制造费用等原始成本项目，从而取得按原始成本项目反映的产成品成本资料。

2)成本还原的方法①。成本还原是按照反向工序进行的，即从最后一个生产步骤开始，将其所耗用的上一生产步骤自制半成品的综合成本，按照上一生产步骤所产半成品的成本构成，分解还原为原始成本项目的成本。直到第一个生产步骤；然后，将各生产步骤相同成本项目的成本数额加以汇总，就可以求得成本还原以后产成品的实际总成本，即按原始成本项目反映的产成品实际总成本。这一实际总成本与成本还原前产成品的实际总成本一定是相等的。也就是说，成本还原恢复了产成品成本的原始构成情况，但不会增加或减少产成品的实际总成本。成本还原的具体方法有项目比重还原法和成本还原分配率还原法。下面主要介绍成本还原分配率还原法。

成本还原分配率还原法是按照本月完工产品所耗上一步骤半成品费用占本月所产该种半成品总成本的比例(即成本还原分配率)进行成本还原，具体的计算程序如下：

①计算成本还原分配率。成本还原分配率是本月产成品所耗上一步骤半成品费用与该步骤本月所产半成品综合成本的比率，计算公式为：

$$\text{成本还原分配率}=\frac{\text{本月产成品所耗上一步骤半成品费用}}{\text{本月所产该半成品综合成本}}$$

②将半成品的综合成本进行分解。分解的方法是用产成品成本中半成品的综合成本乘以上一步骤生产的该种半成品的各成本项目的比重。其计算公式如下：

$$\text{半成品成本还原}=\text{产成品耗用上一步骤半成品的成本}\times\text{还原分配率}$$

③计算还原后成本。还原后成本是根据还原前成本加上半成品成本还原计算的，计算公式如下：

$$\text{还原后产品成本}=\text{还原前产品成本}+\text{半成品成本还原}$$

如果成本计算有两个以上的步骤，第一次成本还原后，还有未还原的半成品成本，乘以前一步骤该种半成品的各个成本项目的比重。后面的还原步骤和方法同上，直到还原到第一步骤为止，才能将半成品成本还原为原始成本项目。

---

①　参考阅读：

[1]周志勇，蒋昕．综合结转分步法成本还原的 Excel 模型设计[J]. 财务月刊，2014(11).

[2]李克亮．“成本还原”四问[J]. 财务月刊，2014(05).

【例 6-5】 沿用例 6-4 资料，编制 AFX—1 型无人机成本还原计算表。

a. 第一次成本还原。本月所产 AFX—1 型无人机总成本中，所耗上一步骤（二车间）所产 AFX—1 型无人机机体组件半成品的成本为 18 377 元，二车间本月所产 AFX—1 型无人机机体组件的总成本为 20 179 元，则第一次的 AFX—1 型无人机机体组件成本还原分配计算如下：

第一还原分配率＝18 377÷20 179＝0.910 699

AFX—1 型无人机所耗 AFX—1 型无人机机体组件直接材料成本项目还原后成本

＝14 036×0.910 699＝12 782.57（元）

AFX—1 型无人机所耗 AFX—1 型无人机机体组件直接人工成本项目还原后成本

＝2 786×0.910 699＝2 537.21（元）

AFX—1 型无人机所耗 AFX—1 型无人机机体组件制造费用成本项目还原后成本

＝3 357×0.910 699＝3 057.22（元）

AFX—1 型无人机所耗 AFX—1 型无人机机体组件还原后成本合计

＝12 782.57＋2 537.21＋3 057.22＝18 377（元）

b. 第二次成本还原。用计算出的碳纤维管半成品成本还原分配率，分别乘以一车间本月所产碳纤维管半成品成本中各成本项目的费用，就可以求得产成品成本中碳纤维管半成品项目还原以后的成本。

第一还原分配率＝12 782.57÷20 265.60＝0.630 752

AFX—1 型无人机机体组件所耗碳纤维管半成品直接材料成本项目还原后成本

＝16 000×0.630 752＝10 092.03（元）

AFX—1 型无人机机体组件所耗碳纤维管半成品直接人工成本项目还原后成本

＝1 955.20×0.630 752＝1 233.25（元）

AFX—1 型无人机机体组件所耗碳纤维管半成品制造费用成本项目还原后成本

＝2 310.40×0.630 752＝1 457.29（元）

c. 计算还原后的总成本和单位成本。将成本还原以前和还原以后相同成本项目的成本汇总，就可以求得 AFX—1 型无人机还原以后的总成本和单位成本。

AFX—1 型无人机直接材料项目还原后总成本＝10 092.03（元）

AFX—1 型无人机直接人工项目还原后总成本＝4 364＋2 537.21＋1 233.25＝8 134.46（元）

AFX—1 型无人机制造费用项目还原后总成本＝2 455＋3 057.22＋1 457.29＝6 969.51（元）

AFX—1 型无人机还原后总成本合计＝10 092.03＋8 134.46＋6 969.51＝25 196（元）

产品成本还原计算结果见表 6-35。

表 6-35　产品成本还原计算表

产品名称：AFX—1 型无人机　　　　产量：100 件

项目	还原分配率	机体组件	碳纤维管	直接材料	直接人工	制造费用	合计
还原前甲产品总成本		18 377			4 364	2 455	25 196
机体组件			14 036		2 786	3 357	20 179
第一次成本还原	0.910 699	－18 377	12 782.57		2 537.21	3 057.22	0
碳纤维管				16 000	1 955.20	2 310.40	20 265.60
第二次成本还原	0.630 752		－12 782.57	10 092.03	1 233.25	1 457.29	0
还原后无人机产品总成本				10 092.03	8 134.46	6 969.51	25 196
无人机产品单位成本				100.92	81.34	69.7	251.96

按照上述方法进行成本还原比较简单，但由于未考虑以前月份所产半成品成本结构的影响，在各月所产半成品的成本结构变化较大的情况下，采用这种方法进行成本还原会产生误差。如果企业有半成品的定额成本或计划成本并较准确，可以按半成品的定额成本或计划成本结构进行还原。

采用综合结转法逐步结转半成品成本，便于分析和考核各步骤所耗半成品费用水平，以利于利用加强内部成本控制，努力降低成本。但还原工作量较大。因此，一般适用于管理上既要求单独计算各步骤所耗半成品费用又不要求成本还原的情况。

5. 逐步结转分步法的分项结转法

分项结转法是将各生产步骤所耗上一步骤半成品费用，按照成本项目分项转入该步骤产品成本明细账中相应的成本项目。如果半成品通过仓库收发，那么在自制半成品明细账中登记半成品成本时，也要按照成本项目分别登记。

采用分项结转法结转半成品成本可以直接、准确地提供按原始成本项目反映的企业产品成本资料，便于从整个企业的角度考核和分析产品成本计划的执行情况，不需进行成本还原。但是，不利于对各步骤完工产品进行成本分析。这种方法一般适用于管理上只要求按原始成本项目计算产品成本，不要求计算各步骤完工产品所耗半成品费用和本步骤加工费用的企业。

分项结转既可以按半成品实际单位成本结转，也可以按其计划成本结转。在按计划成本结转时，要分成本项目调整成本差异，因而计算工作量较大。实际工作中，一般按实际成本进行分项结转。

【例 6-6】 以上述例 6-4 的资料为例，用分项结转法对各车间月初及本月费用资料和月初 AFX—1 型无人机机体组件库存数量平均成本资料整理如下：

(1)各车间月初及本月费用资料见表 6-36。

表 6-36　各车间月初及本月费用表　　单位：元

摘要		直接材料	半成品	直接人工	制造费用	合计
一车间	月初在产品成本	2 000		200	100	2 300
	本月的生产费用	18 000		2 000	2 500	22 500
二车间	月初在产品成本		5 000	400	200	5 600
	本月的生产费用			3 500	4 500	8 000
三车间	月初在产品成本		6 000	300	200	6 500
	本月的生产费用			4 500	2 500	7 000

(2)月初 AFX—1 型无人机机体组件结存 20 件，单位成本 195 元，实际生产成本 3 900 元；其中：直接材料 2 500 元，直接人工 500 元，制造费用 900 元。

根据上述资料编制各车间的有关成本计算单如下：

1)编制一车间的成本计算单，计算一车间的碳纤维管半成品的实际生产成本，见表 6-37。

表 6-37　产品成本计算单

产品名称：碳纤维管半成品　　　　车间：一车间　　　　单位：元

摘要	直接材料	直接人工	制造费用	合计
月初在产品成本	2 000	200	100	2 300
本月的生产费用	18 000	2 000	2 500	22 500
生产费用合计	20 000	2 200	2 600	24 800
在产品的数量	40	40	40	
在产品的约当产量	40	20	20	
完工碳纤维管数量	160	160	160	
约当总产量	200	180	180	
分配率(单位成本)	100	12.22	14.44	126.66
完工的甲产品的生产成本	16 000	1 955.2	2 310.4	20 265.6
月末在产品成本	4 000	244.8	289.6	4 534.4

2)编制二车间的成本计算单，计算二车间的 AFX—1 型无人机机体组件的实际生产成本，见表 6-38。

表 6-38　产品成本计算单

产品名称：AFX—1 型无人机机体组件　　　　车间：二车间　　　　单位：元

摘要	直接材料	直接人工	制造费用	合计
月初在产品成本	5 000	400	200	5 600
本月的生产费用		3 500	4 500	8 000
本月耗用上一步骤半成品成本	16 000	1 955.2	2 310.4	20 265.6
生产费用合计	21 000	5 855.2	7 010.4	33 865.6
在产品的数量	80	80	80	
在产品的约当产量	80	40	40	
完工机体组件数量	100	100	100	
约当总产量	180	140	140	
分配率(单位成本)	116.67	41.82	50.07	208.56
完工的甲产品的生产成本	11 667	4 182	5 007	20 856
月末在产品成本	9 333	1 673.2	2 003.4	13 009.6

根据表 6-38 的计算结果和产成品入库单，编制会计分录如下：

借：自制半成品——AFX—1 型无人机机体组件　　　　20 856

　　贷：生产成本——基本生产成本——二车间(AFX—1 型无人机机体组件)　20 856

3)登记 AFX—1 型无人机机体组件明细账并计算三车间领用的 AFX—1 型无人机机体组件的实际成本，见表 6-39。该企业采用加权平均法计算领用的 AFX—1 型无人机机体组件成本。

表 6-39　自制半成品明细账

产品名称：AFX—1 型无人机机体组件　　201×年　　单位：元

201×年 月	日	摘要	数量/件	金额	成本项目 直接材料	直接人工	制造费用
8	31	月初结存	20	3 900	2 500	500	900
9	30	本月二车间交库	100	20 856	11 667	4 182	5 007
	30	本月累计	120	24 756	14 167	4 682	5 907
	30	单位成本		206.31	118.06	39.02	49.23
	30	三车间领用	80	16 504.8	9 444.8	3 121.6	3 938.4
	30	月末结存		8 251.2	4 722.2	1 560.4	1 968.6

根据表 6-39 的计算结果，编制会计分录如下：

借：生产成本——基本生产成本——二车间　　3 938.4

　　贷：自制半成品——AFX—1 型无人机机体组件　　3 938.4

上述会计分录应记入自制半成品明细账(表 6-39)和三车间的成本计算单内(表 6-40)。

4)编制三车间的成本计算单，计算 AFX—1 型无人机的生产成本，见表 6-40。

表 6-40　产品成本计算单

产品名称：AFX—1 型无人机　　车间：三车间　　单位：元

摘要	直接材料	直接人工	制造费用	合计
月初在产品成本	6 000	300	200	6 500
本月的生产费用		4 500	2 500	7 000
本月耗用上一步骤半成品成本	9 444.8	3 121.6	3 938.4	16 504.8
生产费用合计	15 444.8	7 921.6	6 638.4	30 004.8
在产品的数量	220	20	20	
在产品的约当产量	20	10	10	
完工产品数量	100	100	100	
约当总产量	120	110	110	
分配率(单位成本)	128.71	72.01	60.35	261.07
完工的产品的生产成本	12 871	7 201	6 035	26 107
月末在产品成本	2 573.8	720.6	603.4	3 897.8

根据表 6-40 的计算结果和产成品入库单，编制会计分录如下：

借：库存商品——AFX—1 型无人机　　26 107

　　贷：生产成本——基本生产成本——三车间　　26 107

采用这种方法结转的产品成本能真实反映产品成本结构，有利于从整个企业角度分项进行产成品成本构成，不须进行成本还原。但分成本项目结转比较麻烦，特别是在半成品通过半成品库收发时，分项结转半成品成本的核算工作量较大，而且各加工步骤完工产品成本中看不出其所耗上一加工步骤半成品成本是多少，本步骤加工费用是多少，不便于对各加工步骤完工产品的成本进行分析和考核。因此，分项结转分步法一般适用于只要求按原始成本项目计算产品成本，对各加工步骤成本管理要求不高的企业。①

6.4.4 平行结转分步法②

1. 平行结转分步法的含义

平行结转分步法是指各步骤不计算，也不逐步结转半成品成本只归集各步骤本身所发生的各项生产费用，并计算确定这些费用中应计入产成品成本的“份额”，在平行结转和汇总相同产品各步骤份额的基础上，计算出产成品成本的一种方法。由于这种方法不需要计算各步骤完工半成品的综合成本，所以也称为不计列半成品成本分步法。

2. 平行结转分步法的特点

(1)按步骤和产品品种开设基本生产成本明细账，分别成本项目汇集各步骤所发生的生产费用。

(2)按照产品品种开设产品成本汇总表，分别成本项目平行汇总各步骤应计入完工产品成本费用的份额，并计算确定完工产品成本。

(3)各步骤都不计算半成品成本，只计算各步骤本身所发生的生产费用，不包括本步骤领用的上一步骤半成品的成本。

(4)各步骤半成品成本不随实物转移而结转。不论是半成品实物在各步骤之间直接转移，还是通过自制半成品仓库收发结存管理，都不进行总分类核算。也就是说，各步骤半成品成本与半成品实物不是同步转移，而是相互分离的。当某步骤完工半成品实物已转到以后步骤(或半成品仓库)时，其成本仍在产出步骤的基本生产成本明细账中。

(5)各步骤的生产费用(不含所耗用的以前步骤半成品成本)需要采用适当的方法在完工产品与月末在产品之间进行分配。但这种方法下的“完工产品”，是指企业最终完工的产成品，不包括各步骤完工的半成品；各步骤完工产品的费用，是指从该步骤基本生产成本明细账中转出的各该步骤生产费用中应由最终完工产品成本负担的费用份额。

(6)平行结转分步法下的“在产品”，是指已经投入生产但尚未完工形成最终产成品的广义在产品，包括：①尚在各步骤加工中的狭义在产品；②各步骤已完工转入半成品库的半成品；③已从半成品库或各步骤已完工转移到以后各步骤进行进一步加工、尚未形成最终产品的在产品。

3. 平行结转分步法的适用范围

平行结转分步法主要适用于不需要计算各步骤半成品成本的大量大批多步骤生产企业，尤其是大量大批装配式多步骤生产企业，如某些机械制造企业。这些企业各步骤生产的半成品种类众多，但半成品外售的情况却很少，在管理上不要求计算半成品成本，因而为了简化和加速成本计算工作，在计算产品成本时，可以采用不计算各步骤所生产的半成品成本，也不计算各步骤所耗以前各步骤半成品成本，而只计算各步骤本身所发生的各项生产费用以及这些费用中应计入产成品成本的份额。

4. 平行结转分步法的成本计算程序

平行结转分步法的成本计算基本程序如下：

(1)设置基本生产成本明细账。平行结转分步法按照产品生产步骤和产品品种设置基本生产

---

① 参考阅读：韩福才．逐步结转分步法的改进与 Excel 模型设计[J]．财会月刊，2012(10)．

② 参考阅读：解云霞．浅议传统制造业成本计算方法——平行结转分步法存在的必要性[J]．会计师，2013(08)．

成本明细账，并分别成本项目设置专栏或专行，以便归集各步骤生产各产品所发生的生产费用（不包括各步骤耗用以前步骤半成品的成本）；按产品品种设置产品成本汇总表，并分别成本项目设置专栏或专行，以便平行汇总各步骤应计入产成品成本的费用份额。

(2)归集和分配生产费用。根据上月各基本生产成本明细账的月末余额，登记各基本生产明细账的月初数额。根据有关原始凭证及有关费用明细账资料，采用适当的方法，编制本月各种费用分配表或汇总表，并据以编制记账凭证，分别成本项目将各步骤各产品生产过程中所发生的费用归集于各步骤的基本生产成本明细账中。

(3)应计入完工产品成本份额的计算。月末将各步骤所归集的生产费用在最终完工的产成品与广义在产品之间进行分配，计算各步骤费用应计入产成品成本的份额。

(4)完工产成品的成本计算。将各步骤费用应计入产成品成本的份额按成本项目平行结转，汇总计算产成品的总成本和单位成本。

平行结转分步法的成本计算程序如图 6-5 所示。

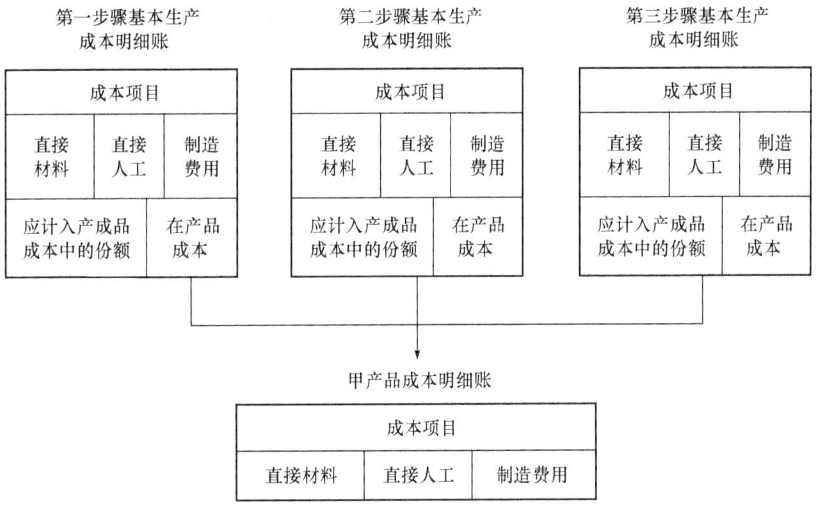

图 6-5　平行结转分步法的成本计算程序

5. 应计入产成品成本费用份额的计算

在平行结转分步法下，合理确定各步骤计入完工产成品成本中的费用份额，是这种方法的关键。在这种方法下，各步骤在产品成本不再与各该步骤的在产品实物保持对应关系，各步骤发生的费用要在完工产品与广义在产品之间进行分配，从而确定各步骤应计入完工产成品成本的费用份额。具体分配方法有间接分配法和直接分配法两种。

(1)间接分配法。间接分配法是指先采用适当的方法(如约当产量法、定额比例法等)求得各步骤半成品的单位成本(费用)，然后根据产成品耗用半成品的数量，计算各步骤应计入产成品成本费用的份额，进而计算月末产成品成本与广义在产品成本的方法。这种方法更适用于装备式生产的工业企业。

以约当产量法为例，间接分配法的计算公式如下：

$$某步骤某半成品费用=\frac{该步骤该半成品月初在产品成本+该步骤该半成品本期生产费用}{该步骤该半成品完工数量+该步骤该半成品期末狭义在产品约当产量}$$

$$某步骤应计入产成品成本的费用份额=完工产成品数量\times单位产成品所耗该步骤半成品数量\times该步骤半成品单位费用$$

某步骤月末广义在成品成本＝该步骤月初广义在成品成本＋该步骤本月生产费用－该步骤计入产成品成本的费用份额

【例 6-7】 西安爱飞翔公司生产的 AFX—1 型无人机设有三个基本生产车间，一车间生产起落架，二车间生产 AFX—1 型无人机动力控制组件，三车间将以上两种半成品装配成 AFX—1 型无人机，每件无人机耗用起落架 2 件、动力控制组件 3 件。原材料于开工时一次投入，各车间在产品完工程度均为 50％。该企业 10 月份产量记录、成本资料及成本计算如下：

1)产量记录如表 6-41 所示。

表 6-41 产量记录 单位：件

车间	月初在产品数量		本月投产数量	本月完工数量	本月产成品耗用量	月末在产品数量	
	半成品	狭义在产品				半成品	狭义在产品
一车间	20	30	440	430	400	50	40
二车间	40	60	640	620	600	60	80
三车间			200	200			

2)月初在产品成本资料如表 6-42 所示。

表 6-42 月初在产品成本资料 单位：元

成本项目		直接材料	直接人工	制造费用	合计
一车间	半成品	600	190	250	1 040
	狭义半成品	900	124	175	1 199
二车间	半成品	1 960	280	560	2 800
	狭义半成品	2 940	210	420	3 570
合计		6 400	804	1 405	8 609

3)本月发生费用额如表 6-43 所示。

表 6-43 本月发生费用额 单位：元

成本项目 / 车间	直接材料	直接人工	制造费用	合计
一车间	14 425	3 540	5 920	23 885
二车间	31 989	4 340	8 680	45 009
三车间		3 000	5 000	8 000
合计	46 414	10 880	19 600	76 894

4)根据有关成本费用资料及生产情况，登记一车间成本明细账，并进行成本计算，如表 6-44 所示。

一车间单位半成品直接材料消耗＝15 925/(20＋430＋40)＝32.5(元)

一车间单位半成品直接人工费＝3 854/(20＋430＋40×50％)＝8.2(元)

一车间单位半成品制造费用＝6 345/(20＋430＋40×50％)＝13.5(元)

表 6-44　生产成本明细账

产品名称：起落架　　　　车间：一车间　　　　单位：元

摘要	产量/件	直接材料	直接人工	制造费用	合计
月初在产品数量	20	600	190	250	1 040
月初狭义在产品	30	900	124	175	1 199
本月的生产费用		14 425	3 540	5 920	23 885
生产费用合计		15 925	3 854	6 345	26 124
单位半成品费用		32.5	8.2	13.5	
计入产成品成本份额	400	13 000	3 280	5 400	21 680
月末半成品	50	1 625	410	675	2 710
月末狭义在产品	40	1 300	164	270	1 734

5)根据有关成本费用资料及生产情况，登记二车间基本生产成本明细账，并进行成本计算，如表 6-45 所示。

二车间单位半成品直接材料消耗＝36 889/(40＋620＋80)＝49.85(元)

二车间单位半成品直接人工费＝4 830/(40＋620＋80×50％)＝6.9(元)

二车间单位半成品制造费用＝9 660/(40＋620＋80×50％)＝13.8(元)

表 6-45　生产成本明细账

产品名称：AFX—1 无人机动力控制组件　　　　车间：二车间　　　　单位：元

摘要	产量/件	直接材料	直接人工	制造费用	合计
月初在产品数量	40	1 960	280	560	2 800
月初狭义在产品	60	2 940	210	420	3 570
本月的生产费用		31 989	4 340	8 680	45 009
生产费用合计		36 889	4 830	9 660	51 379
单位半成品费用		49.85	6.9	13.8	
计入产成品成本份额	600	29 910	4 140	8 280	42 330
月末半成品	60	2 991	414	828	4 233
月末狭义在产品	80	3 988	276	552	4 816

6)根据有关成本费用资料及生产情况，登记三车间基本生产成本明细账，如表 6-46 所示。

表 6-46　生产成本明细账

产品名称：AFX—1 无人机　　　　车间：三车间　　　　单位：元

摘要	产量/架	直接材料	直接人工	制造费用	合计
本月的生产费用			3 000	5 000	8 000
计入产成品成本份额	200		3 000	5 000	8 000

7)根据各车间产品成本明细账平行汇总产品成本，如表 6-47 所示。

表 6-47　产品成本汇总表

产品名称：AFX—1 无人机　　　　产量：200 架　　　　单位：元

成本项目 / 车间	直接材料	直接人工	制造费用	合计
一车间	13 000	3 280	5 400	21 680
二车间	29 910	4 140	8 280	42 330
三车间		3 000	5 000	8 000
总成本	42 910	10 420	18 680	72 010
单位成本	214.55	52.1	93.4	360.05

(2)直接分配法。直接分配法是指采用适当的方法(如约当产量法、定额比例法)将各步骤的生产费用直接在产成品和广义在产品之间进行分配，计算各步骤应计入产成品成本的费用份额和广义在产品费用份额的方法。

以约当产量法为例，直接分配法的计算公式如下：

$$某步骤某半成品费用分配率=\frac{该步骤该半成品月初广义在产品成本+该步骤本期生产费用}{完工产品数量+该步骤期末广义在产品约当产量}$$

某步骤应计入产成品成本的费用份额＝完工产成品数量×单位产成品所耗该步骤半成品数量×该步骤半成品单位费用

某步骤月末广义在成品成本＝该步骤月初广义在成品成本＋该步骤本月生产费用－该步骤计入产成品成本的费用份额

【例 6-8】 西安爱飞翔公司生产的 AFX—3 型无人机，企业设有三个基本生产车间分三步骤顺序生产，原材料于生产开工时一次投入，其他费用随加工进度逐步发生，各步骤月末在产品完工程度均为 50%。第一步骤生产管材半成品直接转入第二步骤继续加工，第二步骤生产 AFX—3 型无人机机体组件直接转入第三步骤继续加工。该企业采用约当产量法计算各步骤应计入产成品成本的费用份额，该企业 10 月份产量记录、成本资料及成本计算如下：

1)产量记录如表 6-48 所示。

表 6-48　产量记录　　　　单位：件

车间	月初在产品数量	本月投产数量	本月完工数量	月末在产品(狭义)数量
一车间	6	150	132	24
二车间	18	132	120	30
三车间	30	120	123	27

2)根据产量记录和生产费用资料计算各步骤的成本费用，并将月初在产品成本及本月发生的生产费用归集于各步骤的基本生产成本明细账中，如表 6-49 至表 6-51 所示。

一车间单位半成品直接材料消耗＝22 848/(123＋24＋30＋27)＝112(元)

一车间单位半成品直接人工费＝5 280/(123＋24×50%＋30＋27)＝27.5(元)

一车间单位半成品制造费用＝4 512/(123＋24×50%＋30＋27)＝23.5(元)

表 6-49　基本生产成本明细账

车间：一车间　　产品名称：管材　　单位：元

摘要	直接材料	直接人工	制造费用	合计
月初在产品数量	6 750	1 194	1 158	9 102
本月的生产费用	16 098	4 086	3 354	23 538
生产费用合计	22 848	5 280	4 512	32 640
费用分配率	112	27.5	23.5	
计入产成品成本份额	13 776	3 382.5	2 890.5	20 049
月末广义在产品	9 072	1 897.5	1 621.5	12 591

二车间直接人工费分配率＝4 950/(123＋30×50%＋27)＝30(元)

二车间制造费用分配率＝4 356/(123＋30×50%＋27)＝26.4(元)

表 6-50　基本生产成本明细账

车间：二车间　　产品名称：机体组件　　单位：元

摘要	直接材料	直接人工	制造费用	合计
月初在产品数量		1 470	1 330	2 800
本月的生产费用		3 480	3 026	6 506
生产费用合计		4 950	4 356	9 306
费用分配率		30	26.4	
计入产成品成本份额		3 690	3 247.2	6 937.2
月末广义在产品		1 260	1 108.8	2 368.8

三车间直接人工费分配率＝3 822/(123＋27×50%)＝28(元)

三车间制造费用分配率＝3 549/(123＋27×50%)＝26(元)

表 6-51　基本生产成本明细账

车间：三车间　　产品名称：AFX—3 型无人机　　单位：元

摘要	直接材料	直接人工	制造费用	合计
月初在产品数量		636	750	1 386
本月的生产费用		3 186	2 799	5 985
生产费用合计		3 822	3 549	7 371
费用分配率		28	26	
计入产成品成本份额		3 444	3 198	6 642
月末广义在产品		378	351	729

3)根据各步骤生产成本明细账平行汇总产成品成本，如表 6-52 所示。

表 6-52　产品成本汇总表

产品名称：AFX—3 型无人机　　产量：123 架　　单位：元

车间＼成本项目	直接材料	直接人工	制造费用	合计
一车间	13 776	3 382.5	2 890.5	20 049
二车间		3 690	3 247.2	6 937.2
三车间		3 444	3 198	6 642
总成本	13 776	10 516.5	9 335.7	33 628.2
单位成本	112	85.5	75.9	273.4

6. 平行结转分步法的优缺点

平行结转分步法是采用分步法计算产品成本的一种简化方法，其优点可以概括如下：

(1)各步骤可以同时计算成本，平行汇总后计算得出产成品成本，不必等待上一步骤的成本计算结果，能够加速成本计算工作。

(2)各步骤分别成本项目将各项费用平行汇总计入产品成本中，能够直接提供按原始成本项目反映的产品成本资料，不必进行成本还原。

但是，由于各步骤不计算和结转半成品成本，该方法也有缺点：

(1)不能提供各步骤半成品成本资料，不易分清各步骤的经济责任。

(2)在各步骤基本生产成本明细账中反映的在产品成本是广义在产品成本，使得各步骤在产品信息反映不出在产品实际占用资金，不利于在产品的实物管理和资金管理。

(3)各步骤的成本不能全面反映该步骤生产耗费上一步骤半成品的水平，因而不能更好地满足各步骤成本管理的要求。

6.4.5　逐步结转分步法与平行结转分步法的比较①

采用逐步结转分步法与平行结转分步法计算产品成本，虽然都属于分步法，但两者之间仍有许多不同之处，主要表现在以下几个方面。

1. 成本计算程序不同

逐步结转分步法在计算成本时是按产品的生产过程逐步计算并结转半成品及其成本，在最后步骤计算出完工产成品成本；而平行结转分步法各步骤只计算该步骤应计入产成品成本的份额，将各步骤应计入产成品成本的份额平行地加以汇总，才能计算出完工产成品的成本。

2. 各步骤所包括的费用不同

逐步结转分步法下，其每一步骤应分配的费用(第一步骤除外)既包括本步骤发生的费用，也包括上一步骤转入的半成品成本；平行结转分步法下，各步骤应分配的费用，只包括本步骤发生的费用，不包括上一步骤转入半成品的成本。

3. 完工产品和在产品的概念不同

逐步结转分步法下的完工产品不仅包括最后步骤完工的产成品，而且还包括各步骤完工的

① 参考阅读：
[1] 贾成海．逐步结转分步法与平行结转分步法核算比较[J]．财会通讯，2015(04)．
[2] 张焕敬．基于平行结转向逐步结转转换的核算探析[J]．会计之友，2013(08)．

半成品；平行结转分步法下的完工产品只包括最后步骤的完工产成品。逐步结转分步法下的在产品是狭义在产品，而平行结转分步法下的在产品是广义在产品。

4. 提供的成本资料不同

逐步结转分步法下能提供各步骤所占用的生产资金数额。但在综合逐步结转分步法下不能提供按原始成本项目反映的成本结构，有时需要进行复杂的成本还原；平行结转分步法下不能提供各步骤所占用的生产资金数额，但它能直接提供按原始成本项目反映的产品成本构成，不须进行成本还原。

5. 半成品成本处理方法不同

在逐步结转分步法下，成本与实物是一致的，即半成品实物转入哪个步骤。其成本也转入哪个步骤；平行结转分步法下成本与实物是不一致的，当半成品转入下一步骤加工时，其成本并不转入下一步骤。

6. 成本计算的时间不同

逐步结转分步法除第一步骤外，其余步骤均需在上一步骤成本计算后才能进行，影响了成本计算的及时性，而平行结转分步法各个步骤可以同时进行计算，加快了成本计算的速度。

本章小结

企业的生产按工艺流程特点划分，可以分为简单生产和复杂生产两种类型，按生产组织的特点划分，可分为大量生产、成批生产和单件生产三种类型。企业的生产类型及不同生产类型的特点，对企业选择成本计算方法有着重要的影响，主要表现在成本对象的确定、成本计算期的确定、生产费用在完工产品和在产品之间的分配问题。这三个方面的有机结合，决定了特定成本计算方法的主要特点，其中成本计算对象是区别不同成本计算方法的主要标志。为了适应不同类型生产特点和管理要求，可采用品种法、分批法和分步法三种不同的成本计算方法。

品种法是以产品的品种作为成本计算对象计算产品成本的方法。在单步骤、大量生产的企业，由于其生产工艺过程不能间断，生产步骤单一，企业不断地、大量地重复生产品种相同的产品，在管理上也需要掌握各种产品的成本，因此在计算产品成本时，通常采用品种法。在连续加工式多步骤、大量或大批生产的企业，当管理上不需要分步骤计算产品成本，只需要掌握完工产品的成本时，也可以采用品种法。

分批法是以产品的批别或订单作为成本计算对象计算产品成本的方法。在装配式多步骤、成批或单件生产的企业，由于其生产工艺过程是先将材料分别加工成各种零件、部件，然后将各种零件、部件装配成产成品。生产车间是按照生产部门下达的生产批号或购货方的订单组织产品生产的，在管理上需要掌握各批投产产品的成本，因此在计算产品成本时，通常采用分批法。我国成本会计人员创造和发展出了简化分批法。

分步法是以产品的生产步骤作为成本计算对象计算产品成本的方法，适用于在连续加工多步骤、大量或大批生产的企业。半成品成本结转法可以分为逐步结转法和平行结转法，逐步结转法又可以分为综合结转法和分项结转法。为了便于企业进行成本分析和成本考核，如按逐步结转法进行成本核算，还需要对各步骤所耗半成品进行成本还原。

关键术语

品种法　分批法　简化分批法　分步法　综合结转分步法　分项结转分步法　成本还原

复习思考题

1. 简述生产类型特点及成本管理要求对成本计算方法的影响。
2. 简述品种法的特点。
3. 简述简化分批法的适用条件和计算方法。
4. 简述逐步结转分步法与平行结转分步法的区别。

第7章　产品成本计算的辅助方法

本章导读

本章介绍产品成本计算的分类法、定额法、标准成本法，以及联产品、副产品和等级产品成本的计算方法。通过本章的学习，了解分类法、定额法的适用范围和特点，理解分类法、定额法的计算程序，了解联产品、副产品、等级产品成本的计算方法和主要内容。

7.1　产品成本计算的分类法

7.1.1　分类法的适用范围和特点

1. 分类法的适用范围①

在许多工业企业中，生产的产品品种繁多，如果按照产品的品种或规格归集产品的生产费用计算产品的生产成本，成本会计的核算工作就会十分复杂烦琐，如食品加工厂、纺织厂等。在这种情况下，如果按照一定的标准，对不同品种、规格的产品进行分类，将每一个“类”的产品视同为某一个“品种”，如纺织厂生产多种纺织品，可以按照各自纺织品的用途进行分类，将纺织品分为“衣着类”“装饰类”“工业用品类”等。此时，就可以利用各种产品的“类”，作为成本计算对象，归集各种“类”产品的生产费用，计算各类完工产品的总成本，然后再以“类”内不同品种的产品作为成本分配对象，采用一定方法分配计算“类”内的各种产品成本。把这种计算产品成本的方法叫作分类法。

在进行分类法学习时，需要注意分类法与产品生产的类型没有直接联系，可以在各种类型的生产中应用，但它是成本计算的辅助方法，不能单独使用，必须与品种法、分批法、分步法等基本方法结合使用。例如，大量、大批、多步骤生产的钢铁加工厂可以先采用分步法计算各类钢铁产品的成本，然后在采用分类法分别计算各类产品中不同品种的产品成本。即先按照基本的成本计算方法计算出各类产品的总成本，再采用一定的分配方法，把类别总成本在“类”内各种产品之间进行分配，从而计算出每种产品的成本。

分类法主要适用于产品品种或规格繁多，能够划分成若干种类的产品，例如，钢铁厂生产各种型号和规格的生铁、钢锭和钢材，纺织厂生产的各种不同种类和规格的针织品，灯泡厂生产的不同类别和瓦数的灯泡，食品厂生产的各种饼干和面包等；以及使用相同原材料、经过相

---

① 分类法的相关理论概述根据理解的不同也有其他看法，但基本内容相似，相关参考书籍有：
[1] 夏鑫，田志莹．成本会计学[M]．北京：清华大学出版社，2015.
[2] 田风萍，盛文平．成本会计模拟实训教程[M]．哈尔滨：哈尔滨工业大学出版社，2011.
[3] 肖康元，赵耀忠．成本管理会计[M]．北京：清华大学出版社，2014.

同的加工过程生产出来的联产品、副产品，如炼油厂使用原油，经过提炼同时生产出各种汽油、煤油和柴油等产品。综上所述，产品的品种规格是否繁多、所耗费原材料和生产工艺是否相同或近似，是判断能否采用分类法的关键标准。此外，分类法还适用于：

(1)除主要产品之外的零星产品。比如，为协作单位生产少量的零配件，自制的少量材料和工具等。虽然这些零星产品的材料耗费、生产工艺流程不尽相同，但是其规格、品种繁多，生产数量较少，费用比重小。为了计算方法的简便，也可以采用分类法进行产品成本的计算。

(2)由于内部结构，所耗费原材料的质量或工艺技术等客观因素发生变化，从而使产品划分出不同等级。这些等级产品，可以认为是品种不同、规格不同的产品，可以采用分类法计算产品成本。但是如果不同等级的产品是由人为因素主动或被动造成的，则应该视为相同规格的同一种产品，其成本应该是相同的，这种情况下不能采用分类法计算成本。也就是说，不能按照他们的售价、单位成本的不同将其分为不同类别，否则就会掩盖级次产品由于售价较低而造成损失，不利于企业加强成本管理，提高产品质量。

2. 分类法的特点

产品成本计算的分类法是在企业经营管理过程中为了简化成本计算工作，从产品成本的基本计算方法之中发展起来的一种简化成本计算方法，与其他类型的产品成本计算方法相比，它的主要特点有：

(1)以产品的类别作为成本计算对象，采用基本成本计算方法计算各类产品的成本。在归集产品生产费用时，能按照类别划分的直接计入费用，应当直接计入各类产品成本明细账；不同类别的产品共同耗费的间接计入费用，应当采用适当的分配标准，通过分配后分别计入各类产品的成本明细账。

(2)根据计算各类产品成本时所采用的基本计算方法，产品成本的计算期可以与会计期间一致，也可以与生产周期一致。在采用品种法、分步法的大批量生产企业，应该定期在月末进行成本计算，此时成本计算周期为会计报告周期；而在采用分批法计算产品成本的企业中，成本计算周期是不确定的，因此此时的成本计算周期为产品的生产周期。

(3)各类产品月末均应分别采用适当的方法进行分配计算，确定本月完工产品与月末在产品成本。如果该类产品月末均已完工或未完工，则月末不需要进行此项分配，本月的各类产品基本生产成本明细账所归集的生产费用合计数均为完工产品或月末在产品的成本。

(4)各类产品之内，完工产品总成本需要在类内各种产品之间进行一定标准的分配，用以计算各种产品的完工成本。此类产品的月末在产品不需要再进行分配。

7.1.2 分类法的成本计算程序

分类法下进行成本计算的基本程序如图 7-1 所示。

1. 进行产品分类，按照产品类别设置生产成本明细账

企业按照材料分为棉布类、皮类、丝绸衣等，然后按照产品类别设置基本生产成本明细账。

2. 计算各类产品的类别成本

根据所划分的产品种类，采用适当的成本计算方法对各类产品进行完工产品、月末在产品成本的分配，计算各类产品的完工成本。

3. 计算类内各种产品的成本

选择合理的分配标准，将每类产品的完工产品总成本，在类内各种产品之间进一步分配各种产品的成本，并计算各种产品的总成本与单位成本。

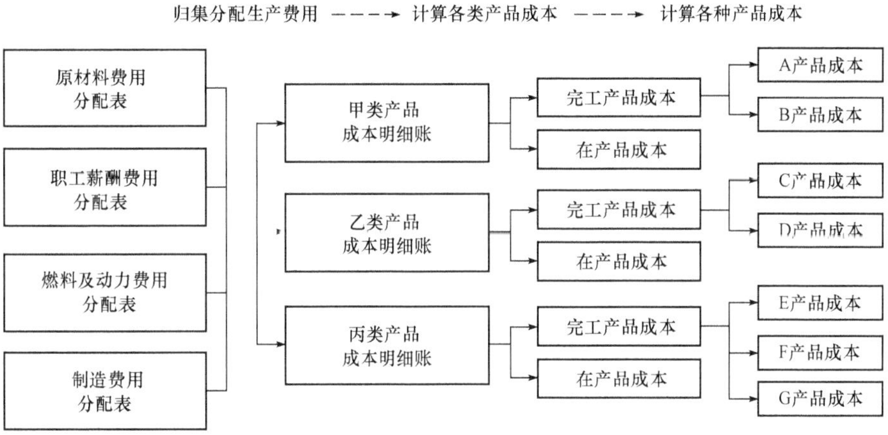

图 7-1　分类法的成本计算程序

同类产品中各种产品的分配标准是多种多样的，与分配间接费用的标准基本相同。其中，成果类主要包括重量、体积、产量、产值，耗费类主要包括生产工时、机器工时，定额类主要包括定额耗量、定额费用等。

在选择分配标准时，应尽量选择与产品生产耗费密切相关的分配标准。在分配时，各种产品的分配标准可选择相同标准，也可选择不同标准。一般来说，各成本项目应该按照其性质，分别采用不同的分配标准，以便使分配结果更加合理。例如，直接材料使用定额耗量比例分配，直接人工采用定额工时比例分配，也就是通常所说的分类法中的定额比例法。

为了简化分配工作，可以将分配标准折算成相对固定的标准系数，按照固定的系数在类内各种产品之间进行费用分配。把这种利用系数的分配方法称为系数分配法。在确定系数时，一般在类内选择一种产量大、生产稳定、规格适中的产品作为标准产品，将这种产品的系数定位为"1"；再分别使用其他各种产品与标准产品的分配标准额进行比较，计算出它们的比率，即系数。系数一经确定，在一定的时期内应保持相对稳定。在实际工作中，也可以采用标准产品的产量比例分配类内各种产品成本，即将各种产品的产量按照系数进行折算，折算出标准产品产量，然后按照标准产品产量的比例分配类内各种产品成本。

【例 7-1】　西安爱飞翔公司生产无人机，品种繁多，其中 AFX—10、AFX—11、AFX—12 三种型号产品的结构、所耗费材料和工艺过程基本相同，合并为一类(A 类)，采用分类法计算产品成本。该企业按类设置生产成本明细账，归集相关的生产费用，月末在产品成本按年初固定数计算。本月产品成本明细账如表 7-1 所示。

表 7-1　产品成本明细账

产品名称：A 类　　　　×年×月×日　　　　单位：元

摘要	直接材料	直接人工	制造费用	成本合计
月初在产品成本	16 720	5 450	9 710	31 880
本月生产费用	270 000	36 000	25 600	331 600
生产费用合计	286 720	41 450	35 310	363 480
产成品成本	260 640	24 960	31 200	316 800
月末在产品成本	26 080	16 490	4 110	46 680

本月共生产 AFX—10、AFX—11、AFX—12 三种产品分别为 350 架、280 架、360 架，各产品的直接材料费用定额、生产工时定额如表 7-2 所示。直接材料采用各产品直接材料系数分配，直接材料费用系数按直接材料费用定额确定，其他费用按定额工时比例分配。

要求：计算 AFX—10、AFX—11、AFX—12 三种产品的产成品成本。

表 7-2　产品耗费定额表

产品名称	单位产品直接材料费用		生产工时定额
	原材料名称	直接材料费用定额	
AFX—10	101	320	2.4
	102	180	
	小计	500	
AFX—11	101	370	2.5
	102	430	
	小计	800	
AFX—12	101	100	1.5
	102	300	
	小计	400	

(1)系数分配法。将 AFX—10 作为标准产品，将其直接材料费用定额确定为系数“1”，对 AFX—11、AFX—12 产品的直接材料费用定额进行系数折算(表 7-3)。

表 7-3　直接材料费用系数计算表

产品名称	直接材料费用定额	直接材料费用系数
AFX—10(标准产品)	500	1
AFX—11	800	800÷500=1.6
AFX—12	400	400÷500=0.8

根据各种产品的产量、直接材料费用系数计算出各产品直接材料费用总系数，并以表 7-1 中本月完工产品的直接材料费用为待分配费用，计算出直接材料分配率，从而分配 AFX—10、AFX—11、AFX—12 三种产品的直接材料费用，并填入表 7-4 中。

AFX—10 产品材料费用系数=350×1=350

AFX—11 产品材料费用系数=280×1.6=448

AFX—12 产品材料费用系数=360×0.8=288

材料费用总系数=350+448+288=1 086

直接材料分配率$=\frac{260\ 640}{1\ 086}=240$

则根据材料分配率计算各产品材料费用：

AFX—10 产品材料费用=240×350=84 000(元)

AFX—11 产品材料费用＝240×448＝107 520(元)

AFX—12 产品材料费用＝240×288＝69 120(元)

(2)定额比例法。根据提示，其他费用采用定额工时比例分配。首先根据产品实际产量和工时消耗定额计算各产品的定额工时，从而求出直接人工费用分配率和制造费用分配率，并填入表 7-4 中。

$$直接人工分配率=\frac{24\ 960}{350\times2.4+280\times2.5+360\times1.5}=12$$

$$制造费用分配率=\frac{31\ 200}{350\times2.4+280\times2.5+360\times1.5}=15$$

分别根据直接人工分配率和制造费用分配率计算各产品的直接人工费用及制造费用：

AFX—10 产品直接人工费＝12×840＝10 080(元)

AFX—10 产品制造费用＝15×840＝12 600(元)

AFX—11 产品直接人工费＝12×700＝8 400(元)

AFX—11 产品制造费用＝15×700＝10 500(元)

AFX—12 产品直接人工费＝12×540＝6 480(元)

AFX—12 产品制造费用＝15×540＝8 100(元)

表 7-4　各种产品成本计算表

项目	产量	直接材料费用系数	直接材料费用总系数	工时耗费定额	定额工时	直接材料	直接人工	制造费用	成本合计
①	②	③	④＝②×③	⑤	⑥＝②×⑤	⑦＝④×分配率	⑧＝⑥×分配率	⑨＝⑥×分配率	⑩
分配率	—	—	—	—	—	240	12	15	—
AFX—10	350	1	350	2.4	840	84 000	10 080	12 600	106 680
AFX—11	280	1.6	448	2.5	700	107 520	8 400	10 500	126 420
AFX—12	360	0.8	288	1.5	540	69 120	6 480	8 100	83 700
合计			1 086		2 080	260 640	24 960	31 200	316 800

根据表 7-4 的填制，汇总了各种产品的完工产品总成本，结转产成品成本，编制会计分录如下：

借：库存商品——AFX—10　　106 680

　　　　　　——AFX—11　　126 420

　　　　　　——AFX—12　　83 700

　贷：生产成本——基本生产成本——A 类　　316 800

7.1.3　分类法的优缺点及使用要求

1. 分类法的优缺点

(1)分类法的优点。采用分类法计算产品的成本，所使用的领料单、工时记录等原始凭证和原始记录可以指按照产品类别填列，在各类费用分配表中也可以只按照产品类别进行分配，基本生产成本明细账可以只按照类别开设账簿，这样不仅能够简化产品成本的计算工作，而且能够在产品品种、规格众多的情况下，分类掌握产品成本的具体情况。

(2)分类法的缺点。由于“类”内各种产品的计算中，不论是直接计入费用还是间接计入费用，都是按照一定的分配标准按比例进行产品费用分配的，因而计算结果存在一些假设性。如果产品的分类不合理，类距不均衡，就会直接影响成本计算的准确性。

2. 分类法的使用要求

(1)分类要合理。在产品进行分类时，应该以产品所耗费原材料和工艺技术的流程是否相近作为基本原则。

(2)类距要均衡。类内产品之间的差距不能过小，也不可过大。类距过小时会增加成本计算的工作量，体现不出分类法的优点；而类距过大时计算太粗糙，会造成品种、规格很大的产品成本接近，影响产品成本计算的准确性。

(3)分配标准要合适。分配标准的选择是采用分类法时是否能够达到简化成本计算目的、精确成本计算相对准确的关键因素。在分配标准的选择上，应该选择与成本水平密切联系的分配标准。在产品结构、所耗费原材料、生产工艺技术流程发生较大变化时，应当及时变更分配标准或调整分配系数，以达到保证成本计算准确性的目的。

7.2 产品成本计算的定额法

在产品成本的基本计算方法以及辅助计算方法中的分类法下，生产费用的日常核算，都是按照产品生产中所实际发生额进行，产品的实际成本也是根据实际生产费用计算分配的。因此，只有在月末或生产周期完成时，通过对完工产品的实际成本计算分配额与产品生产初期制定的定额成本进行对比、分析后才能反映实际生产是否达到成本管理要求，而不能在产品生产费用发生时及时反映。这样容易造成成本信息反映滞后，不利于企业及时进行定额管理和成本控制，也不利于有效地发挥成本计算的分析和监督作用。为了克服以上这些计算方法的缺陷，实务中可以使用定额法。

7.2.1 定额法的概念和特点

成本计算的定额法，是以产品定额成本为基础，加(或减)脱离定额的差异、材料成本差异和定额变动差异，来计算产品实际成本的一种方法。定额法不但是一种成本计算方法，还是企业进行产品成本控制管理的方法；不仅能够注重事前成本的管理，更能够协助事中成本控制和事后成本分析。它能够及时反映产品实际成本与定额成本的差距，并能将产品成本计划、控制、核算及分析融为一体。

与其他成本计算方法相比，定额法具有以下几种特点：

(1)定额法是以定额标准为依据，通过调整生产过程中各种费用的实际耗费和定额标准的差异，核算实际生产费用。较其他成本计算方法而言，定额法更侧重于实际成本与定额差异的反映。

(2)定额法下要求企业建立完善的定额管理制度，以便在产品费用发生时，就对实际成本与定额成本差异进行区别核算，加强对成本的日常分析和控制。较其他成本计算方法而言，定额法在日常核算工作中所使用的材料费用计价及结转方法，以及记账凭证等都有较大差别。

(3)企业使用定额法计算产品成本，当原定额标准变化时，企业需要调增月初在产品的定额成本变动差异，而其他几种成本计算方法各期的月初在产品成本均不需要进行调整。

7.2.2　定额法的计算程序①

定额法下，成本核算的基本程序主要包括定额成本的计算、定额变动差异的计算、脱离定额差异的计算、材料成本差异的计算。

1. 定额成本的计算

定额法计算产品成本，首先要确定产品生产的原材料、动力、人工等定额耗量，并结合实际情况制定各种耗费的定额单价，如原材料计划单价、计划工时费用率、直接人工费用率、制造费用率等。当企业生产工艺发生变化时，需要针对实际变化调整修订定额成本。

根据事前制定的定额耗量与定额单价，计算产品的各项费用定额，以及产品单位定额成本。其计算公式如下：

产品单位定额成本＝直接材料费用定额＋直接人工费用定额＋制造费用定额

直接材料费用定额＝原材料定额耗量×原材料计划单价

直接人工费用定额＝直接人工定额耗量×直接人工费用率

制造费用定额＝产品生产工时定额×制造费用率

尽管从计算公式来看定额成本与计划成本非常相似，但是两者之间存在很大区别：定额成本制定的基础是企业先行生产水平，充分考虑企业所使用的生产工艺流程下成本耗费应当达到的水平，其是随着生产力进步，劳动效率的提高随时进行修订的。此外，用来计算费用定额的计划单价也是随着商品市场规律，物价变化需要随时进行修订的。而这些特点是计划成本计算时所忽略的，计划成本是依据计划期内平均耗费定额(计划定额)进行计算的，计算得出的产品单位计划成本也是平均成本水平，在计划期内一般不进行调整。

由于各种产品生产工艺流程和要求不同，产品定额成本的制定也不尽相同，定额成本一般是由企业计划、会计、技术等部门联合制定的。比如以机械加工制造业为例，机械产品由零件、部件构成，产品的单位定额成本包括零件定额成本、部件定额成本两部分构成，而零、部件的定额成本又是由直接材料、直接人工、制造费用等定额构成的。所以在制定定额成本时需要根据机械生产的工序进行设定，首先需要制定零件定额成本和部件定额成本，然后汇总计算出机械产品定额成本。如果零部件较多，生产工艺复杂，为了简化成本计算工作，可以不进行零件定额成本的计算，直接根据零件定额卡上的原材料消耗定额、人工耗费定额、工时耗费定额，以及原材料计划单价、计划工资率和制造费用率等计算产品部件定额成本。再将组成产品的各种部件定额成本汇总，就得出产成品定额成本。

在编制定额成本计算表时，采用的成本项目和成本计算方法应当与编制计划成本、计算实际成本所使用的成本项目和成本计算方法相对应，以便进行成本考核、成本分析工作。

零件定额卡片、部件定额成本计算表、产品定额成本计算表如表 7-5 至表 7-7 所示。

---

①　定额法的计算程序及步骤的各类范例可以参考以下书籍：

[1] 田光大，谭迎春．成本会计实务[M]．上海：立信会计出版社，2015.

[2] 韩庆兰，骆从艳．成本会计学[M]．北京：机械工业出版社，2015.

[3] 张秀珍，高静颖．成本会计学[M]．长春：东北师范大学出版社，2006.

表 7-5　零件定额卡

零件名称：A—1　　　　×年×月×日

材料编号及名称	计量单位	材料消耗定额
A1001	kg	5
工序	工时定额	累计工时定额
1	3	3
2	4	7

表 7-6　部件定额成本计算表

部件名称：A　　　　×年×月×日　　　　单位：元

耗用零件编号名称	耗用数量	部件材料定额							部件工时定额
		A1001			A1002			金额合计	
		数量	计划单价	金额	数量	计划单价	金额		
A—1	2	10	6	60				60	14
A—2	3				6	6	36	36	12
装配									4
合计				60			36	96	30

定额成本项目					定额成本合计
直接材料	直接人工		制造费用		
	计划工资率	金额	计划费用率	金额	
96	3	90	0.8	24	210

表 7-7　产品定额成本计算表

产品编号：甲　　　　×年×月×日　　　　单位：元

耗用部件编号名称	耗用数量	直接材料费用定额		工时定额/小时	
		部件	产品	部件	产品
A	2	96	192	15	30
B	5	40	200	3	15
C	1	30	30	10	10
装配					5
合计			422		60

定额成本项目					定额成本
直接材料	直接人工		制造费用		
	计划工资率	金额	计划费用率	金额	
422	3	180	0.8	48	650

2. 定额变动差异的计算

定额变动差异是指企业因社会经济发展、技术工艺转型、劳动效率提高等因素，需要修订消耗定额或生产耗费的计划单位价格，调整产品定额成本时，新旧两种产品定额成本之间的差额。定额变动差异是企业定额标准本身变动的结果，与企业生产成本的控制(超支或节约)没有直接关系，因此不影响实际生产成本。

消耗定额与定额成本修订通常是在月初、季初或年初进行。修订后当月发生的各项费用均应按照新的定额进行核算，而在月末产品成本核算时，如果月初在产品的成本仍按照原有定额计算，则月初在产品和本月在产品的核算依据就会口径不一致，因此为了将按旧定额计算的月初在产品成本与按新定额计算的本月在产品成本统一核算，定额发生修订的当期，企业就应该及时对月初在产品的定额成本进行修订，计算定额成本差异。

定额变动差异的计算有两种方法：

(1)直接计算法。月初在产品定额变动差异，根据定额成本差异的定义直接计算，分别计算出月初在产品消耗定额变动修订前和修订后的定额成本差异，两者相减计算出月初在产品定额成本变动差异。其计算公式如下：

$$\begin{matrix}\text{月初在产品}\\\text{定额变动差异}\end{matrix}=\begin{matrix}\text{按旧定额计算的}\\\text{月初在产品费用}\end{matrix}+\begin{matrix}\text{按新定额计算的}\\\text{月初在产品费用}\end{matrix}$$

(2)系数计算法。在构成产品的零部件较多的情况下，采用直接计算方法的工作量较大，为了简化工作，将按照新旧两种定额所计算出的单位产品费用进行对比，计算出系数，并根据系数计算定额成本变动差异。其计算公式如下：

$$\text{系数}=\begin{matrix}\text{按新定额计算的}\\\text{月初在产品费用}\end{matrix}\div\begin{matrix}\text{按旧定额计算的}\\\text{月初在产品费用}\end{matrix}$$

$$\begin{matrix}\text{月初在产品}\\\text{定额变动差异}\end{matrix}=\begin{matrix}\text{按旧定额计算的}\\\text{月初在产品费用}\end{matrix}\times(1-\text{系数})$$

【例 7-2】 西安爱飞翔公司生产一批 AFX—4 无人机产品，其中一些零件从本月起实行新的直接材料消耗定额。修订前直接材料消耗定额为 50 kg，计划单价为 10 元/kg；修订后为每架产品的直接材料消耗定额为 48 kg，计划单价不变。该产品的月初在产品数量为 80 架，原材料在生产开始时一次性投入。

方法一：根据定义计算。

①分别计算定额修订前后的直接材料费用定额：

修订前直接材料费用定额＝50×10＝500(元)

修订后直接材料费用定额＝48×10＝480(元)

②计算月初在产品定额变动差异：

月初在产品定额变动差异＝500×80－480×80＝1 600(元)

方法二：根据系数计算。

①计算定额修订前后直接材料费用定额，方法同上。

②计算系数：

系数＝480÷500＝0.96

③计算月初在产品定额变动差异：

月初在产品定额变动差异＝80×500×(1－0.96)＝1 600(元)

采用系数法计算月初在产品定额变动差异虽然较为简单，但是由于系数是按照单位产品计算，而不是按照产品的零部件计算，因而这种方法对于在零部件成套或零部件成套性质较大的情况下的计算数据比较准确。如果在零部件不成套或成套性质不大的情况下采用系数法计算产品定额成本变动差异，零部件中不需要修订的定额消耗就会被人为地分担部分成本，造成产品定额成本计算数据失真。

各种消耗定额的变动，一般都表现为不断下降的趋势，由此不难想象月初在产品的定额变动差异，通常表现为月初在产品定额成本的不断降低。这种情况下，一方面应该从月初在产品定额成本中扣除该项差异；另一方面，由于该项差异是月初在产品生产费用的实际支出，因此还应该将此差异计入本月产品成本。相反，若消耗定额成本提高，那么就应该在计算出定额成本变动差异后，将此项差额加入月初在产品定额成本之中，同时在本月产品成本中予以扣除，因为实际上并没有发生这部分的实际支出。

定额变动差异一般按照定额成本比例，在完工产品和月末在产品之间进行分配。因为这种差异与当月生产没有直接联系，并不是当月产品生产的结果，不应该全部计入当月完工产品成本。但是，如果定额变动差异数额较小，或者月初在产品本月能够全部完工，那么定额变动差异也可以全部由本月完产品负担，不用分配计入月末在产品。

在实际工作中，定额法下计算产品成本，并不直接调整明细账中月初在产品定额成本数据，而是单设"定额成本调整"栏，反映定额成本调整，即从旧定额调整为新定额所发生的变化，金额上等于新定额成本减去旧定额成本。而定额变动差异等于旧定额成本减去新定额成本，与定额成本调整的金额相等，符号相反，月初在产品的实际成本不受到影响。

3. 脱离定额差异的计算

脱离定额差异是指产品生产过程中，各种生产费用的实际支出脱离现行的定额或预算单数额。及时计算实际生产费用脱离定额的差异，加强成本的事中控制，是定额成本法计算产品成本的主要内容，也是定额法的主要实施目的。脱离定额差异的核算，就是为了有效控制各项生产费用的支出，在发生生产费用时，对符合定额的费用和脱离定额的差异，分别编制定额凭证和差异凭证，并且在有关费用分配表和明细分类账中分别予以登记。它包括直接材料脱离定额差异核算、直接人工脱离定额差异计算和制造费用脱离定额差异计算等。

(1)直接材料脱离定额差异核算。在各项成本项目中，直接材料(包括自制版成品费用)一般占有较大比重。因此在定额法下，要求必须将定额内的材料费用与脱离定额差异分别核算。对于直接材料脱离定额差异核算，一般采用限额法、切割核算法和盘存法三种计算方法。

1)限额法。限额法也叫差异凭证法，是指在定额法下，生产部门在领用原材料时实行限额领取或定额发放制度。当在限额范围内领料时，必须根据限额领料单领用；当由于产量发生变化而超额领料时，在追加限额手续之后，也是根据限额领料单进行领用；当由于其他原因造成超额领料时，应该填制专设的超额领料单等差异凭证，经审批后领料。车间领用代用材料或以废料代替使用时，应该折算出所领材料和废料相较于原定材料的数量，在有关的限额领料单中加以注明，并从原定的限额中扣除差额。生产任务完成后，应当根据车间余料填制退料单据，办理退料手续。超额领料单上的领料数额，属于材料脱离定额的超支差异，而普通领料单和退料单上的材料数额，都属于材料脱离定额的节约差异，退料单位应将退料单视同为差异凭证。

需要注意的是，限额法是控制材料领用，促进成本控制的重要手段，但是其并不能够完全控制用料。因为差异凭证中的差异仅仅体现的是领料差异，而不一定体现实际用料差异，即期初、期末车间内可能有余料，或者产出品数量不符合规定数量的情况。所以，只有在投产产品数量等于规定的产品数量，并且在期初、期末均不存在余料的情况下，领料(发料)的差异才等同于用料脱离定额差异。

【例7-3】 西安爱飞翔公司限额领料规定的AFX—5无人机产品数量为1 500架，每架产品消耗定额为5 kg，限额领料为7 500 kg；本月实际领料7 300 kg，限额领料单内余额为200 kg。现假设以下三种情况：

情况一：本期投产产品数量等于限额领料规定的产品数量，且期初、期末均不存在余料，则此时上述少领用的200 kg原材料差异就是脱离定额节约差异。

情况二：本期投产产品数量等于限额领料规定的产品数量，但车间期初余料 150 kg，期末余料 220 kg，则计算如下：

原材料定额耗量＝1 500×5＝7 500(kg)

原材料实际耗量＝7 300＋150－220＝7 230(kg)

原材料脱离定额差异＝7 230－7 500＝－270(kg)　节约

情况三：本期投产数量为 1 400 架，但车间期初余料 150 kg，期末余料 220 kg，则计算如下：

原材料定额耗量＝1 400×5＝7 000(kg)

原材料实际耗量＝7 300＋150－220＝7 230(kg)

原材料脱离定额差异＝7 230－7 000＝230(kg)　超支

2)切割核算法。切割核算法一般适用于领用材料需要经过裁剪后才能使用的原材料，如板材、棒材、玻璃、纸张等，企业应该设置切割核算单，用以核算材料脱离定额的差异，作为记录差异生成原因的凭据。

材料切割核算单应按切割材料的批次差别设立，在单据中要明确体现材料切割的种类、数量、单价、消耗定额和应切割成型的毛坯数量；切割完成之后，要填写实际切割成的毛坯数量和材料的实际消耗量；根据实际切割所得的毛坯数与材料的消耗定额量确定材料定额耗量；将实际消耗量与定额消耗量对比，计算出脱离定额差异。值得注意的是，如果切割余料和废料具有经济价值，材料切割核算单中还应该填列出废料回收定额和实际回收数量，以及根据实际切割成的毛坯数量和废料回收定额计算材料的定额回收量，与实际回收量相比较就可以确定废料的脱离定额差异。回收的废料价值是可以冲减材料费用的，因此它的脱离定额差异采用与材料脱离定额差异相反的符号表示，即超额回收时废料脱离定额差异用负数表示，原材料脱离定额差异用正数表示。

【例 7-4】　西安爱飞翔公司工人吴某加工一批材料，库房发出材料 180 kg，吴某退回 10 kg，实领 170 kg 进行切割加工，废料回收 4 kg。加工单件材料的消耗定额为 5 kg，单件废料定额为 0.1 kg，加工后应得到毛坯 34 件，实际产出 32 件。该批材料单价为 10 元/kg，废料回收价格为 2.5 元/kg。

材料切割核算单如表 7-8 所示。

表 7-8　材料切割核算单

<table>
<tr><td colspan="3">材料编号名称：105 A</td><td colspan="2">材料计量单位：kg</td><td colspan="2">材料计划单价：10 元</td></tr>
<tr><td colspan="3">产品名称：AFX—1 机翼</td><td colspan="2">零件编号名称：A105</td><td colspan="2">图　纸　号：308</td></tr>
<tr><td colspan="3">切　割　人：吴×</td><td></td><td></td><td colspan="2">机床编号：A3</td></tr>
<tr><td colspan="3">发交切割日期：×年×月×日</td><td></td><td></td><td colspan="2">完工日期：×年×月×日</td></tr>
<tr><td colspan="2">发料数量</td><td colspan="2">退回余料数量</td><td colspan="2">材料实际耗用量</td><td>废料回收量</td></tr>
<tr><td colspan="2">180</td><td colspan="2">10</td><td colspan="2">170</td><td>4</td></tr>
<tr><td>单件消耗定额</td><td>单件回收废料定额</td><td>应割成毛坯数量</td><td>实际切割毛坯数量</td><td colspan="2">材料定额消耗量</td><td>废料定额回收量</td></tr>
<tr><td>5</td><td>0.1</td><td>34</td><td>32</td><td colspan="2">160</td><td>3.2</td></tr>
<tr><td colspan="2">材料脱离定额差异</td><td colspan="3">废料脱离定额差异</td><td>差异原因</td><td>过失人</td></tr>
<tr><td>数量</td><td>金额</td><td>数量</td><td>单价</td><td>金额</td><td rowspan="2">材料硬度不达标
切割过程断裂</td><td rowspan="2">吴×</td></tr>
<tr><td>10</td><td>100</td><td>0.8</td><td>2.5</td><td>2</td></tr>
</table>

应切割毛坯数量＝170÷5＝34(件)

实际材料定额消耗量＝32×5＝160(kg)

实际废料定额回收量＝32×0.1＝3.2(kg)

材料脱离定额差异＝170×10－160×10＝100(元)　　超支

废料脱离定额差异＝4×2.5－3.2×2.5＝2(元)　　超支

汇总材料脱离定额差异＝100－2＝98(元)　　超支

这种采用材料切割核算单的材料核算，能够及时反映材料的使用情况和发生差异的具体原因，有利于企业加强成本控制和监督，帮助企业明确生产过程中的细节因素，帮助管理者进行生产经营决策。

3)盘存法。在企业大批量、不间断生产的情况下，不能按照上述方法分批核算原材料脱离定额差异，这时企业不仅需要按照限额领料(发料)的方法控制日常材料领用，还需要通过定期(按工作班、工作日或周、旬)盘存的方法来确定材料脱离定额差异，通常把这种方法叫作盘存法。

首先，根据完工产品数量和在产品盘存数量计算出本期投产产品数量，乘以原材料消耗定额，算出原材料定额耗量。其计算公式如下：

$$\frac{\text{本期投产}}{\text{产品数量}}=\frac{\text{本期完工}}{\text{产品数量}}+\frac{\text{期末在}}{\text{产品数量}}-\frac{\text{期初在}}{\text{产品数量}}$$

原材料定额耗量＝本期投产数量×原材料消耗定额

需要注意的是，用于计算原材料定额耗量的是投产数量而非完工产品数量。因为本期完工数量所用的原材料包括了期初在产品中上期领用的材料，但不包括期末在产品中本期领用的材料。此外，除了本期投产的产品需要消耗原材料以外，期初在产品不再消耗原材料，即原材料应在产品生产开始时一次性投料。实际工作中，原材料并不是总在产品生产开始时一次投入，因此针对原材料逐渐投入生产的情况，在计算本期投产产品数时，需要按照投料程度计算在产品的约当产量。

然后，根据本月限额领料单、超额领料单、退料单等凭证及车间盘存数据计算原材料实际消耗量。

原材料实际消耗量＝期初余料＋本期领料－期末余料

最后，将原材料实际消耗量和定额消耗量比较，再乘以原材料计划单价，确定原材料脱离定额差异数值，公式如下：

原材料脱离定额差异＝(原材料实际消耗量－原材料定额消耗量)×原材料计划单价

【例 7-5】 西安爱飞翔公司生产型号为 AFX—6 的无人机产品，期初在产品数量为 30 架，本期完工 500 架，月末在产品 50 架，单件产品消耗原材料定额为 90 kg。AFX—6 型无人机的限额领料单中已注明，本期实际领用原材料 43 000 kg，车间期初余料为 4 500 kg，期末余料为1 300 kg。

该批产品的原材料脱离定额差异计算如下：

本期投产数量＝500＋50－30＝520(架)

原材料定额消耗量＝520×90＝46 800(kg)

原材料实际消耗量＝43 000＋4 500－1 300＝46 200(kg)

原材料脱离定额差异＝46 200－46 800＝－600(kg) 节约

采用盘存法核算原材料脱离定额差异，要求车间盘存时间稳定，而且盘存时间间隔越短越好，以便随时掌握实际消耗材料脱离定额差异数据。

总之，对于原材料脱离定额差异的日常控制，不但要通过限额法控制领料限额，而且在采用盘存法的企业还要控制产品的投产数量不能少于计划规定的投产数量，在采用切割法的企业，也需要控制其实际切割数量不少于计划规定的切割数量。

(2)直接人工脱离定额差异计算。直接人工费用脱离定额差异的核算，根据企业工资计算形式的不同主要分成计件工资和计时工资两种。

1)计件工资。生产工人工资脱离定额的差异，一般是由定额工资以外的其他工资支出构成的，如加班工资、停工工资等。符合定额的工资应反映在产量记录中，脱离定额差异一般通过“工资补付单”等差异凭证来体现，在单中说明差异的原因。此凭证中补发的工人工资数额就是直接人工脱离定额的差异额。其计算公式如下：

$$\text{直接人工费用脱离定额差异}=\text{某产品实际直接人工费用}+\text{某产品实际产量}\times\text{某产品直接人工费用定额}$$

2)计时工资。工人工资脱离定额差异不能在平时直接计算得到，只有在月末确定本月实际工人工资总额和产品的实际总工时以后，才能计算脱离定额差异。具体计算公式如下：

$$\text{计划单位小时直接人工费用}=\frac{\text{某车间计划产量的定额直接人工费用总额}}{\text{该车间计划产量的定额生产工时}}$$

$$\text{实际单位小时直接人工费用}=\frac{\text{该车间实际直接人工费用总额}}{\text{该车间实际生产工时总额}}$$

$$\text{某产品的定额直接人工费用}=\text{该产品实际产量的定额生产工时}\times\text{计划单位小时直接人工费用}$$

$$\text{某产品的实际直接人工费用}=\text{该产品实际产量的实际生产工时}\times\text{实际单位小时直接人工费用}$$

$$\text{直接人工费用脱离定额差异}=\text{该产品的实际直接人工费用}-\text{该产品的定额直接人工费用}$$

【例 7-6】　西安爱飞翔公司 5 月份生产一批 AFX—7 型无人机产品，计划产量的定额直接人工费用是 60 000 元，计划产量的定额工时为 4 000 小时；实际发生直接人工费用 87 000 元，实际生产工时为 6 000 小时；该批产品实际产量的定额工时为 6 200 小时。

该批产品直接人工费用脱离定额差异计算如下：

计划小时工资率＝60 000÷4 000＝15(元/小时)

实际小时工资率＝87 000÷6 000＝14.5(元/小时)

定额直接人工费用＝15×6 200＝93 000(元)

实际直接人工费用＝87 000(元)

直接人工费用脱离定额差异＝87 000－93 000＝－6 000(元)　(节约)

根据以上的公式和计算举例可以看出，企业降低产品成本中直接人工费用的方法，除了严格控制工资，使之不超出计划外，还要充分利用生产工时，提高劳动生产效率。

在采用定额法核算成本时，无论采用哪种工资计算方式，都按照成本计算对象编制定额生产工资和脱离定额差异汇总表。汇总表中需要反映产品的定额工资、实际工资、工资脱离定额差异以及差异原因(包括计时工资的各种产品工时脱离定额的情况资料：计划产量定额工时、计划产量实际工时、实际产量实际工时、实际产量定额工时等)。

(3)制造费用脱离定额差异计算。制造费用属于间接费用，在日常核算中不能按照产品直接分配确定其脱离定额差异，只能按照本期的制造费用计划，分项核算脱离定额差异，然后汇总得出。各产品应负担的定额制造费用和费用脱离定额差异，只有在月末按照一定方法分配计算其实际费用之后才能进一步确定。制造费用的计算和确定方法与计税工资的方法类似。其计算公式如下：

$$\frac{计划单位小时}{直接人工费用}=\frac{某车间计划产量的定额直接人工费用总额}{该车间计划产量的定额生产工时}$$

$$\frac{实际单位小时}{直接人工费用}=\frac{该车间实际直接人工费用总额}{该车间实际生产工时总额}$$

$$\frac{某产品的定额}{直接人工费用}=\frac{该产品实际产量}{的定额生产工时}\times\frac{计划单位小时}{直接人工费用}$$

$$\frac{某产品的实际}{直接人工费用}=\frac{该产品实际产量}{的实际生产工时}\times\frac{实际单位小时}{直接人工费用}$$

$$\frac{直接人工费用}{脱离定额差异}=\frac{该产品的实际}{直接人工费用}-\frac{该产品的定额}{直接人工费用}$$

【例 7-7】 续例 7-6，西安爱飞翔公司 5 月份生产这批产品外，还同时生产其他产品。制造费用按照生产公示比例在各产品之间分配。5 月份公司制造费用计划总额为 15 万元，计划产量的定额工时为 3 万小时；实际产生的制造费用为 16.96 万元，实际工时总额为 3.2 万小时。从前例中得知，AFX—7 型无人机产品的实际生产工时为 6 000 小时，实际产量的定额工时为 6 200 小时。

该产品本月制造费用脱离定额差异计算如下：

计划制造费用＝15÷3＝5(元/小时)

实际制造费用＝16.96÷3.2＝5.3(元/小时)

AFX—7 型无人机产品的定额制造费用＝6 200×5.3＝32 860(元)

AFX—7 型无人机产品的实际制造费用＝6 000×5＝30 000(元)

AFX—7 型无人机产品制造费用脱离定额差异＝30 000－32 860＝－2 860(元)　节约

由此可见，想要控制产品的制造费用不超过定额，不但要控制其总额不超过计划，还要控制产品生产工时总额不低于计划。值得注意的是，对于废品损失及其发生的原因，应该采用废品通知单和废品损失计算单反映，其中不可修复的废品成本，应按照定额成本计算。由于产品定额成本中一般不包含废品损失，因而生产中发生的废品损失，通常作为脱离定额差异来处理。

在企业的产品成本明细账中，对于本月发生的实际费用，应该按照成本项目分别列示。而每一项费用，又分成按现行定额标准计算的产品定额成本和脱离定额差异两部分。采用定额法计算产品成本的企业，为了便于对产品成本的分析和考核，材料的日常核算都是按计划成本进行的，因此，这里的直接材料定额费用和直接材料定额脱离差异都是以材料的计划单价作为计算依据的，两者相加不等于采用实际成本法计价的直接材料费用。因此产品实际成本的计算公式如下：

$$\frac{产品}{实际成本}=\frac{按现行定额计算}{的产品定额成本}+\frac{定额变动}{差异}+\frac{脱离定额}{差异}$$

为了计算完工产品的实际成本，上述脱离定额差异的计算，还需要在完工产品和月末在产品之间进行分配。由于采用定额法计算产品成本的企业都有现成的定额成本资料，所以脱离定额差异在完工产品和月末在产品之间的分配，大多采用定额比例法进行。如果各月的在产品数量较稳定，也可以采用按照定额成本的方法，将全部差异计入完工产品成本，月末在产品不负担差异。

4. 材料成本差异的计算

企业采用定额法计算产品成本，为了便于对产品成本进行考核分析，材料的日常核算按照计划成本进行，因此日常发生的原材料定额费用和原材料脱离定额差异费用都是按照计划成本进行的。这种按照计划成本计算材料费用脱离定额差异的方法，只计算了直接材料实际消耗量的计划成本与定额成本之差，即只计算了直接材料的数量差异，而材料的实际价值和计划价格不同所导致的直接材料实际费用和定额费用差异并没有体现，因此在月末计算产品实际直接材料费用时，还应该考虑直接材料的价值差异，即直接材料成本差异，计算公式如下：

$$\text{某产品应分配的直接材料成本差异}=\left(\text{该产品材料定额费用}+\text{材料脱离定额差异}\right)\times\text{原材料成本差异率}$$

【例 7-8】 西安爱飞翔公司 5 月份生产 AFX—8 型无人机产品消耗原材料的成本差异率为节约 1%。原材料定额消耗量为 35 000 kg，材料单价为 5 元/kg，原材料脱离定额差异为超支2 000 元。

该产品应分配的材料成本差异计算如下：

原材料定额费用＝35 000×5＝175 000(元)

应分配的材料成本差异＝(175 000＋2 000)×(－1%)＝－1 770(元)

根据原材料成本差异的计算，可以将实际产品成本的计算公式进行补充：

$$\text{产品实际成本}=\text{按现行定额计算的产品定额成本}+\text{定额变动差异}+\text{脱离定额差异}+\text{材料成本差异}$$

7.2.3　定额法的优缺点和使用条件

1. 定额法的主要优点

通过生产消耗、脱离定额差异及其计划的日常核算，能够在日常生产中及时反映和监督成本脱离定额差异，从而帮助企业加强成本的事中管理和控制，有利于其及时有效地促进成产耗费的节约，降低产品成本。

企业的产品实际成本是按照定额成本和各种差异分别核算的，因而便于企业对各项生产耗费和生产成本之间进行定时分析，有利于进一步发掘降低成本的潜力。

企业通过定额变动差异和脱离定额差异的分别核算，有利于提高成本的定额管理工作水平。

因为企业拥有着现成的定额成本资料，所以能够较为合理、简单地解决完工产品和月末在产品之间分配费用的问题。

2. 定额法的主要缺点

采用定额法计算产品成本比采用其他方法计算产品成本工作量要多。因为采用定额法必须在生产初期设定定额资料，生产时要进行脱离定额差异的核算，定额变动时还需要调整修订期初在产品的定额成本，计算定额变动差异。

3. 定额法的使用条件

为了充分发挥定额的作用，避免由于企业不适合使用定额法而造成工作量过多，采用定额法计算产品成本的单位应该具备以下几个条件：

(1)定额管理制度比较健全，定额管理的工作基础较好。

(2)产品的生产已经形成模式，消耗定额能够比较准确地确认且稳定。

一般大批量生产的企业容易具备上述几个条件，但应当注意的是，定额法与生产类型并没有直接关系，不论哪种生产类型，只要具备上述条件，都能够采用定额法计算产品的成本。

7.3 联产品、副产品、等级产品成本计算[①]

7.3.1 联产品成本计算

联产品是指使用同种原材料，经过同一生产过程生产出多种用途不同的、具备较大经济价值的产品。例如，炼油厂以原油为原料可以同时生产出汽油、柴油、煤油等多种联产品。联产品与同类产品不同，同类产品是指在产品品种、规格繁多的企业或车间按照一定的标准归类的产品，其目的是便于采用分类法简化产品成本计算工作；联产品的生产是联合生产，是同一资源在同一过程中投入，分离多种主要产品，其中个别产品的产出必然伴随联产品同时产出。各种联产品的产出，有的要在生产过程终了时才能分离，而有的则是在生产过程中的某个步骤分离出来。联产品分离出来时的生产步骤称为“分离点”。分离点是联产品的联合生产程序结束，各种产品可以辨认的生产交界点。

经过联产过程所生产出来的各种产品，有的可以直接使用或销售，即获得产成品；而有的不能直接对外销售，需要进行一定的加工后才能达到预定的用途，即联产出半成品。这种联产过程中所发生的成本称为联合成本。联产获得产成品时，联合成本即为此种产品的全部成本；而联产处于半成品时，通常将联产过程视为该产品生产的一个步骤，分摊到的联合成本仅能构成该产品成本的一部分，企业需要采用适当的方法进一步计算分配此类产品继续加工所耗费的成本。

联产品的成本计算主要分成三个部分进行，即联产品分离点前联合成本计算、分离点联合成本计算以及分离点后加工成本计算。对于分离点前联合成本计算和分离点后需要继续加工的产品成本计算都应该根据生产类型和管理要求，选择适合的基本成本计算方法。而分离点联合成本，由于联产品在生产过程中分离，产品成本无法与相应的联产品分离对照，不能按照每种产品分别归集生产费用，因此在联产过程中，一般将其归为一类产品，采用一定的分配标准在类内对完工产品成本进行计算分配。

【例 7-9】 西安爱飞翔公司使用同种原材料，同时生产出 AFX—5 型、AFX—6 型和 AFX—7 型三种无人机机体组件，该生产无人机组件过程构成联产品(甲类)。已经计算出产品直接材料 150 万元，直接人工 30 万元，制造费用 20 万元，合计联合成本为 200 万元。本月生产 AFX—5 型组件 50 件，AFX—6 型组件 30 件，AFX—7 型组件 20 件。三种产品售价分别为 3.5 万元/件、2.5 万元/件、7.5 万元/件。

1. 产量比例法

产量比例法是按照分离点的各种联产品的重量、溶剂或其他实物量比例来分配联合成本。若以产量为分配标准，采用产量比例法进行联合成本分配，如表 7-9 所示。

---

① 关于联产品、副产品、等级产品的相关参考书籍：

[1] 顾全根，刘洪海．成本会计实务[M]．北京：清华大学出版社，2009.

[2] 吕明．成本会计学[M]．北京：中国财经出版社，2015.

[3] 潘素琼．成本会计[M]．北京：北京大学出版社，2013.

表 7-9 联合成本分配计算表

产品类别：甲类　　　　单位：万元

产品名称	产量/件	应分摊的成本						合计
		直接材料		直接人工		制造费用		
		分配率	金额	分配率	金额	分配率	金额	
AFX—5 型组件	50	1.5	75	0.3	15	0.2	10	100
AFX—6 型组件	30		45		9		6	60
AFX—7 型组件	20		30		6		4	40
合计	100		150		30		20	200

表 7-9 中各类费用的分配率计算如下：

$$直接材料分配率=150\div100=1.5$$

$$直接人工分配率=30\div100=0.3$$

$$制造费用分配率=20\div100=0.2$$

在表 7-9 中，利用各种费用的分配率乘以相应的产量即可算出该联产品应分配的各项费用。采用这种计算方法计算出各种产品单位成本是一致的，且都是平均成本，因此简便易行。但由于成本和实物量并不是直接有关和成比例增减，而且并非所有的联合成本发生都与实物量直接相关，这种分配方法忽略了售价的因素，同样的单位成本则会造成产品的虚盈虚亏，容易造成成本计算与实物相脱节的情况。

2. 售价比例法

售价比例法是指用各种联产品的销售收入比例来分配联合成本，即以售价为分配标准。这种分配方法强调经济比值，认为既然联合生产过程的联产品是同时产出的，并不是只产出其中一种，因此，从销售所获得的收益，理应在各种联产品之间按照比例进行分配。也就是说，售价高的联产品应该承担的联合成本份额就高，售价低的联产品应该负担的联合成本就低，其结果是各种联产品的毛利率相同。采用售价比例法对联产品成本分配，如表 7-10 所示。

表 7-10 联合成本分配计算表

产品类别：甲类　　　　单位：万元

产品名称	产量/件	单位售价	总售价	应分摊的成本						合计
				直接材料		直接人工		制造费用		
				分配率	金额	分配率	金额	分配率	金额	
AFX—5 型组件	50	3	150	0.69	104.17	0.14	20.83	0.09	13.89	138.89
AFX—6 型组件	30	1.8	54		37.50		7.50		5	50
AFX—7 型组件	20	0.6	12		8.33		1.67		1.11	11.11
合计	100	—	216		150		30		20	200

表 7-10 中各项费用的分配率计算如下：

$$直接材料分配率=150\div216=0.69$$

$$直接人工分配率=30\div216=0.14$$

$$制造费用分配率=20\div216=0.09$$

在表 7-6 中，采用售价比例法分配各项联产品费用，这种方法计算出的各产品成本与产品售价密切相关，保持了各产品的销售毛利的一致性，比产量法更加合理，往往适用于各种联产品在企业的地位比较均衡的情况。

这种方法克服了产量比例法的不足，但是其本身也存在缺陷：一方面，并非所有的成本都与售价有关，虽然产品成本是确定价格的基础，但这不代表价格的高低是由产品成本单独确定的，在价格制定的过程中，市场需求往往也起到至关重要的作用，因此价格高的产品不一定要负担较高的成本；另一方面，并非所有的联产品都具有同样的获利能力，有的联产品是需要经过进一步加工才能进行销售或使用的，实际工作中，要生产一种联产品，这些联产品不仅在产量上有区别，而且在企业的地位也是不同的，一般来说，主要产品的盈利能力比较强，但同样的成本售价比会忽略主要产品的盈利能力。

因此，联产品成本计算的售价比例法往往适用于联产品分离后不再加工，联产品价格波动不大，各类联产品在企业地位基本均衡的情况。

3. 系数比例法

系数比例法是将各种产品的实际产量乘以事前确定的各种联产品的系数，把实际产量换算成相对生产力，然后按照联产品的相对生产量比例来分配联产品的联合成本。系数比例法的关键是系数的确定要合理。实践中系数的确定标准有的是各联产品的技术特征，如重量、体积、质量、性能等，也可以采用联产品的经济指标，如定额成本、售价等。

以产品售价为标准，采用系数比例法对联产品成本进行分配。

首先，需要选择标准产品。如表 7-9 所示，以 AFX—5 型组件产品作为标准产品，将 AFX—5 型组件产品售价作为系数“1”，折算其他联产品单位售价系数，求出各联产品分配标准总系数。

表 7-11　售价系数计算表

产品名称	产量	单价	折算系数	总系数
AFX—5 型组件	50	3	1.00	50.00
AFX—6 型组件	30	1.8	0.60	18.00
AFX—7 型组件	20	0.6	0.20	4.00
合计	100	—	—	72.00

其次，根据销售价折算出来的总系数，求出各项费用的分配率，分配联合成本，如表 7-12 所示。

表 7-12　联合成本分配计算表

产品类别：甲类产品　　单位：万元

产品名称	总系数	应分摊的成本						合计
		直接材料		直接人工		制造费用		
		分配率	金额	分配率	金额	分配率	金额	
AFX—5 型组件	50.00	2.08	104.17	0.42	20.83	0.28	13.89	138.89
AFX—6 型组件	18.00		37.50		7.50		5.00	50.00
AFX—7 型组件	4.00		8.33		1.67		1.11	11.11
合计	72.00		150.00		30.00		20.00	200.00

表 7-12 中各项费用的分配率计算如下：

直接材料分配率＝150÷72＝2.08

直接人工分配率＝30÷72＝0.42

制造费用分配率＝20÷72＝0.28

根据产品验收入库单和联合成本分配计算表，编制会计分录如下：

借：库存商品——AFX—5 型组件　　138 890

　　　　——AFX—6 型组件　　500 000

　　　　——AFX—7 型组件　　111 110

　贷：生产成本——基本生产成本——甲类　　2 000 000

7.3.2　副产品成本计算

副产品是指在同一生产过程中，使用同种原材料，在生产主要产品时，附带产出的非主要产品，或者利用产品生产中所产生的废料加工生产的非主要产品。例如，炼铁生产中产生的高炉煤气，炼油商炼油过程中产生的渣油，肥皂生产中附带产生的甘油，酿酒过程中产生的酒糟等。副产品虽然不是企业的主要产品，生产费用比重也不大，但是随着主产品产量的增加，副产品的经济价值也会随之体现，所以对副产品的成本计算是有必要的。副产品的计算同样具备使用同种原材料、经过同一生产过程的特点，并且主、副产品的共同成本不需要单独归集，只采用简化方法分配主副产品的完工成本，因此使用分类法。目前一般采用以下两种方法对副产品成本进行确认：

(1)按副产品的销售价减去其销售费用、销售税金和按正常利润计算销售利润后的余额计价。采用这种方法时，对于分离后还要进一步加工才能出售的副产品，按照售价减去销售费用、销售税金和销售利润计算出的副产品成本，既包括其所应负担的共同成本，也包括进一步加工的可归属成本。在计算其应负担的共同成本时，应扣除这部分可归属成本。

1)分离后可以直接出售的副产品计算。

【例 7-10】 西安爱飞翔公司本月生产 1 000 架 AFX—1 型无人机(主要产品)的同时，附带生产了 500 套 AFX—1 型无人机配件。两种产品本月联合成本为直接材料 50 000 元，直接人工 30 000 元，制造费用 20 000 元。AFX—1 型无人机配件每套售价 20 元，应交税费 2 元，同类产品的正常利润为 10%。

首先计算副产品的单位成本及总成本：

AFX—1 型无人机配件单位成本＝20－20×10%－2＝16(元)

AFX—1 型无人机配件总成本＝16×500＝8 000(元)

然后根据副产品的总成本和各类费用比重计算副产品各项费用及 AFX—1 型无人机总成本和各项费用：

直接材料＝8 000×50%＝4 000(元)

直接人工＝8 000×30%＝2 400(元)

制造费用＝8 000×20%＝1 600(元)

AFX—1 型无人机总成本＝100 000－8 000＝92 000(元)

两种产品成本计算结果如表 7-13 所示。

表 7-13　产品成本计算单　　单位：元

项目	产量	直接材料	直接人工	制造费用	合计
本期生产费用合计	—	50 000	30 000	20 000	100 000
费用比例/%	—	50	30	20	100

续表

项目		产量	直接材料	直接人工	制造费用	合计
AFX—1型无人机配件	总成本	500	4 000	2 400	1 600	8 000
	单位成本		8	4.8	3.2	16
AFX—1型无人机	总成本	1 000	46 000	27 600	18 400	92 000
	单位成本		46	27.6	18.4	92

2)分离后需要进行进一步加工才能出售的副产品。

【例 7-11】 沿用例 7-10，假设副产品分离后加工又发生成本直接人工 600 元，制造费用 400 元。则例 7-10 中计算出的副产品总成本包含了副产品进一步加工的费用，因此副产品在总成本中应负担的费用计算如下：

AFX—1 型无人机配件应负担的总成本＝8 000－600－400＝7 000(元)

AFX—1 型无人机总成本＝100 000－7 000＝93 000(元)

两种产品计算结果如表 7-14 所示。

表 7-14　产品成本计算单　　单位：元

项目		产量	直接材料	直接人工	制造费用	合计
本期生产费用合计		—	50 000	30 000	20 000	100 000
费用比例/%		—	50	30	20	100
AFX—1型无人机配件	总成本	500	4 000	2 400	1 600	8 000
	减：后续成本		—	600	400	1 000
	应负担成本		4 000	1 800	1 200	7 000
	单位成本		8	4.8	3.2	16
AFX—1型无人机	总成本	1 000	46 000	28 200	18 800	93 000
	单位成本		46	28.2	18.8	93

(2)按照企业制定的副产品固定价值或计划成本计价，从主副产品成本中扣除。采用此方法时，如果副产品进一步加工处理所需时间不长，并且是在同一车间内进行，则为了简化成本的计算，进行副产品进一步加工所发生的费用，也可以全部归集在主产品生产成本明细账中。

【例 7-12】 沿用例 7-10，假定该企业副产品按计划单位成本计价，AFX—1 型无人机配件的计划单位成本为 15 元，其中直接材料费 9 元，直接人工费 5 元，制造费用 1 元。则副产品按计划单位成本计价时，AFX—1 型无人机及其配件成本计算如下：

AFX—1 型无人机配件应负担的总成本＝15×500＝7 500(元)

直接材料＝9×500＝4 500(元)

直接人工＝5×500＝2 500(元)

制造费用＝1×500＝500(元)

AFX—1 型无人机总成本＝100 000－7 500＝92 500(元)

两种产品计算结果如表 7-15 所示。

表 7-15　产品成本计算单　　单位：元

项目		产量	直接材料	直接人工	制造费用	合计
本期生产费用合计		—	50 000	30 000	20 000	100 000
AFX—1 型无人机配件	总成本	500	4 500	2 500	500	7 500
	单位成本		9	5	1	15
AFX—1 型无人机	总成本	1 000	45 500	27 500	19 500	92 500
	单位成本		45.5	27.5	19.5	92.5

7.3.3 等级产品成本计算

等级产品是指使用同种原材料，经过同一生产过程，同时生产出来的质量不同的产品，即品种、规格相同，单产品质量等级不同的产品。例如，由于生产的牛奶质量不同而产生的不同等级的牛奶，服装制造时生产的不同等级的服装等，因为各等级产品在原材料、工艺等方面是相同的，因此等级产品的单位成本也应该相同。产品生产时，如果是由于主观因素造成的等级产品，如管理不善、工人操作失误或生产技术不成熟等，其成本不应该产生区别，因此在实际工作中不单独计算各等级产品的成本；但是如果是由于客观因素造成的等级产品，比如，原材料质量、工艺技术上的要求等，一般会采用系数法，根据产品售价标准等标准进行系数核算，从而在该产品类内分配各等级产品应当负担的成本。

等级产品应该根据造成其质量差别的原因确定成本计算方法：

(1)主观原因情况下，可以采用实物量法，促使各等级产品的单位成本相同，因为各产品虽然等级不同，但其使用的原材料、生产过程、生产工艺都相同，所以各等级产品的成本在原则上是相同的。在成本相同的情况下，低等级产品由于售价较低而使其毛利低于正品的差额，从而能及时敏感地反映由于企业管理不善等原因所造成的经济损失。

(2)客观原因情况下，可以采用分类法原理，按系数计算等级产品成本，通常以单价比例制定计算系数，计算出不同的单位成本。

【例 7-13】 西安爱飞翔公司近年生产 AFX—1 型无人机产品，总计 20 000 架，由于加热所使用管材质量不同，造成等级产品，一等品 4 000 元，二等品 10 000 元，三等品 6 000 元。以售价作为分配标准，以一等品作为标准产品，采用系数分配法分配共同成本。有关成本、售价资料如表 7-16、表 7-17 所示。

表 7-16　成本明细账

201×年 1-12 月　　单位：元

项目	直接材料	直接人工	制造费用	合计
完工产品	1 600 000	770 000	477 000	2 847 000

表 7-17　售价资料

项目	一等品	二等品	三等品
单位售价/(元·m^{-1})	300	210	180

根据上述材料，分配各等级成本，编制等级产品成本计算表，如表 7-18 所示。

表 7-18　等级产品成本计算表

项目	产量	单价	系数	总系数	分配率	总成本	单位成本
一等品	4 000	300	1	4 000	195	780 000	195.00
二等品	10 000	210	0.7	7 000		1 365 000	136.50
三等品	6 000	180	0.6	3 600		702 000	117.00
合计	20 000	—	—	14 600		2 847 000	—

注：分配率＝2 847 000÷14 600＝195

根据验收入库单，编制会计分录如下：

借：库存商品——AFX—1(一等品)　　780 000

　　　　　　——AFX—1(二等品)　　1 365 000

　　　　　　——AFX—1(三等品)　　702 000

　贷：生产成本——基本生产成本——AFX 类　　2 847 000

本章小结

本章介绍了分类法、定额法这两种产品成本辅助计算方法的特点、适用范围、一般计算程序以及账务处理过程，此外简略介绍了联产品、副产品、等级产品成本的计算。这些方法是为了进一步方便计算产品成本，满足不同企业在产品计算中的需求，但要注意产品成本辅助计算方法必须与基本计算方法共同使用。

关键术语

分类法系数　分配法　定额比例法　定额法　定额　定额变动差异　脱离定额差异　限额法　切割核算法　盘存法　材料成本差异率　材料成本差异　售价比例法　系数比例法　副产品等级　产品废品

复习思考题

1. 产品成本计算方法的分类法特点和计算程序是什么？
2. 简述产品成本计算方法的分类法特点和使用条件。
3. 产品成本计算方法的定额法特点和计算程序是什么？
4. 简述定额变动差异和脱离定额差异是什么？如何计算两种差异？两种差异的区别是什么？
5. 简述联产品、副产品和等级产品的区别和联系。

第8章　成本报表的编制与分析

本章导读

成本报表是反映一定时期内企业成本费用水平及其构成情况的会计报表。分析成本报表是为了揭示成本差异对产品成本升降的影响程度以及发现产生差异的原因和责任，以便控制成本和落实责任。通过本章的学习，了解成本报表的概念和种类，理解成本报表的意义；掌握商品产品成本表、主要产品单位成本报表和各种费用报表的结构及编制方法；了解成本分析的意义，掌握成本分析的方法和主要内容。

8.1　成本报表概述

成本是一项综合反映企业生产技术、经营管理工作水平的重要指标。企业的原材料、机器设备、人工等耗费以及其他有关的支出，构成了企业的成本费用，并以此反映出企业物料消耗、生产水平、经营管理水平以及影响企业的外部因素。相关的信息使用者对企业编制的成本报表进行分析，可以考核企业成本、费用计划的执行情况，为降低成本、费用寻找途径。

8.1.1　成本报表的概念

成本报表是根据企业日常产品成本和期间费用的核算资料以及其他有关资料定期或不定期编制的，用以综合反映和监督企业一定时期成本费用水平、产品成本的构成及其变动情况的一种报告性书面文件。编制与分析成本报表是成本会计工作的重要内容。

成本报表从实质上看，是为企业内部管理需要而编制的，对加强成本管理，提高经济效益有着重要的作用。成本报表的种类、格式、项目、指标和编制方法、编制日期、具体报送对象，由企业自行决定，或由企业和其主管部门共同商定。

根据管理上的要求，成本报表一般可按月、季、年编报。但对内部管理也可以按日、周或旬，甚至按工作班来编报，目的在于满足日常、临时、特殊任务的需要，使成本报表资料及时服务于生产经营的全过程。

8.1.2　成本报表的特点

从实质上看，成本报表是企业内部成本管理的报表，其与企业财务报表相比具有以下特点。

1. 满足内部需要，针对性更强

企业对外提供的财务会计报表，包括资产负债表、利润表、现金流量表和所有者权益变动表等，是为政府部门、企业投资者、债权人及内部经营管理者等利益相关人服务的，是反映企业财务状况和经营成果的财务报表。市场经济条件下，成本是企业的商业秘密，不对外公开，成本报表主要是为企业内部管理服务，属于内部报表，为企业管理者、成本责任者提供成本信息。为实现计划的成本目标，管理者需要通过观察、分析、考核成本动态，对企业进行成本预测、决策，同时还为进一步修订成本计划提供重要依据。

2. 成本报表的种类、内容和格式由企业自行决定，更具有灵活性和综合性

财务报表的格式和内容一般由国家统一规定，且内容上强调完整性。成本报表不受企业外部因素的制约，其根据企业的生产工艺特点、生产组织形式和企业的成本管理要求来确定报表的格式、内容等，并可根据客观因素的变化适时修改和调整。财务报表一般设置货币指标，主要包含会计核算信息资料，而成本报表不仅设置货币指标，还设置大量反映成本费用消耗的数量指标，是会计核算资料与技术经济资料相结合的产物，包含各个方面的信息，更具有综合性。

3. 编报不定时，注重时效

财务报表是定期编制和报送，并规定在一定时间内必须报送。但是经济决策具有强烈的时效性，这就要求成本报表提供的信息必须及时揭示存在的问题，因此需要不定期地编制，促使有关部门和人员及时采取措施改进工作，提高效率，达到节约的目的。

4. 按生产经营组织体系上报

财务报表主要是报送财政、银行和主管部门。成本报表是根据企业生产经营组织体系逐级上报，或者在某一特定问题的权责范围内进行传递，使有关部门和成本责任者及时掌握成本计划目标执行的情况，了解差异的原因。

8.1.3 成本报表的作用

1. 综合地反映企业报告期内产品成本水平

企业的供、产、销等各个环节的经营管理水平最终都直接和间接地反映在产品成本中，也就是说，产品成本是反映企业生产经营各方面工作质量的一项综合性指标。反映成本情况的报表有产品生产成本及销售成本表、主要产品生产成本表、责任成本表、质量成本表等，这类报表揭示企业为生产一定种类和数量产品所花费的成本是否达到预定的目标，通过比较报表资料，总结在生产、技术、质量和管理等方面取得的成绩和存在的问题。同时还可以通过成本报表的实际数与计划数相比较，进一步检查和分析计划的执行情况。

2. 有利于正确评价和考核成本管理业绩

利用成本报表上所提供的资料，在指标之间进行计算对比，可以明确各有关部门和人员在执行成本计划、费用预算过程中的成绩和差距，以便总结工作得失，量化考核，合理奖惩。

3. 有利于企业对成本预测和决策提供信息

正确制定企业的经营决策，加强成本控制，管理部门需要根据成本报表资料提供的依据对成本进行预测。通过成本费用报告，可及时、全面地为各类成本报告使用者提供成本费用信息，帮助其科学决策，有效控制成本，提高经济效益。

8.1.4 成本报表的种类

成本报表的种类和格式不是由国家统一会计制度规定的，成本报表具有灵活性和多样性的特点。但就制造企业来说，一般有以下几种分类：

1. 按照编制的时间分为定期报表和不定期报表

(1)定期报表，是为了满足企业日常成本管理的需要，及时反馈企业成本信息而编制的。一般来说，可以分为日报、周报、旬报、月报、季报和年报。

(2)不定期报表，主要是为了满足企业内部管理的特殊要求而随时编报的，体现了成本报表时间上的灵活性。

2. 按照成本报表反映的内容分为反映产品成本情况的报表和反映各种费用支出的报表

(1)反映产品成本情况的报表。主要反映企业为生产一定种类、数量和质量的产品所支出的生产费用及其构成情况。通过与同行业企业、本企业目标的比较分析，找出差距，明确薄弱环节，为进一步采取有效措施，挖掘降低成本费用的潜力提供有效的资料。该类成本费用报告主要包括全部产品生产成本表、主要产品单位成本表及销售成本表等。

(2)反映各种费用支出的报表。主要反映企业在一定时期内各项费用支出总额及其构成情况。通过对具体费用项目、金额的比较分析，可反映费用支出的合理性以及支出变动的趋势，有利于企业管理部门正确确定费用预算，控制费用支出。该类成本费用报告主要包括制造费用明细表、销售费用明细表、管理费用明细表和财务费用明细表等。

3. 按照报送单位分对外成本报表和对内成本报表

(1)对外成本报表，是指企业向外部单位，如上级主管部门和联营主管单位等报送的成本报表。在市场经济中，成本报表一般被认为是企业内部管理用的报表，为了保守秘密，按惯例不对外公开公告。但在我国国有企业和国有联营企业中，为了管理的需要，目前或者相当长的一段时间还需要分管和托管这些企业的主管部门。这些主管部门为了监督和控制成本费用，也要求了解目标成本完成的情况，进行行业内的分析对比，并为成本预测和成本决策提供依据。除此之外，企业的投资者等需要了解企业经营状况和效益，都要求企业提供成本资料。所以，对外的成本报表实际上也是一种扩大范围的内部报表。

(2)对内成本报表，是指为了满足本单位内部经营管理需要而编制的各种报表，主要是报送给内部管理部门进行相关的成本管理。其内容、种类、格式、编制方法和程序、编制时间及报送对象，都由企业根据自身生产经营和管理的特点和需要来确定。成本报表的编制目的，主要是让企业领导者和职工了解日常成本费用计划执行的情况，以便调动大家的积极性来控制费用的发生，为提高经济效益服务。同时为企业领导者和投资者提供成本费用信息，以便企业进行决策和采取有效措施，提高管理水平。

8.1.5 成本报表的编制

1. 编制成本报表的依据

成本报表要以真实、完整、实时的资料来进行编制，具体应当包括报告期的成本账簿资料、本期成本计划及费用预算、以前年度的会计报表资料、统计资料和其他资料等。

2. 成本报表的编制要求

一般企业可根据管理需要自行确定成本报表的种类、格式等，或者与其主管企业的上级机构共同商定。为了提高成本信息的质量，充分发挥成本报表的作用，成本报表的编制应符合下列基本要求：

(1)真实性。成本报表的数据必须真实可靠，能如实地集中反映企业实际发生的成本费用。

(2)正确性。成本报表的数据要计算正确；各种成本报表之间、主表与附表之间、各项目之间，凡是有钩稽关系的数据，应相互一致；本期报表与上期报表之间有关的数据应相互衔接。

(3)重要性。对于重要的项目(如重要的成本、费用项目)，在成本报表中应单独列示，以显示其重要性；对于次要的项目，可以合并反映。

(4)完整性。应编制的各种成本报表必须齐全；应填列的指标和文字说明必须全面；表内项目和表外补充资料不论根据账簿资料直接填列，还是分析计算填列，都应当准确无误，不得随意取舍。

(5)及时性。按规定日期报送成本报表，保证成本报表的及时性，以便各方面利用和分析成本报表，充分发挥成本报表的应有作用。

总之，企业只有精心设计好成本报表的种类和格式、指标内容和填制方法，合理规定好成本报表的编制时间和报送范围，及时提供内部管理必需的真实、准确、完整、实用、有针对性的成本信息，才能充分发挥成本报表的作用。

8.2 商品产品成本表

商品产品成本表是反映企业在一定会计期间生产产品所发生的生产费用总额和全部产品生产总成本的报表。企业在一定会计期间的生产费用总额，可以按照费用的经济性质(包括外购材料、外购燃料、外购动力、工资、提取的福利费、折旧费、修理费和其他支出)反映，也可以按照费用的经济内容(包括直接材料、直接人工和制造费用等成本项目)反映。通过该表可以了解全部产品成本计划的完成情况及产品成本降低任务的完成情况，以便分析成本变化的原因，寻求进一步降低成本的途径。

企业一定会计期间全部产品的生产成本总额，可以按照产品成本项目反映，也可以按照产品品种和类别反映。所以商品产品成本报表一般分为两种，一种按成本项目反映，另一种按产品种类反映。可以通过以下各成本报表来说明具体的结构和编制方法。表 8-1 列示了按照费用经济用途(成本项目)编制的产品生产成本表的一般格式。表 8-2 列示了按照产品品种和类别编制的产品生产成本表的一般格式。商品成本表的格式和编制方法国家没有统一规定，由企业自行决定。

8.2.1 按照成本项目反映的商品产品成本表的结构与编制

1. 按照成本项目反映的商品产品成本表的结构

按成本项目反映的商品产品成本表，是按成本项目汇总反映企业在报告期内发生的全部生产费用及商品产品生产总成本的报表。利用此表可以定期、总括地考核和分析企业全部生产费用和全部产品总成本计划的完成情况。

该表可以分为生产费用和生产成本两部分，具体格式见表 8-1。

【例 8-1】 西安爱飞翔公司 201×年 12 月的商品产品成本表(按成本项目反映)如表 8-1 所示。

表 8-1 商品产品成本表(按成本项目编制)

编制单位：西安爱飞翔公司　　　　201×年 12 月　　　　单位：元

项　　目	行次	上年实际	本月实际	本年累计实际
生产费用				
1. 直接材料	1	415 550	44 000	475 475

续表

项　　目	行次	上年实际	本月实际	本年累计实际
其中：原材料	2	345 000	36 000	390 000
燃料及动力	3			
2. 直接人工	4	330 300	36 500	395 200
3. 制造费用	5	319 650	34 000	364 325
4. 其他直接费用	6			
生产费用合计	7	1 065 500	114 500	1 235 000
加：在产品、自制半产品期初余额	8	62 500	60 000	58 000
减：在产品、自制半产品期末余额	9	58 000	58 750	58 750
产品生产成本合计	10	1 070 000	115 750	1 234 250

2. 按照成本项目反映的商品产品成本表的编制

按成本项目编制的产品生产成本表(表 8-1)，一般分为“生产费用总额”“产品生产成本”“在产品和自制半成品成本”等部分。生产费用总额按照费用的用途分为直接材料、直接人工和制造费用等成本项目。在产品和自制半成品成本按期初数、期末数分别反映；经常有自制半成品对外销售的企业，在产品成本和自制半成品成本可以分别反映。产品生产成本总额应等于本期生产费用总额，加上在产品和自制半成品期初余额，减去在产品和自制半成品期末余额。

填制说明：

(1)上年实际数，应根据上年 12 月本表的本年累计实际数填列。

(2)生产费用总额和各成本项目金额的本月实际数，应根据各种产品成本明细账的本月合计数，按成本项目分别汇总填列。

(3)本年累计实际数，应根据本月实际数与上月份本表的本年累计实际数之和填列。

(4)在产品、自制半成品期初余额，应根据各种产品成本明细账的期初余额与各种自制半成品明细账的期初余额汇总之和填列。

(5)在产品、自制半成品期末余额，应根据各种产品成本明细账的期末余额与各种自制半成品明细账的期末余额汇总之和填列。

通过生产费用合计数加上在产品、自制半成品期初余额，再减去在产品、自制半成品期末余额，即可计算出产品成本合计数。

商品产品生产成本表(按成本项目反映)中的产品生产成本的本月实际数合计与本年累计实际数合计，应分别与商品产品生产成本表(按产品种类反映)中的产品生产成本的本月实际数合计与本年累计实际数合计核对相符。

8. 2. 2　按照产品种类编制的全部产品成本表

按照产品品种和类别编制的产品生产成本表，可以分为主要产品和非主要产品两部分，一般根据企业成本核算资料，如产品成本明细账、年度成本计划、上年本表等资料汇总填列。

【例 8-2】　西安爱飞翔公司 201×年 12 月的商品产品成本表(按产品品种类别反映)如表 8-2 所示。

表 8-2 商品产品成本表(按产品品种类别编制)

编制单位：西安爱飞翔民公司　　201×年 12 月　　单位：元

产品名称	计量单位	实际产量		单位成本				本月总成本			本年累计总成本		
		本月	本年累计	上年实际平均	本年计划	本月实际	本年累计实际平均	按上年实际平均单位成本计算	按本年计划单位成本计算	本月实际	按上年实际平均单位成本计算	按本年计划单位成本计算	本年实际
		(1)	(2)	(3)	(4)	(5)	(6)	(7)=(1)×(3)	(8)=(1)×(4)	(9)=(1)×(5)	(10)=(2)×(3)	(11)=(2)×(4)	(12)=(2)×(6)
主要产品合计	—	—	—	—	—	—	—	91 000	88 520	89 125	100 000	972 500	969 250
其中：AFX−1 型无人机	架	55	625	1 200	1 164	1 175	1 158	66 000	64 020	64 625	750 000	727 500	723 750
AFX—2 型无人机	架	25	250	1 000	980	980	982	25 000	24 500	24 500	250 000	245 000	245 500
非主要产品合计	—	—	—	—	—	—	—	—	27 500	26 625	—	275 000	265 000
其中：AFX—1 机翼	套	25	250	—	1 100	1 065	1 060	—	27 500	26 625	—	277 500	265 000
全部商品产品	—	—	—	—	—	—	—	—	116 270	115 750	—	1 250 000	1 234 250

按产品品种和类别编制的商品产品成本表(表 8-2)，一般分为产量、单位成本、生产总成本等部分，反映企业在报告期所产全部产品的总成本及主要产品单位成本和总成本。单位成本包括上年实际平均单位成本、本年计划单位成本、本月实际单位成本和本年累计实际平均单位成本等，产量包括本月实际产量和本年累计实际产量，总成本分为本月总成本和本年累计总成本。为了便于分析，实际产量的生产总成本应按不同单位成本分别计算。在设置有商品产品成本及销售成本表的企业，一般不单独编制按产品品种和类别反映的商品产品成本表。因为商品产品成本及销售成本表包括商品产品成本表的基本内容。本表各项目的内容和填列方法如下：

(1)产品名称。应根据企业确定的可比产品和不可比产品，以及主要产品和非主要产品的名称分项列示。

(2)实际产量。按两栏分别反映本月和年初起到本月末的各种主要商品产品及非主要产品的实际产量，应根据“成本计算单”或“基本生产成本明细账”的记录计算填列。

(3)单位成本。此项目分为四栏，分别反映各种主要产品的上年实际平均、本年计划、本月实际以及本年累计实际平均单位成本。

1)上年实际平均单位成本。此项目应根据上年度本表所列各种产品的全年实际平均单位成本填列，因不可比产品无上年相关资料，因而只有各种可比产品要填列此项目。

2)本年计划单位成本。本项目根据本年度成本计划所列的单位成本有关资料填列。

3)本月实际单位成本。本项目根据表中本月实际总成本[第(9)栏]除以本月实际产量[第(1)

栏]计算填列。

4)本年累计实际平均单位成本。本项目根据表中本年累计实际总成本[第(12)栏]除以本年累计实际产量[第(2)栏]计算填列。

(4)本月总成本。本项目分为三栏，反映各种主要产品本月实际产量的上年实际平均、本年计划和本月实际总成本，以便按月考核产品成本计划的完成情况。

1)按上年实际平均单位成本计算的总成本。本项目根据上年实际平均单位成本乘以本月实际产量计算填列。

按上年实际平均单位成本计算的本月总成本＝本月实际产量×上年实际平均单位成本

2)按本年计划平均单位成本计算的总成本。本项目根据本年计划单位成本乘以本月实际产量计算填列。

按本年计划单位成本计算的本月总成本＝本月实际产量×本月计划单位成本

3)本月实际总成本。本项目根据本月成本计算单或是产品成本明细账的有关记录填列。

本月实际总成本＝本月实际产量×本月实际单位成本

由于在实际工作中，各月份的各种产品的总成本可以从各成本计算单中取得，所以本表中的第(9)栏和第(12)栏也可以根据有关账户实际成本资料进行填列。

(5)本年累计总成本。本项目也分为三栏，反映各种主要商品产品本年累计实际产量的上年实际平均、本年计划和本年累计实际的总成本，用以考核年度内成本计划的执行情况与结果。

1)按上年实际平均单位成本计算的总成本。本项目根据上年实际平均单位成本乘以本年累计实际产量计算填列。

按上年实际平均单位成本计算的本年累计总成本＝本年累计实际产量×上年实际平均单位成本

2)按本年计划平均单位成本计算的总成本。本项目根据本年计划单位成本乘以本年累计实际产量计算填列。

按本年计划单位成本计算的本年累计总成本＝本年累计实际产量×本年计划单位成本

3)本年累计实际总成本。本项目根据成本计算单或产品成本明细账有关记录填列。

本年实际总成本＝本年累计实际产量×本年累计实际平均单位成本

为了考核企业生产耗费的经济效果和查明可比产品成本降低任务的完成情况，以及为财务管理提供必要数据，在全部产品成本表中还可列示若干补充资料，如可比产品成本降低额、可比产品成本降低率等指标，这取决于企业经营和管理的要求。[①]

通过本表的编制，企业经营管理者可以考核企业全部产品和主要产品成本计划的执行情况，以便分析产品成本增减变化的原因，寻求降低产品成本的途径以及了解产销动态。

8.3　主要产品单位成本表

主要产品单位成本表一般是反映企业在报告期内生产的各种主要产品单位成本的构成情况和各项主要技术经济指标执行情况的报表。该表是按主要产品分别编制的，即每种主要产品编

---

① 可比产品成本降低额、可比产品成本降低率等指标的计算参考：张宁，张丽华．成本会计学[M].4 版．北京：首都经济贸易大学出版社，2016.

制一张报表，是对商品产品生产成本表的有关单位成本所作的进一步补充说明。主要产品是指企业经常生产，在企业所生产的全部产品中所占的比重较大，能概括地反映企业生产经营面貌在产品。利用此表，可以考核各种主要产品单位成本计划的执行结果，分析各成本项目和消耗定额的变化及其原因，分析成本构成的变化趋势等。

8.3.1 主要产品单位成本表的结构

主要产品单位成本表分为上、下两部分。上半部分列示主要产品的基本情况；下半部分则分别按成本项目列示历史先进水平、上年实际平均、本年计划、本月实际和本年累计实际平均的单位成本。该表通常按月编制，其一般格式见表 8-3。

【例 8-3】 西安爱飞翔公司 201×年 12 月的商品产品成本表(按产品品种类别反映)如表 8-3 所示。

表 8-3 主要产品单位成本表

编制单位：西安爱飞翔公司　　201×年 12 月　　单位售价：1 350 元

产品名称：AFX—3 型无人机　本月实际产量：55 架　本年累计产量：625 架　　单位：元

成本项目	历史先进水平	上年实际平均	本年计划	本月实际	本年累计实际平均
单位产品成本	1 080	1 200	1 164	1 175	1 158
其中：直接材料	420	470	439	450	445
直接人工	320	370	375	375	372
其他直接费用					
废品损失					
制造费用	340	360	350	350	341

从表 8-3 可以看到，该表按照成本项目，分别反映各种主要产品的历史先进水平单位成本、上年实际平均单位成本、本年计划单位成本、本月实际单位成本和本年累计实际平均单位成本等指标。为了便于分析，该表还可以提供有关产品产量的资料。利用主要产品单位成本表，可以反映企业各种主要产品的单位成本水平及其变动趋势，以及产品单位成本的构成情况，为进一步分析产品成本升降的原因，寻找降低产品成本的途径指明方向。

8.3.2 主要产品单位成本表的编制方法

在主要产品单位成本表中，产品单位成本的历史先进水平是指本企业生产该种产品在历史上单位生产成本最低年度的成本，应根据该产品历史上成本最低年度的成本计算资料填列；上年实际平均单位成本、本年计划单位成本、本月实际单位成本和本年累计实际平均单位成本等指标的填列方法，与“商品产品成本表”中单位生产成本的填列方法基本相同，主要产品单位成本表仅增加了成本项目的资料。商品产品成本表和主要产品单位成本表中，相同产品对应的单位成本数额应当相符。本表各项目的内容和填列方法如下：

(1)上半部分列示主要产品的基本情况的产品名称、规格、计量单位等根据有关产品目录填列；本月及本年累计实际产量应根据生产成本明细账或是产成品成本汇总表填列；销售单价应根据产品定价表填列，也可以根据“主营业务收入”明细账资料填列。

(2)各项成本项目的历史先进水平，应根据本企业历史上该种产品成本最低年度本表的“本年累计实际平均”项目填列。

(3)各项成本项目的上年实际平均单位成本，应根据上年度本表的"本年累计实际平均"项目填列。

(4)各项成本项目的本年计划单位成本，应根据本年度成本计划填列。

(5)各项成本项目的本月实际单位成本，应根据生产成本明细账或是产成品成本汇总表填列。

(6)各项成本项目的本年累计实际平均单位成本，应根据该种产品的生产成本明细账所记自年初起到报告期末完工入库产品实际总成本除以累计实际产量计算填列。

(7)产品生产成本合计，分别按历史先进水平、上年实际平均、本年计划、本月实际以及本年累计实际平均的成本项目组成内容的合计数额填列。

8.4　制造费用和期间费用明细表

典型的制造企业中一件产品的成本包括：①原材料成本；②直接生产过程中发生的人工成本；③其他生产成本(即间接生产成本或产品制造费用)的合理分摊。总之，原材料、人工、产品制造费用构成了一件产品的完全生产成本。

"产品成本"和"期间费用"对于说明制造成本和经营费用的区别是很有帮助的。在制造环境下，产品成本是为制造存货所发生的费用。这样，在相关产品被售出前，产品成本代表着存货。因此，它们被作为资产在资产负债表中加以报告。当产品最终售出时，产品成本从资产负债表中转移到利润表中。在利润表中，产品成本被作为主营业务成本从收入中扣除。

制造成本是生产存货的成本，它是一项资产。因此，这些支出被称为成本而不是费用。未耗用完的成本是资产，已耗用完的成本是费用。

同一段时间相联系，而不是和存货的生产相联系的经营费用被称为期间费用。期间费用被直接记入费用账户。这样处理是假定当费用发生时，其收益已在同期完全确认。期间费用包括所有的销售费用、管理费用、利息费用和所得税费用等，作为公司毛利的减项，在利润表中同主营业务成本分别列示。

8.4.1　制造费用明细表的结构和编制方法

1. 制造费用明细表的结构

制造费用明细表是反映企业及其生产单位在一定会计期间内发生的制造费用总额及其构成情况的报表。制造费用的构成，除了按照费用明细项目反映外，还应按照生产单位反映。企业编制的各生产单位汇总的制造费用明细表，只汇总基本生产单位的制造费用，不包括辅助生产单位的制造费用。为了加强费用管理，及时了解制造费用的发生情况，制造费用明细表一般应当按月编制；在某些季节性生产企业，制造费用明细表也可以按年编制。

该表一般按制造费用项目分别反映企业制造费用的本年计划数、上年同期实际数和本年累计实际数。根据制造费用明细表，可以了解报告期内制造费用的实际支出水平，考核制造费用计划的执行情况，判断制造费用的变化趋势，以便加强对制造费用的控制和管理等。制造费用明细表的一般格式见表 8-4。

【例 8-4】　西安爱飞翔公司 201×年 12 月的制造费用明细表如表 8-4 所示。

表 8-4　制造费用明细表

编制单位：西安爱飞翔公司　　　　201×年 12 月　　　　单位：元

费用项目	上年实际	本年计划	本月实际	本年累计实际
1. 工资薪酬	25 000	28 125	2 500	28 750
2. 折旧费	198 400	225 000	17 500	218 750
3. 租赁费	2 520	5 000	2 125	5 800
4. 修理费	20 000	22 500	2 750	25 000
5. 低值易耗品	5 000	6 250	500	6 250
6. 水电费	37 500	40 000	2 500	42 000
7. 办公费	2 500	2 810	400	2 500
8. 差旅费	2 500	3 500	1 375	3 750
9. 运输费	1 500	3 000	125	2 500
10. 保险费	15 000	18 750	1 500	18 750
11. 设计制图费	1 250			
12. 试验检验费	1 250	1 500	125	1 250
13. 劳动保护费	3 750	5 000	1 250	5 000
14. 停工损失				
15. 在产品盘亏和毁损				
16. 其他				
合计	316 150	361 435	33 650	360 300

从表 8-4 可以看到，制造费用明细表应当按照费用的明细项目，提供制造费用的上年实际数、本年计划数、本月实际数和本年累计实际数等指标。利用制造费用明细表，可以分析制造费用的构成和增减变动情况，考核制造费用预算的执行情况。

2. 制造费用明细表的编制方法

制造费用明细表中，上年实际数根据上年 12 月编制的制造费用明细表“本年累计实际”栏的数字填列；本年计划数根据本年制造费用预算资料填列；本月实际数根据制造费用明细账中各费用项目本月发生额填列；本年累计实际数根据制造费用明细账中各费用项目本年累计发生额填列，也可以将本月实际数加上上月本表中本年累计实际数后填列。本表各项目的内容和填列方法如下：

(1)本年计划数，应根据制造费用年度计划数填列。

(2)上年同期实际数，应根据上年同期本表所列本月实际数填列。

(3)本月实际数，应根据“制造费用”总账所属各基本生产车间制造费用明细账的本月合计数填列。

(4)本年累计实际数，应根据上月本表该栏的累计数和本月实际数汇总合计填列。

8.4.2　期间费用明细表的结构和编制方法

期间费用报表是反映企业在报告期内发生的各种期间费用情况的报表，包括管理费用明细表、财务费用明细表和销售费用明细表。编制期间费用明细表是为了反映、分析和考核期间费用的计划执行情况及其执行结果；分析期间费用内部各项费用的构成情况和上年同期相比增减变化情况及其升降变化的主要原因。

1. 管理费用明细表的结构与编制

管理费用明细表是反映企业在报告期内发生的管理费用及其构成情况的报表。该表一般按照费用项目分别反映各项费用的本年计划数、上年同期实际数、本月实际数和本年累计实际数。其格式如表 8-5 所示。

表 8-5　管理费用明细表

编制单位：××　　　　××年××月　　　　单位：元

项目	上年实际数	本年计划数	本月实际	本年累计	备注
工资费用					
职工福利费					
折旧费用					
修理费用					
办公费用					
水电费用					
物料消耗					
咨询费用					
无形资产摊销					
提取坏账准备					
业务招待费用					
工会经费					
教育经费					
费用中的税金					
劳动保险费用					
待业保险费用					
摊销费用					
运输费用					
保险费用					
租赁费用					
劳保用品费					
材料产成品盘亏					
其他费用					
管理费用合计					

表中“本年计划数”应根据管理费用计划填列；“上年同期实际数”应根据上年同期本表本月实际数填列；“本月实际数”应根据管理费用明细账的本月合计数填列；“本年累计实际数”可以根据上月本表该栏数字和本月实际数汇总相加填列。如果需要，还可以在本表中增加“本月计划数”栏，此栏可根据管理费用的年度分月计划来填列。

管理费用明细报表不同于管理费用明细账，主要表现在以下两方面：

(1)明细账是按照业务发生先后逐笔记录的，如果多次发生了办公用品费用，管理费用的明细账中应当分别记录，而明细表中的项目是同类项目的全月汇总数。

(2)明细账是依据费用分配表等会计凭证填制的，而明细表是依据明细账填制的。

2. 销售费用明细表的结构与编制

销售费用明细表是反映企业在报告期内发生的产品销售费用及其构成情况的报表。该表一般按照费用项目分别反映各该费用的本年计划数、上年同期实际数、本月实际数和本年累计实际数，其格式见表 8-6。

表 8-6 中，“本年计划数”应根据销售费用计划填列；“上年同期实际数”应根据上年同期本表本月实际数填列；“本月实际数”应根据销售费用明细账的本月合计数填列；“本年累计实际数”可以根据上月本表该栏数字和本月实际数汇总相加填列。若需要，还可以在本表中增加“本月计划数”栏，此栏可根据销售费用的年度分月计划来填列。

如同管理费用明细报表不同于管理费用明细账一样，销售费用报表也不同于销售费用明细账。

表 8-6　销售费用明细表

编制单位：××　　　　××年××月　　　　单位：元

项目	上年实际数	本年计划数	本月实际	本年累计	备注
工资费用					
职工福利费					
折旧费用					
修理费用					
办公费用					
水电费用					
物料消耗					
广告费用					
展销费用					
委托代销手续费					
销售方负担运费					
其他销售费用					
销售费用合计					

3. 财务费用明细表的结构与编制

财务费用明细表是反映企业在报告期内发生的财务费用及其构成情况的报表。该表一般按费用项目分别反映各该费用项目的年度计划数、上年同期实际数、本月实际数和本年累计实际数。

表中“本年计划数”应根据财务费用计划填列，“上年同期实际数”应根据上年同期本表本月实际数填列，“本月实际数”应根据财务费用明细账的本月合计数填列，“本年累计实际数”可以根据上月本表该栏数字和本月实际数汇总相加填列。若需要，还可以在本表中增加“本月计划数”栏，此栏可根据财务费用的年度分月计划来填列。利用该表，可以分析和考核财务费用计划的执行结果，分析财务费用的构成情况和增减变动的原因。

其格式见表 8-7。

表 8-7　财务费用明细表

编制单位：××　　　　　　　　　　××年××月　　　　　　　　　　单位：元

项目	上年实际数	本年计划数	本月实际	本年累计	备注
一、支出类					
1. 利息费					
2. 金融机构手续费					
3. 汇兑损失					
4. 其他财务费用					
二、收入类					
1. 存款利息收入					
2. 汇兑收益					
3. 其他收入					
三、净收支额					

如同管理费用明细报表不同于管理费用明细账一样，财务费用报表也不同于财务费用明细账，这里不再赘述。

8.5　成本分析概述

企业进行成本分析，就是为了改进企业内部生产经营管理，节约生产耗费降低成本，提高经济效益。通过成本分析，可以检查企业成本计划的完成情况，分析原因，并对成本计划本身和成本计划执行结果进行评价，发现成本管理中存在的问题，总结经验教训，为以后的成本管理服务。同时，还可以明确生产各部门、各环节的成本管理责任，有利于考核和评估其管理业绩。最终通过成本分析可促使企业不断降低成本，节约费用，从而提高产品在市场上的竞争力。①

8.5.1　成本分析的含义与内容

成本分析是企业利用成本核算资料和成本计划资料及其他有关资料，运用一系列专门方法，揭示企业费用预算和成本计划的完成情况，查明影响成本费用升降的原因，寻找降低成本、节约费用的途径，挖掘企业内部增产节约潜力的一项专门工作。成本分析是成本核算工作的继续，是成本会计的重要组成部分。

成本分析的内容包括事前分析、事中分析和事后分析三个方面。

(1)事前分析是指在成本未形成之前所进行的成本预测。进行事前成本分析，可使企业的成本控制有可靠的目标。

(2)事中分析是指对正在执行的成本计划的结果所进行的分析。事中分析主要是为了进行成本控制，防止实际成本超过目标成本的范围。

① 有关分析方法的应用可以参考：俞兆男．成本会计学[M]. 北京：科学出版社，2015.

(3)事后分析主要是对成本执行的结果进行评价，分析产生问题的原因，总结成本降低的经验，以利于下一期成本控制活动的开展。

8.5.2 影响产品成本的因素

影响产品成本的因素可以分为固有因素、宏观因素和微观因素三大类。固有因素是指企业建厂时的先天条件对企业产品成本的影响因素，包括企业地理位置和资源条件、企业规模和技术装备水平、企业的专业化协作水平等；宏观因素是从整个国民经济活动来观察，包括宏观经济政策的调整、成本管理制度的改革、市场需求和价格水平等。微观因素是从企业本身的经济活动这样一个微观的方面来观察，包括劳动生产率水平、生产设备利用效果、原材料和燃料动力的利用情况、产品生产的工作质量、企业的成本管理水平、企业精神文明建设状况等。从微观因素看，影响产品成本的因素包括以下几方面。

1. 直接材料

直接材料是由基本生产及辅助生产单位所消耗的材料进行汇总后，按照一定的方法能直接分配到各种产品当中的材料。直接材料由材料消耗的金额决定，包括材料消耗量和单价两方面。消耗量是用统计方法、工业工程法或其他技术分析方法确定的。单位价格包括发票价格、运费、检验和正常损耗等成本，是取得材料的完成成本。

2. 直接人工

直接人工是基本生产及辅助生产单位因耗费人力资源所付出的代价。直接人工是由工时和工资率决定的，确定单位产品所需的直接生产工人工时，需要按产品加工工序分别进行，然后加以汇总。

工时是指在现有生产技术条件下，生产单位产品所需要的时间，包括直接加工操作必不可少的时间，以及必要的间歇和停工时间，如工间休息、调整设备时间、不可避免的废品耗用和停工时间。作业工时应以作业研究和工时研究为基础，参考有关统计资料来确定。

直接人工的工资率，如采用计件工资制，则由预定的每件产品支付的工资除以工时求得，或者是预定的小时工资率；如果采用月工资制，需要根据月工资总额和可用工时总量来计算工资率。

3. 制造费用

制造费用包括产品生产成本中除直接材料和直接工资以外的其余一切生产成本，主要包括企业各个生产单位(车间、分厂)为组织和管理生产所发生的一切费用，以及各个生产单位所发生的固定资产使用费和维修费，具体有以下项目：

各个生产单位管理人员的工资、职工福利费、房屋建筑费、劳动保护费、季节性生产和修理期间的停工损失等。

制造费用一般是间接计入成本，当制造费用发生时一般无法直接判定它所归属的成本计算对象，因而不能直接计入所生产的产品成本中，而须按费用发生的地点先行归集，月终时再采用一定的方法在各成本计算对象间进行分配，计入各成本计算对象的成本中。

8.5.3 成本分析的任务和作用

1. 成本分析的任务

成本分析的任务包括揭示成本差异原因，掌握成本变动规律，合理评价成本计划完成情况，正确考核成本责任单位的工作业绩，检查企业是否贯彻执行国家有关的方针、政策和财经纪律；

挖掘降低成本的潜力，不断提高企业经济效益。

2. 成本分析的作用

(1)查明成本计划和费用预算的完成情况。通过成本分析，可以查明企业费用预算和成本计划的完成情况，找出影响计划(预算)完成的原因，分析影响成本计划和费用预算完成的各种因素，评价企业成本计划的先进性和可行性，总结成本管理工作中的经验教训，发现成本管理工作中的问题。

(2)落实成本管理的责任制。通过成本分析，可以明确企业内部各个部门和单位以及责任人在成本管理方面的责任，有利于考核和评估成本管理工作的业绩，落实成本管理责任制。

(3)挖掘内部增产节约潜力。通过成本分析，可以挖掘企业内部增加生产、节约费用、降低成本的潜力，促使企业改进生产经营管理和成本管理，提高经济效益。

8.5.4　成本分析的原则与评价标准

1. 成本分析的原则

成本分析时要着重掌握下列原则：一是全面分析与重点分析相结合的原则；二是专业分析与群众分析相结合的原则；三是经济分析与技术分析相结合的原则；四是纵向分析与横向分析相结合的原则；五是事后分析与事前、事中分析相结合的原则；六是报表数据分析与实地分析相结合的原则。

2. 成本分析评价标准

成本分析评价标准主要有历史标准、行业标准和预算标准等。历史标准是指企业在以前年度中某项成本指标的最低水平。行业标准是指由企业主管部门根据所属行业的生产经营的实际情况所制定的同行业的成本指标水平。预算标准(计划标准或目标标准)，是指企业预先规定的在计划期内产品生产耗费和各种产品的成本水平，具体包括主要产品单位成本预算、商品产品成本预算、制造费用预算、销售费用、管理费用和财务费用预算等。

8.5.5　成本分析的程序与方法

1. 成本分析的基本程序

成本分析的基本程序可归纳为以下几个阶段和步骤：

(1)成本分析准备阶段。本阶段的主要任务是明确成本分析目的，确立成本分析标准和收集成本分析资料。

(2)成本分析实施阶段。本阶段主要包括报表整体分析、成本指标分析和影响成本基本因素分析。

(3)成本分析报告阶段。主要工作内容是得出成本分析结论，提出可行的措施和建议，编写成本分析报告。

2. 成本分析的方法

成本分析所使用的技术方法是多种多样的，可以采用会计方法、统计方法和数学方法等。这些方法往往不是孤立的，在成本分析中，可以将它们结合使用。常见的成本分析方法有：对比分析法、比率分析法、结构分析法、趋势分析法和因素分析法等。

(1)成本报表整体分析方法，包括水平分析法、垂直分析法和趋势分析法。水平分析法指将反映企业报告期财务状况的信息(也就是会计报表信息资料)与反映企业前期或历史某一时期财务状况的信息进行对比，研究企业各项经营业绩或财务状况的发展变动情况的一种财务分析方法。

结构分析法，也称垂直分析法、比重分析法，是利用财务报表中各项目的数据与总体(或称报表合计数)进行比较，以得出该项目在总体中的位置、重要性与变化情况。成本分析中常见的比重分析有：产品成本的构成比重、制造费用的构成比重、管理费用和营业费用的构成比重等。通过这种分析可以反映产品成本或其他各综合费用的构成是否合理。

趋势分析法是使用历史资料对比各连续期间某一成本指标，通过观察、分析该指标的变化趋势，如上升、下降或稳定不变来发现问题，并对企业未来该指标作出预测。趋势分析法有定比分析和环比分析两种。定比分析是以某一时期为基数，其他各期均与该期进行对比；环比分析是分别以上一期为基期，下一期与上一期的基数进行对比。

(2)指标分析法，包括指标对比分析法和比率分析法。对比分析法是最基本的成本分析方法。它是通过实际数与基数的对比来揭示实际数与基数之间的差异，以便了解差距与不足的一种成本分析方法。对比的基数由于分析目的的不同而不同。一般有计划数、定额数、标准数、前期实际数、以往年度同期实际数以及本企业的历史先进水平和国内外同行业的先进水平等。

比率是用倍数或比例表示的分数式。成本分析中的比率分析法是通过计算成本与其相关指标之间的相对比值，来揭示和对比不同规模、不同性质企业的成本水平和经济效益的好坏。比率分析法包括相关比率分析、趋势比率分析和构成比率分析。

1)计算相关比率。它是计算两个性质不同而又相关的指标的比率的方法。在实际工作中，由于企业规模不同，单纯地对比产值、销售收入或利润等绝对数多少，不能说明各个企业经济效益好坏，如果计算成本与产值、销售收入或利润相比的相对数，即产值成本率、销售收入成本率或成本利润率，就可以反映各企业经济效益的好坏。其计算公式为：

相关比率=(某项经济指标的绝对数值÷另一有联系的某经济指标的绝对值)×100%

产值成本率、销售收入成本率和成本利润率的计算公式如下：

产值成本率=成本÷产值×100%

销售收入成本率=成本÷销售收入×100%

成本利润率=利润÷成本×100%

从以上计算公式可以看出，产值成本率和销售收入成本率高的企业经济效益差；反之，企业经济效益好。成本利润率则相反，比率高的企业经济效益好，比率低的企业经济效益差。

2)计算构成比率。它是通过计算某项指标的各个组成部分占总体的比重，即部分与全部的比率，进行数量分析的方法。例如，将构成产品成本的各项费用分别与产品成本总额相比，计算产品成本的构成比率；又如，将构成管理费用的各项费用分别与管理费用总额相比，计算管理费用的构成比率。这种比率分析法也称比重分析法。通过这种分析，可以反映产品成本或者经营管理费用的构成是否合理。其计算公式如下：

某项结构比率=(某项经济指标的部分数值÷某项经济指标的总体数值)×100%

现将产品成本构成比率的计算公式列示如下：

直接材料费用比率=直接材料费用÷产品成本×100%

直接人工费用比率=直接人工费用÷产品成本×100%

制造费用比率=制造费用÷产品成本×100%

不论采用什么比率分析法，进行分析时，都应将比率的实际数与其基数进行对比，揭示其与基数之间的差异。例如进行相关指标比率的成本利润率分析时，还应将实际的成本利润率与计划的或前期实际的成本利润率进行对比，揭示其与计划、前期实际之间的差异。进行构成比率分析时也是如此。

3)计算趋势比率。趋势分析法也称为动态比率分析法，是通过连续若干期相同指标的对比，来揭示各期之间的增减变化，据以预测经济发展趋势的一种分析方法。采用趋势分析法，在连续的若干期之间，可以按绝对数进行对比，也可以按相对数(即比率)进行对比；可以以某个时期为基期，其他各期均与该时期的基数进行对比；也可以在各个时期之间进行环比，即分别以上一时期为基期，下一时期与上一时期的基数进行对比。主要有两种形式：

①定基比率。也称为定基发展速度，就是将报告期水平与某一固定基期水平相除，用来反映在较长时间内变化的相对程度。其计算公式为：

定基发展速度＝(报告期发展水平÷某一固定基期水平)×100%

②环比比率。也称为环比发展速度，就是将报告期水平与其前一期的发展水平相除，用来反映在相应的时期内变化的相对程度。其计算公式为：

环比发展速度＝(报告期水平÷前一期发展水平)×100%

通过比率计算，把一些平时不可比的企业变成可比的企业，有利于外部或内部决策者在选择决策方案时进行比较分析。但是，指标比率只反映的比值，不能说明其绝对数额的变动；并且同比较分析法一样，无法说明指标变动的具体原因，达不到成本分析的目标。

【例 8-5】 假定某工业企业从 2013 年起到 2017 年止 5 年间，某种产品的实际单位成本分别为 85 元、90 元、93 元、95 元和 99 元。

从上列各年单位成本的绝对额可以看出，该种产品的单位成本呈逐年上升的趋势。如果以 2013 年为基年，以该年单位成本 85 元为基数，规定为 100%，可以计算其他各年的单位成本与之相比的比率如下：

2014 年：90÷85×100%＝106%

2015 年：93÷85×100%＝109%

2016 年：95÷85×100%＝112%

2017 年：99÷85×100%＝116%

通过上列计算，可以看出该种产品成本 2013－2017 年各年单位成本与 2013 年单位成本相比的上升程度。如果分别以上一年为基期，可以计算各年环比的比率如下：

2014 年比 2013 年：90÷85×100%＝106%

2015 年比 2014 年：93÷90×100%＝103%

2016 年比 2015 年：95÷93×100%＝102%

2017 年比 2016 年：99÷95×100%＝104%

通过上列计算可以看出，该种产品的单位成本都是逐年递增的，但各年递增的程度不同。

对比分析法、比率分析法、连环替换分析法、差额计算分析法和趋势分析法，实质上都是对比分析法。比率分析法是分子指标与分母指标的对比，以及据以算出的相对数指标的实际数与基数的对比；连环替换分析法和差额计算分析法则是各项因素替换结果的对比；趋势分析法是作为分析趋势基础的各期指标之间的对比。有比较才有鉴别，一切分析都是从对比中发现差别、发现矛盾开始的。应该指出的是，不论选择什么分析方法，都只能为进一步调查研究指明方向，而不能代替调查研究。要确定经济业务好坏的具体原因，并据以提出切实有效的建议和措施来改进工作，都必须在采用某些分析方法进行分析的基础上，深入实际进行调查研究。

(3)因素分析方法。因素分析法可分为连环替代法和差额计算法两种。一个经济指标完成的好坏，往往是由多种因素决定的，只有把这种综合性的结果分解为它的构成因素，才能了解指标完成好坏的真正原因。这种把综合性指标分解为各个因素的方法，称为因素分析法。

1)连环替代法是一种常用的因素分析法。连环替代法是将综合性指标分解为多个因素后，以组成该指标的实际数，按一定顺序替换比较的基数，来计算各个因素变动对该综合性指标变动的影响的一种方法。采用对比分析法和比率分析法，可以揭示实际数与基数之间的差异，但不能揭示产生差异的因素和各因素的影响程度。采用连环替换分析法就可以解决这一问题，从而找出主要矛盾，明确进一步调查研究的主要方向。应用连环替代法的前提条件是：综合性指标与它的构成因素之间有着因果关系，能够构成一种代数式；这个代数式不一定只是乘积关系，加减乘除都可以。

连环替换分析法是按顺序用各项因素的实际数替换基数，借以计算各项因素影响程度的一种分析方法。这种分析法的计算程序是：

第一，根据指标的计算公式确定影响指标变动的各项因素。

第二，排列各项因素的顺序。

第三，按排定的因素顺序和各项因素的基数进行计算。

第四，顺序将前面一项因素的基数替换为实际数，将每次替换以后的计算结果与其前一次替换以后的计算结果进行对比，顺序算出每项因素的影响程度，有几项因素就替换几次。

第五，将各项因素的影响(有的正方向影响，有的反方向影响)程度的代数和，与指标变动的差异总额核对相符。

【例 8-6】 (两因素的连环替换分析法)某企业生产甲产品消耗的材料情况如表 8-8 所示，分析各因素变动对材料费用变动的影响(材料费用数额＝消耗数量×单价)。

表 8-8　甲产品材料消耗情况对比表

编制单位：××　　　　××年××月　　　　单位：元

项目	消耗量	材料单价	金额
计划	500	18	9 000
实际	480	20	9 600
差异	－20	＋2	＋600

材料费用总差异＝480×20－500×18＝＋600(元)

其中：消耗量变化引起材料费用的差异＝(480－500)×18＝－360(元)

单价变化引起材料费用的差异＝480×(20－18)＝960(元)

总差异＝－360＋960＝600(元)

【例 8-7 】 (三因素的连环替换分析法)某企业生产乙产品消耗的材料情况如表 8-9 所示，分析各因素变动对材料费用变动的影响(材料费用总额＝产量×单耗×单价)。

表 8-9　乙产品材料消耗情况对比表

编制单位：××　　　　××年××月　　　　单位：元

项目	产量	单耗	材料单价	金额
计划	100	5	18	9 000
实际	80	6	20	9 600
差异	－20	＋1	＋2	＋600

总差异＝80×6×20－100×5×18＝600(元)

其中：产量变化引起的材料费用差异＝(80－100)×5×18＝－1 800(元)

单耗变化引起的材料费用差异＝80×(6－5)×18＝1 440(元)

单价变化引起的材料费用差异＝80×6×(20－18)＝960(元)

总差异＝－1 800＋1 440＋960＝＋600(元)

【例 8-8】 假定甲种产品的直接材料费用，定额为 800 000 元，实际为 851 400 元，超支 51 400 元。该种产品直接材料费用总额为该种产品数量、单位产品直接材料消耗量和直接材料单价的乘积。

该种产品有关数据如表 8-10 所示。

表 8-10 甲产品直接材料费用

编制单位：×× ××年××月 单位：元

项 目	产品数量	单位产品消耗量	材料单价	直接材料费用
定 额	1 000	20	40	800 000
实 际	1 100	18	43	851 400
差 异	＋100	－2	＋3	＋51 400

采用连环替换分析法计算产品数量、单位产品材料消耗量和材料单价三项因素，对产品直接材料费用超支 51 400 元的影响程度。

甲产品直接材料费用差异分析计算如表 8-11 所示。

表 8-11 甲产品直接材料费用差异分析计算表

编制单位：×× ××年××月 单位：元

替换次数	因素			各因素乘积		每次替换的差异		产生差异的因素
	产品数量	单位产品消耗量	材料单价	金额	编号	算式	金额	
基数	1 000	20	40	800 000	①			
第 1 次	1 100	20	40	880 000	②	②－①	＋80 000	产品产量
第 2 次	1 100	18	40	792 000	③	③－②	－88 000	单位产品消耗
第 3 次	1 100	18	43	851 400	④	④－③	＋59 400	材料单价
各因素影响程度合计							＋51 400	各因素

从以上分析可以看出，甲种产品直接材料费用超支 51 400 元，主要是由于产品数量的增加(影响程度为 80 000 元)。如果这种产品是适销对路的，由于产品数量增加而引起的材料的超额领用，是允许的，否则将会由于产品积压而形成浪费。直接材料费用超支的第二个原因是材料单价的提高(影响程度为 59 400 元)，这是企业材料供应部门的责任。在材料消耗方面则不仅没有超支，而且还是节约的。如果产品数量没有增加，材料单价没有提高，直接材料费用不仅不会超支，而且还会节约 88 000 元，这一般是生产车间成本管理的成绩。应该在以上分析计算的基础上，进一步查明产品数量增加、材料单价提高以及单位产品材料消耗节约的具体原因，以便采取措施克服缺点，节约产品的直接材料费用。

从以上例子，可以看出，计算某项因素变动的影响程度时，假定其他因素不变(只有这样才能算出该项因素变动的影响程度)；还假定前面的因素已经变动，后面的因素尚未变动。因此，采用这种分析方法，必须按照事物的发展规律和各因素的相互依存关系合理排列各因素的顺序。

确定各因素排列顺序的一般原则是：如果既有数量因素又有质量因素，先计算数量因素变动的影响，后计算质量因素变动的影响；如果既有实物数量因素又有价值数量因素，先计算实物数量因素变动的影响，后计算价值数量因素变动的影响；如果有几个数量因素或质量因素，还应区分主要因素和次要因素，先计算主要因素变动的影响，后计算次要因素变动的影响。

2)差额分析法。差额分析法是连环替代法的一种简化形式。它是利用各个因素的实际数与基数之间的差额，直接计算各个因素变动对综合性指标变动的影响的一种技术方法。它所应用的原理和连环替代法相同。它的特点是根据已确定的影响某项综合经济指标的各个因素及其替换顺序，逐个用各因素的实际数与基数之差直接替换基数，所得计算结果就是该因素变动对综合经济指标的影响程度。采用差额计算法时的计算公式如下：

A 因素变动对指标的影响＝$(A_1-A_0)\times B_0\times C_0$

B 因素变动对指标的影响＝$A_1\times(B_1-B_0)\times C_0$

C 因素变动对指标的影响＝$A_1\times B_1\times(C_1-C_0)$

这种分析法与连环替换分析法的因素排列顺序如果相同，则计算结果完全相同。现按前例产品直接材料费用的资料，采用差额计算分析法计算如下：

产品数量变动的影响＝(1 100－1 000)×20×40＝＋80 000(元)

单位产品消耗量变动的影响＝1 100×(18－20)×40＝－88 000(元)

材料单价变动的影响＝1 100×18×(43－40)＝＋59 400(元)

上列计算结果与连环替换分析法的计算结果完全相同。在只有两项因素的情况下，由于能够简便、合理地排列因素的顺序，因而普遍地采用差额计算分析法。例如影响单位产品材料费用大小的因素只有材料消耗数量和材料价格(即单价)两项，按照事物总是从量变到质变的发展规律，可以很容易地确定材料消耗数量因素排列在前，材料价格因素(质量因素)排列在后，因而在单位产品材料费用的分析工作中，普遍地采用这种分析方法计算材料消耗数量变动(量差)和材料价格变动(价差)对材料费用变动的影响程度，计算既准确又简便。

3. 成本分析报告

成本分析报告的内容包括：①情况反映；②成绩说明；③问题分析；④提出建议。

对成本分析报告的基本要求是：①观点要明确；②原因要分析清楚；③建议要切实可行；④报告要简练。

8.6 全部产品成本分析

全部产品成本计划是按产品类别和成本项目分别编制的，全部产品成本计划完成情况的分析，也应当按照产品类别和成本项目分别进行。通过分析，查明全部产品总成本中，各个成本项目的成本计划完成情况，同时还应找出成本超支或降低幅度较大的产品和成本项目，为进一步分析指明方向。[①]

8.6.1 按产品类别进行的成本计划完成情况分析

全部产品按产品类别进行的成本计划完成情况的分析，依据是分析期商品产品成本表和按

① 有关的案例资料请参看：王祥耀，杨忠智．成本会计学[M]．北京：高等教育出版社，2016.

产品类别编制的全部产品成本计划表，下面举例说明该分析方法。

【例 8-9】 西安爱飞翔公司本年产品成本计划见表 8-12。

表 8-12　产品成本计划表

编制单位：西安爱飞翔公司　　　　201×年　　　　单位：元

产品名称	计量单位	计划产量	单位成本		计划产量的总成本		成本降低任务	
			上年实际	本年计划	按上年实际单位成本计算	本年计划	成本降低额	成本降低率
主要产品					900 000	875 520	24 480	2.72%
AFX—1 型无人机	架	540	1 200	1 164	648 000	628 560	19 440	3%
AFX—2 型无人机	架	252	1 000	980	252 000	246 960	5 040	2%
非主要产品								
AFX—1 机翼	套	240		1 110		266 400		
合计						1 141 920		

根据商品产品成本表(表 8-2)和产品成本计划表(表 8-12)的有关资料，编制“全部产品成本计划完成情况分析表(按产品类别分析)”，如表 8-13 所示。

在全部产品成本计划完成情况分析表(表 8-13)中，总成本都是按实际产量来计算的。因为只有同一实物量的总成本才可以比较。在企业全部产品中，有的以前年度没有正式生产过，没有上年成本资料，因此，企业全部产品成本计划完成情况的分析，是与计划比较，计算出全部产品的成本降低额和降低率，查明成本计划的完成情况。在本例中，该企业本年全部产品总成本完成了计划。实际成本与计划成本相比，成本降低额为 15 750 元，成本降低率为 1.26%。在全部产品中，非主要产品成本计划完成较好，实际成本较计划降低了 4.504 5%。成本降低额为 12 500 元；而主要产品虽然完成了成本计划，但仅降低了 0.334 2%，成本降低额为 3 250 元；在主要产品中，AFX—2 型无人机成本比计划还超支 500 元，超支 0.204 1%，应进一步查明原因。

表 8-13　全部产品成本计划完成情况分析表(按产品类别分析)

编制单位：西安爱飞翔公司　　　　201×年　　　　单位：元

产品名称	计量单位	实际产量	单位成本			实际产量的总成本			与计划成本比		
			上年实际	本年计划	本年实际	按上年实际单位成本计算	按本年计划单位成本计算	本年实际	成本降低额	成本降低率/%	降低率的构成/%
主要产品						1 000 000	972 500	969 250	3 250	0.334 2	0.26
AFX—1 型无人机	架	625	1 200	1 164	1 158	750 000	727 500	723 750	3 750	0.515 5	0.3
AFX—2 型无人机	架	250	1 000	980	982	250 000	245 000	245 500	−500	−0.204 1	−0.04
非主要产品											
AFX—1 机翼	套	250		1 110	1 060		277 500	265 000	12 500	4.504 5	1
合计							1 250 000	1 234 250	15 750	4.815 9	1.26

8.6.2 全部产品按成本项目分析

全部产品总成本按成本项目进行的分析，其依据是企业编制的按成本项目反映的产品生产成本表和产品成本计划表。下面举例说明分析方法。

【例 8-10】 西安爱飞翔民用无人机组装有限责任公司根据本年成本计划和成本报表(表 8-12)的有关资料，编制按成本项目反映的全部产品总成本计划完成情况分析表，如表 8-14 所示。

表 8-14 全部产品成本计划完成情况分析表(按成本项目分析)

编制单位：西安爱飞翔公司　　　　201×年　　　　单位：元

成本项目	实际产量的总成本		与计划比		
	按本年计划单位成本计算	本年实际	成本降低额	成本降低率/%	降低率的构成/%
直接材料	500 000	485 825	14 125	2.825	1.13
直接人工	362 500	363 625	−1 125	−3.103%	−0.09
制造费用	387 500	384 750	2 750	0.709 7	0.22
合计	1 250 000	1 234 250	15 750	1.26	1.26

从表 8-14 可以看到，该厂按成本项目反映的全部产品成本计划完成情况，与计划比较的成本降低额为 15 750 元，成本降低率为 1.26%，与该厂按产品类别反映的全部产品成本计划完成情况的分析计算结果相同(见表 8-13 合计栏)。进一步分析可以发现，构成产品总成本的三个成本项目，直接材料项目和制造费用项目完成了计划，与计划比较的降低率分别为 2.825%和 0.709 7%；但直接人工项目超支 1 125 元，超支 3.103%，对于直接人工项目超支的原因，应当进一步分析。

8.7 主要产品单位成本分析

企业主要产品是指分析期正常生产、大量生产的产品，主要产品的产量、消耗、成本、收入、利润等都在企业全部产品中占很大比重，是产品成本分析的重点。企业主要产品一般在上年生产过，通常有上年成本资料可以比较，因此也称为可比产品。在企业产品成本计划中，除了规定主要产品的计划单位成本和计划总成本以外，还规定了与上年比较的成本降低任务，即可比产品计划成本降低额和降低率。因此，主要产品成本计划完成情况的分析，重点是主要产品成本降低任务完成情况的分析。分析主要产品成本降低任务的完成情况，根据因素分析法的原理，首先要确定分析对象，其次要确定影响成本降低任务完成的主要因素，最后要计算出各个因素变动对成本降低任务完成情况的影响程度。

8.7.1 主要产品成本计划完成情况的分析

1. 确定分析对象

企业主要产品成本降低任务完成情况的分析，其分析对象是主要产品实际成本降低额与计划成本降低额的差额，以及主要产品实际成本降低率与计划成本降低率的差异。下面举例说明。

【例8-11】　西安爱飞翔民用无人机组装有限责任公司生产的AFX—1型无人机和AFX—2型无人机是主要产品，根据表8-12提供的资料，该厂主要产品计划产量按上年实际平均单位成本计算的总成本为900 000元，计划总成本875 520元，计划成本降低额为24 480(900 000－875 520)元，计划成本降低率为2.72%(24 480÷900 000)。可见，主要产品的计划成本降低额和降低率，都是与上年比较计算的。因此，为了便于考核，主要产品实际成本降低额和降低率也应与上年比较计算。

根据表8-13提供的资料，该厂主要产品实际产量按上年平均单位成本计算的总成本为1 000 000元，实际总成本为969 250元，与上年比较，主要产品实际成本降低额为30 750元(1 000 000－969 250)，实际成本降低率为3.075%(30 750÷1 000 000)。计算结果表明，企业主要产品实际成本降低额超计划6 270(30 750－24 480)元，实际成本降低率超计划0.355%(3.075%－2.72%)，企业较好地完成了主要产品成本降低目标。

2. 确定影响成本降低任务完成的因素

影响主要产品成本降低任务完成的因素，从一种产品来看，影响成本降低率的主要是产品单位成本一个因素；影响成本降低额的主要是产品单位成本和产品产量两个因素。从多种产品综合来看，由于各种产品的计划成本降低率不同，当各种产品产量在总产品中的比重发生变化时，会影响成本降低任务的完成程度。各种产品在总产品中的比重，称为产品品种结构。因此，影响产品成本降低率完成的因素，从多种产品综合分析来看，有产品单位成本和产品品种结构两个因素；影响产品成本降低额完成的因素，从多种产品综合分析来看，有产品单位成本、产品品种结构和产品产量三个因素。

3. 计算各个因素变动对成本降低任务完成的影响程度

(1)常规方法。概括地讲，影响可比产品成本降低计划完成情况的因素有三个：

1)产品产量。可比产品成本计划降低任务是按计划产量计算的，而实际降低额和降低率是按实际产量计算的，在产品品种结构和单位成本不变时，产量的增减就会使降低额发生同比例增减而降低率不会发生变化。就是说，在其他因素不变的条件下，产品产量的变化只影响降低额，不影响降低率。

产量变动对成本降低额的影响＝[$\sum$(实际产量×上年单位成本)－$\sum$(计划产量×上年单位成本)]×计划降低率

$\sum$(实际产量×上年单位成本)＝1 000 000(元)　(表8-13)

$\sum$(计划产量×上年单位成本)＝900 000(元)　(表8-12)

计划降低率＝2.72%　(表8-13)

降低额＝(1 000 000－900 000)×2.72%＝2 720(元)

2)产品品种结构。产品品种结构是指各种产品产量占总产量的比重。产品品种结构变动之所以影响降低额和降低率，是因为各种产品成本降低率不同，如果成本降低率高的产品在全部可比产品中所占的比重提高，据以计算的平均成本降低率就高，成本降低额就大；反之，降低率和降低额就小。因此，改变产品结构，多生产降低率高的产品，是提高成本降低额和降低率的一个重要途径。但是，改变产品结构不能是任意的，必须建立在完成各种产品产量计划的基础上。

产品品种结构变动对降低额的影响＝[$\sum$(实际产量×上年单位成本)－$\sum$(实际产量×计划单位成本)]－[$\sum$(实际产量×上年单位成本)×计划降低率]

产品品种结构变动对降低率的影响 = 影响的降低额 ÷ [$\sum$(实际产量 × 上年单位成本)]

$\sum$(实际产量 × 上年单位成本) = 1 000 000(元) (表 8-13)

$\sum$(计划产量 × 上年单位成本) = 900 000(元) (表 8-12)

计划降低率=2.72% (表 8-12)

$\sum$(实际产量 × 计划单位成本) = 972 500(元) (表 8-13)

降低额的影响=(1 000 000−972 500)−(1 000 000×2.72%)=300(元)

降低率的影响=300÷1 000 000×100%=0.03%

3)单位成本。可比产品成本降低计划和实际完成情况，都是以上年单位成本为基础计算的。这样，各种产品单位成本实际比计划多降低或升高，必然引起成本降低额和降低率实际比计划相应地降低或升高。

单位成本变动对降低额的影响 = $\sum$(实际产量 × 计划单位成本) − $\sum$(实际产量 × 实际单位成本)

单位成本变动对降低率的影响 = 影响的降低额 ÷ [$\sum$(实际产量 × 上年单位成本)]

$\sum$(实际产量 × 上年单位成本) = 1 000 000 元 (表 8-13)

$\sum$(实际产量 × 实际单位成本) = 969 250 元 (表 8-13)

$\sum$(实际产量 × 计划单位成本) = 972 500 元 (表 8-13)

降低额的影响=972 500−969 250=3 250(元)

降低率的影响=3 250÷1 000 000×100%=0.325%

实际超计划降低额=30 750−24 480=6 270(元)=2 720+300+3 250

实际超计划降低率=3.075%−2.72%=0.355%=0.03%+0.325%

在以上三个因素中，成本降低是主要因素。企业在完成品种计划的前提下，根据社会需要努力增加产量，降低单位成本，才是完成可比产品成本降低任务的正确途径。

(2)简化的方法。可以用余额法，前提条件是实际超计划降低额和实际超计划降低率计算正确，因为产量不影响降低率，先计算单位成本影响的降低率和降低额，再用总的降低率减去单位成本影响的降低率，推出产品结构影响的降低率和降低额，最后用总的降低额，减去单位成本和产品结构影响的降低额，即得产量影响的降低额(表 8-12 和表 8-13)。

计划降低额=900 000−875 520=24 480(元)

计划降低率=24 480÷900 000×100%=2.72%

实际降低额=1 000 000−969 250=30 750(元)

实际降低率=30 750÷1 000 000×100%=3.075%

实际超计划降低额=30 750−24 480=6 270(元)

实际超计划降低率=3.075%−2.72%=0.355%

1)单位成本。

降低额的影响 = $\sum$(实际产量 × 计划单位成本) − $\sum$(实际产量 × 实际单位成本)

降低率的影响 = 影响的降低额 ÷ [$\sum$(实际产量 × 上年单位成本)]

$\sum$(实际产量 × 上年单位成本) = 1 000 000 元 (表 8-13)

$\sum$(实际产量 × 实际单位成本) = 969 250 元 (表 8-13)

$\sum$(实际产量×计划单位成本)＝972 500 元　(表 8-13)

降低额的影响＝972 500－969 250＝3 250(元)

降低率的影响＝3 250÷1 000 000×100％＝0.325％

2)产品品种结构。

降低率的影响＝降低率的总差异－单位成本影响的降低率＝0.355％－0.325％＝0.03％

降低额的影响＝$\sum$(实际产量×上年单位成本)×产品品种结构降低率的影响＝1 000 000×0.03％＝300(元)

3)产品产量。

降低额的影响＝降低额的总差异－单位成本的影响额－产品品种结构的影响额＝6 270－3 250－300＝2 720(元)

在计算确定各个因素变动的影响程度以后，要对企业主要产品成本降低任务的完成情况做出简要评价。本例中西安爱飞翔民用无人机组装有限责任公司主要产品成本降低任务的完成情况可以分析评价如下：公司本年主要产品成本降低额和降低率都完成了计划。成本降低额比计划增加 6 270 元，成本降低率比计划增加 0.355％。该公司成本降低任务的超额完成，是产品单位成本、产品产量和产品品种结构三个因素共同影响的结果。在三个因素中，主要是产品单位成本和产品产量较好地完成计划的结果。由于产品单位成本的降低，使成本降低额增加 3 250 元，降低率增加 0.325％；由于产品产量的增加，使成本降低额增加 2 720 元，说明企业成本管理工作取得了一定成绩。但是在企业两种主要产品中，仅 AFX—1 型无人机的单位成本和产品产量完成了计划；AFX—2 型无人机单位成本较计划超支 2 元、产量比计划减少 2 件，没有完成成本降低目标和产品产量计划，对 AFX—2 型无人机成本超支的原因应进一步分析。

在全部产品总成本计划完成情况的分析和主要产品成本降低任务完成情况的分析中，影响计划完成的主要因素都是单位成本。因此，应进一步分析产品单位成本计划的完成情况，查明产品单位成本升降的原因，寻求降低产品成本的途径。产品单位成本计划完成情况的分析，重点分析两类产品：一是单位成本升降幅度较大的产品；二是在企业全部产品中所占比重较大的产品。在这两类产品中，又应重点分析升降幅度较大的和所占比重较大的成本项目。产品单位成本计划完成情况的分析，依据的是有关成本报表资料和成本计划资料，分析方法是先运用比较分析法，查明产品单位成本计划的完成情况，即进行一般分析；再运用因素分析法，查明各个成本项目成本升降的具体原因，即进行因素分析。

8.7.2　产品单位成本计划完成情况的一般分析

【例 8-12】　根据西安爱飞翔公司本年主要产品单位成本表(表 8-3)提供的资料和其他有关资料，运用比较分析法的原理，编制产品单位成本计划完成情况分析表，如表 8-15 所示。

表 8-15　产品单位成本计划完成情况分析表

编制单位：西安爱飞翔公司　　　　201×年 12 月　　　　单位：元

成本项目	单位成本			与上年实际比		与本年计划比	
	上年实际	本年计划	本年实际	降低额	降低率/％	降低额	降低率/％
AFX—1 型无人机	1 200	1 164	1 158	42	3.5	6	0.515
直接材料	470	439	445	25	5.319	－6	－1.367

续表

成本项目	单位成本			与上年实际比		与本年计划比	
	上年实际	本年计划	本年实际	降低额	降低率/%	降低额	降低率/%
直接人工	370	375	372	−2	−0.541	3	0.8
制造费用	360	350	341	19	5.278	9	2.571
AFX—2 型无人机	1 000	980	982	18	1.8	−2	−0.204
直接材料	400	385	371.4	28.6	7.15	13.6	3.532
直接人工	250	255	258	−8	−3.2	−3	−1.176
制造费用	350	340	352.6	−2.6	−0.743	−12.6	−3.706

根据表 8-15 的计算结果，可以对该厂主要产品单位成本计划的完成情况进行简要评价：与上年实际比较，西安爱飞翔民用无人机组装有限责任公司 AFX—1 型无人机、AFX—2 型无人机两种主要产品的单位成本都有所降低，降低额分别为 42 元和 18 元，降低率分别为 3.5%和 1.80%；但与上年实际比较，两种产品的直接人工费用都有所增加，影响了产品单位成本的降低幅度。与本年计划比较，AFX—1 型无人机单位成本降低 6 元，降低率为 0.515%；AFX—2 型无人机单位成本超支 2 元，超支 0.204%。AFX—1 型无人机单位成本超额完成计划，主要是直接人工和制造费用完成计划较好，成本降低额分别为 3 元和 9 元；但直接材料项目较计划超支 6 元，超支 1.367%，应当进一步分析原因。AFX—2 型无人机虽然直接材料项目超额完成计划，比计划降低 13.6 元，降低 3.532%，但直接人工和制造费用分别超支 3 元和 12.6 元，超支 1.176%和 3.706%，使 AFX—2 型无人机没有完成单位成本计划，对于 AFX—2 型无人机直接人工和制造费用超计划的原因，应重点分析。

8.7.3 产品单位成本计划完成情况的因素分析

1. 直接材料项目的分析

降低材料成本是降低产品成本的重要途径，特别是直接材料费用占产品成本比重较大的产品，直接材料项目更应作为产品单位成本分析的重点。影响产品单位成本中直接材料费用变动的因素，主要是单位产品材料消耗量(用量)和单位材料价格。分析这两个因素变动对材料成本的影响程度，可以根据连环替代法的原理，按下列公式进行：

用量变动对材料成本的影响=(单位产品材料本年实际用量−单位产品材料本年计划用量)×材料本年计划价格

价格变动对材料成本的影响=单位产品材料本年实际用量×(材料本年实际价格−材料本年计划价格)

上述公式中，本年材料计划用量和计划价格是比较的标准。如果与上年实际比较，则上年实际用量和上年材料价格是比较的标准，在计算材料用量和价格对材料成本的影响数额时，可将上述公式中的本年计划改为上年实际。分析产品单位成本中直接材料费用变动的原因，应当根据直接材料的具体组成内容以及各种材料消耗量和价格的资料，按照上述两个公式分别计算材料耗用量和价格变动对成本的影响，查明直接材料费用超支或节约的原因。

【例 8-13】 根据表 8-16 提供的资料，西安爱飞翔公司本年生产的 AFX—1 型无人机与计划比较，直接材料费用超支 6 元，超支 1.367%。

AFX—1 型无人机消耗机体组件、机翼、动力控制组件、起落架四种材料，根据各种材料耗用量和价格资料，编制直接材料费用分析表(表 8-16)。

表 8-16　AFX—1 型无人机直接材料成本分析表

编制单位：西安爱飞翔公司　　　　201×年度　　　　单位：元

材料名称	计量单位	材料消耗量		材料价格		材料成本		成本差异		差异额分析	
		计划	实际	计划	实际	计划	实际	差异额	差异率/%	用量影响	价格影响
机体组件	副	40	42	5	4.9	200	205.8	5.8	2.9	10	−4.2
机翼	套	33	35	3	3	99	105	6	6.06	6	0
动力控制组件	套	20	18	4	4.2	80	75.6	−4.4	−5.5	−8	3.6
起落架	个	10	10	6	5.86	60	58.6	−1.4	−2.33	0	−1.4
合计						439	445	6	1.367	8	−2

表 8-16 的分析计算结果表明，西安爱飞翔公司 AFX—1 型无人机单位成本中，直接材料费用实际比计划超支 6 元，超支 1.367%，主要是机体组件、机翼两种材料成本超支引起的。机体组件、机翼两种材料的实际成本比计划成本分别超支 5.8 元和 6 元，合计为 11.8 元。超支的主要原因是单位产品的材料消耗量没有完成计划。两种材料的消耗量增加使直接材料费用增加达 16 元(机体组件 10 元、机翼 6 元)，应当进一步查明原因。动力控制组件、起落架两种材料，实际成本比计划成本降低了 5.8(4.4+1.4)元，但由于动力控制组件价格超计划，使动力控制组件成本增加 3.6 元，应当进一步分析价格上升的原因。动力控制组件耗用量减少，使产品单位成本降低了 8 元，也应分析原因，以便总结经验，进一步挖掘企业内部降低成本的潜力。

2. 直接人工项目的分析

产品单位成本中的直接人工费用，受工人劳动生产率和工人平均工资两个因素影响。这两个因素也可以用单位产品生产工时消耗和小时平均工资(小时工资率)来表示。根据连环替代法的原理，分析单位产品工时消耗和小时工资率变动对成本的影响，计算公式如下：

单位产品消耗工时变动对成本的影响=(单位产品本年实际工时−单位产品本年计划工时)×本年计划小时工资率

小时工资率变动对成本的影响=单位产品本年实际工时×(本年实际小时工资率−本年计划小时工资率)

上述公式是以本年计划作为比较标准的，如果以上年实际作为比较标准，可将上述公式中的本年计划改为上年实际。

【例 8-14】 根据表 8-15 提供的资料，西安爱飞翔公司本年生产的 AFX—2 型无人机单位产品成本中的直接人工费用实际比计划超支 3 元，超支 1.176%。为了分析成本超支的原因，收集整理有关 AFX—2 型无人机产量、工时、工资等资料，如表 8-17 所示。

表 8-17　产品产量、工时、工资资料表

编制单位：西安爱飞翔公司　　　　201×年　　　　产品：AFX—2 型无人机

项　目	本年计划	本年实际	差异
产品产量/件	252	250	−2
产品生产总工时/小时	22 176	21 500	−676
产品生产工人工资及福利费/元	64 260	64 500	+240

续表

项　　目	本年计划	本年实际	差异
单位产品直接人工成本/元	255	258	+3
单位产品工时消耗/小时	88	86	−2
小时工资率/(元・小时$^{-1}$)	2.898	3	+0.102

根据表 8-16 提供的资料，分析西安爱飞翔民用无人机组装有限责任公司 AFX　2 型无人机单位成本中直接人工费用超计划的原因，分析计算过程如下：

分析对象(AFX—2 型无人机单位成本中直接人工费用实际脱离计划的差异额)：

$$258-255=3(\text{元})$$

由于 AFX—2 型无人机单位产品工时消耗降低造成的影响：

$$(86-88)\times2.898=-5.8(\text{元})$$

由于小时工资率提高造成的影响：

$$86\times(3-2.898)=8.8(\text{元})$$

两个因素共同影响数额＝−5.8+8.8＝3(元)

上述计算结果表明，西安爱飞翔公司 AFX—2 型无人机单位成本中直接人工费用实际比计划超支 3 元，主要是小时工资率超计划所造成的。由于小时工资率实际比计划提高 0.102 元，使 AFX—2 型无人机单位成本增加 8.8 元；而 AFX—2 型无人机单位产品工时消耗实际比计划减少 2 小时，使产品单位成本降低 5.8 元。这说明西安爱飞翔民用无人机组装有限责任公司工人劳动生产率(表现在单位产品工时消耗上)比计划有所提高，但由于工人平均工资(表现为小时工资率)的增长幅度超过了工人劳动生产率(表现为单位产品工时消耗)的增长幅度，使单位成本中的直接人工费用仍超支 3 元。

3. 制造费用项目的分析

制造费用是生产单位为生产产品和提供劳务所发生的各项间接费用，通常应当按照一定标准分配到该生产单位所生产的各种产品成本之中。根据制造费用计入产品成本的方式，分析各因素变动对单位产品成本中制造费用的影响时，可以分析产品产量和制造费用总额两个因素，也可以分析单位产品工时消耗和小时费用率两个因素。按照连环替代法的原理，分析单位产品工时消耗和小时费用率两个因素变动对单位产品成本中制造费用的影响，计算公式如下：

单位产品消耗工时变动对成本的影响＝(单位产品本年实际工时－单位产品本年计划工时)×本年计划小时费用率

小时费用率变动对成本的影响＝单位产品本年实际工时×(本年实际小时费用率－本年计划小时费用率)

上述公式是以本年计划作为比较标准的，比较标准为上年实际时，可将公式中的本年计划改为上年实际。

【例 8-15】 根据表 8-15 提供的资料，西安爱飞翔公司本年生产的 AFX—2 型无人机，单位成本中的制造费用实际比计划超支 12.6 元，超支 3.706%。表 8-17 提供的 AFX—2 型无人机单位产品工时消耗本年实际为 86 小时，本年计划为 88 小时；根据制造费用总额资料，AFX—2 型无人机小时制造费用分配率本年实际为 4.1 元，本年计划为 3.864 元。分析 AFX—2 型无人机单位成本中制造费用超 12.6 元的原因，计算过程如下：

分析对象(AFX—2 型无人机单位成本中制造费用实际脱离计划的差异)：

$$352.6-340=12.6(\text{元})$$

由于单位产品工时消耗降低对成本的影响：

$$(86-88)\times 3.864=-7.7(\text{元})$$

由于小时制造费用分配率提高对成本的影响：

$$86\times(4.1-3.864)=20.3(\text{元})$$

两个因素共同影响数额＝－7.7＋20.3＝12.6(元)

上述计算结果表明，西安爱飞翔民用无人机组装有限责任公司本年生产的AFX—2型无人机单位成本中制造费用实际比计划超支12.6元，主要是小时制造费用分配率超计划所造成的。由于小时制造费用分配率实际比计划超支0.236(4.1－3.864)元，使AFX—2型无人机单位成本超支20.3元。这说明该公司在控制制造费用总额和增加产品产量方面大有潜力可挖。对企业制造费用总额增加和AFX—2型无人机未完成产量计划的原因，还应进一步分析。

8.7.4 制造费用预算执行情况的分析

在单位成本的制造费用项目的分析中，要了解制造费用节约或超支的原因，应当进一步分析制造费用总额及其构成项目。依据制造费用预算、制造费用明细表和其他有关资料对制造费用预算执行情况进行分析时，应当注意以下几点：

(1)运用比较分析法进行分析。将本年(或月、季)实际制造费用总额分别与上年实际制造费用总额和本年制造费用预算进行比较，查明两个年度制造费用总额的变化情况，查明制造费用预算执行情况。

(2)分别对固定费用和变动费用进行分析。根据费用与产品产量的关系，将制造费用划分为固定费用和变动费用。在一定产量(业务量)范围内，固定费用总额应是相对固定的；变动费用总额则随产品产量(业务量)的变化而变化。在运用比较分析法进行分析时，固定费用项目可以直接对比；变动费用项目可以先按产品产量(业务量)的变化情况，对本年预算数进行调整，再将本年实际数与调整后的预算数进行对比。

(3)分析重点费用项目。对制造费用各明细项目，逐项分析，分析的重点是实际脱离预算较大(或与上年比较差异额较大)的费用项目，以及在制造费用总额中数额较大，所占比重较大的费用项目。

(4)分析费用项目的构成比例。在重点分析费用项目的数额变动的同时，应当进一步分析制造费用各明细项目构成比例(比重)的变化情况，检查费用构成变化的合理性。

本章小结

成本报表作为对内报表主要是为满足企业内部经营管理的需要而编制的。报表的种类、格式、指标的设计和编制方法、编报日期以及具体的报送对象，都由企业自行决定。根据企业管理的需要，当前多数企业主要编制以下几种成本报表：商品产品成本表、主要商品产品单位成本表、制造费用明细表、各种期间费用报表。此外还可以根据企业自身的生产特点和管理要求，对上述成本报表做必要的补充，也可以结合本企业经营决策的实际需要，编制其他必要的内部成本报表。通过编制商品产品成本表，可以考核全部商品产品和主要商品产品成本计划的执行情况，分析各种可比产品成本降低任务的完成情况。成本分析是利用企业的有关资料，对企业的成本水平及其构成的变动情况进行分析与评价，以揭示影响企业成本升降的因素及其变动原因，并寻找降低成本的途径和措施。分析方法有对比分析、比率分析和连环替代等。

关键术语

商品产品成本表　主要产品单位成本表　制造费用明细表　期间费用明细表　水平分析法　垂直分析法　趋势分析法　指标对比分析法　比率分析法　连环替代法　差额计算法

复习思考题

1. 成本报表的作用具体表现在哪些方面?
2. 工业企业的成本编报一般有哪几种?
3. 简述商品产品成本表的编制方法。
4. 连环替代法进行成本分析的一般程序有哪些?
5. 全部商品产品成本分析主要分析哪几个方面的内容?

第 9 章　作业成本法

本章导读

作业成本法是以“成本驱动因素”理论为基本依据，根据产品生产经营过程中所发生和形成的产品与作业、作业链与价值链的关系，以作业为核心，以资源流动为线索，以成本动因为媒介，依据不同的成本动因，分别设置成本归集对象即成本库来归集、汇总费用，再以各种产品耗费的作业量将费用分摊到成本中，从而汇总计算各种产品总成本和单位成本的一种成本计算制度。通过本章的学习，了解作业成本法的产生和兴起的历史背景及其过程，掌握作业成本计算的基本原理和具体计算程序。

9.1　作业成本法的产生

作业成本法(Activity-Based Costing，ABC)和作业管理(Activity-Based Management，ABM)是自 20 世纪 90 年代以来在西方先进制造企业首先应用起来的一种全新的企业管理理论和方法，是一种以作业为核心的企业管理方法。这种方法在成本核算和成本控制等方面都与传统成本法有着很大的不同，对企业的管理水平起到了促进与提高的作用。

9.1.1　作业成本法产生的时代背景

任何理论的兴起总是以一定的社会经济环境为依托的，作业成本也不例外。20 世纪 70 年代以来，社会经济环境持续而快速地发生变化，对作业成本计算法的兴起产生了积极的影响。

从技术方面讲，20 世纪 70 年代以来，世界科学技术日新月异，以美国和日本为代表的发达国家企业面对全球竞争的压力，越来越迅速地将新技术用于生产领域，使得生产趋于智能化、自动化，形成新的制造环境。产品设计与计算机辅助设计(Computer-aided Design)、计算机辅助制造(Computer-aided Manufacturing)相结合，形成了计算机一体化设计与制造系统。这些高新技术在生产领域的广泛应用，改变了企业产品成本结构，直接材料成本和直接人工成本在产品总成本中的比重迅速下降，在 1970 年以前大多数企业间接成本仅为直接人工成本的 50%～60%，自 20 世纪 70 年代以后，其间接成本已为直接人工成本的 4～5 倍，直接人工或直接材料成本低于企业总成本的 5%，按传统方式生成的成本信息已完全不能反映企业的真实成本，如何合理地分配制造费用成为一个亟待解决的问题。

新的成本计算法旨在精确地分配和计算制造成本，当今计算机软硬件技术的发展，为新的成本计算方法的产生提供了技术条件。以前没有计算机系统的帮助，人们难以完成成本的精确计算和分配，即使有可能做到也不符合成本效益原则，以致难以推行。

从生产方面来讲，在新的技术支撑下，企业实行“柔性制造系统”和计算机一体化制造系统。高度现代化的生产系统就是在计算机的控制下将设备、机器人和原材料处理系统有机地结合在一起，同步协调工作。这种生产系统可以使企业快速地从某产品的生产转到另一种产品生产，适应产品多样化和小批量化。传统的成本计算方法是建立在单一产品、常规化和大批量生产之上的，已不适应这种生产方式。

从市场方面来讲，由于新技术的飞速发展，极大地提高了社会生产力，促进了社会经济的发展，资本的国际流动加速，全球经济一体化的趋势越来越明显，企业间的竞争日益加剧。企业为了生存和发展，把眼光转向市场的开拓，转向客户。同时随着社会的富裕，人们的消费观念也发生了很大变化，消费者的行为更加具有选择性，对产品的个性化要求越来越强烈。这种社会需求的变化也促使企业必须具有灵活的反应能力，针对消费者多样化的需求提供多样化、个性化的产品。在新的环境里，市场由卖方市场变为买方市场。企业不仅要根据消费者的需要来设计产品，安排生产，还必须强化售后服务。售后服务的范围迅速扩大，售后服务成本提高。

传统成本核算是以数量为基础的，它隐含一个假设：产量成倍增加，所有投入的资源也会成倍增加。基于这种假定，成本计算中普遍采用产量关联基准分配。这种基准最常见的表现形态就是材料耗用额、直接工时、设备工时等。然而，现实企业中资源的消耗与产量不相关的例子比比皆是。传统成本核算方法已经不适应时代的需要，企业迫切需要新的成本核算方法，在此情况下，作业成本法应运而生。

9.1.2 作业成本法的起源和发展

作业成本法起源于美国。20 世纪 30 年代，科勒(Kohler)对田纳西谷水力发电活动进行了研究。在水力发电生产过程中，直接人工和直接材料(这里指水源)成本都很低廉，而间接费用所占的比重相对很高，这就从根本上冲击了传统的会计成本核算方法——按照工时比例分配间接费用的方法。传统的成本计算方法(制造成本法)，预先假定了一个前提，即直接成本在总成本中所占的比重很高(如工业革命以来，机器大生产中大量的劳动力投入和原料消耗一直是成本的主体)。1941 年，科勒在《会计评论》发表文章，从理论和实践上讨论了作业成本计算。他提出了以下思想：

(1)作业(Activity)是一个组织单位对一项工程、一个大型建设项目、一个规划或重要经营事项的具体活动所做的贡献，或者说某一个部门的某一类活动；作业在现实生产活动中是一直存在的，只是此时才第一次被运用到成本核算和生产管理之中。

(2)作业账户(Activity account)是对每一项作业设置一个作业账户，对其相关的作用(贡献)和费用进行核算，对作业的责任人，要能进行控制，即同一个责任人控制的作业活动才是一项独立的作业。

(3)作业账户的设置方法是从最低层、最具体、最详细的作业开始，逐级向上设置，一直到最高层的作业总账，类似于传统科目的明细账、二级账和总账。

(4)作业会计的假设是所有的成本都是变动的，所有的成本都能够找出具体责任人，控制由责任人实施。

在会计史上，科勒的作业会计思想第一次把作业的观念引入会计和管理之中，被认为是作业成本法的萌芽。

乔治•斯托布斯(G. T. Staubus)是对作业成本计算法的形成做出重要贡献的学者，他坚持会计是一个信息系统的思想，认为作业成本计算应该为决策提供有用的信息。他的《收益的会计概念》(1954)、《作业成本计算和投入产出会计》(1971)和《服务与决策的作业成本计算——决策有用框架中的成本会计》(1988)等著作中提出了一系列的作业成本思想：

(1)会计是一个信息系统，而作业会计是一个与决策有用性目标相联系的会计。同时，研究作业会计首先应该明确其基本概念，如作业、成本、会计目标(决策有用性)。

(2)要揭示收益的本质，首先必须揭示报表目标。报表目标是履行托管责任或受托责任，为投资决策提供信息，减少不确定性，报表中的收益和利润与成本密切相关；作业成本法揭示的成本不是一种存量，而是一种流量。

(3)要较好地解决成本计算和分配问题，成本计算的对象就应该是作业，而不是某种完工产品或是其对应的工时等单一标准。成本不应该硬性分为直接材料、直接人工和制造费用，更不是根据每种产品的工时来计算分配全部资源成本(无论直接的或间接的)，而是应该根据资源的投入量和消耗额，计算消耗的每种资源的“完全消耗成本”。这并不排除最后把每种产品的成本逐一计算出来，而是说，关注的核心应该是完工产品的各个作业和生产过程中资源是如何被一步步消耗的，而不是完工产品这一结果。

20 世纪 80 年代，西方会计学者开始对传统的成本会计进行全面反思。1988 年，罗宾•库珀(Robin Cooper)在《成本管理》杂志上发表《一论作业成本计算的兴起：什么是作业成本系统?》，指出：产品成本是制造和运送产品所需全部作业的成本总和，成本计算的对象是作业。产品耗用作业，作业耗用资源，这是作业成本计算的基本规则。资源是指企业经营活动中初始形态上的各种劳动耗费。这一原理解释了产品、作业和资源三者之间的关系。后来他接着发表了《二论 ABC 的兴起——何时需要 ABC 系统》《三论 ABC 的兴起——需要多少成本动因并如何选择?》，1989 年再次发表《四论 ABC 的兴起》。这些文章明确地解释了作业成本，提出了作业成本计算方法。虽然当时流行许多模型，但是除了所依据的信息相关性值得商榷外，还很抽象、难懂，甚至一些专家都看不懂，其实践意义就更差了。

在这种背景下，哈佛大学的卡普兰(Robert S. Kaplan)教授在《管理会计相关性消失》一书中提出，传统管理会计的相关性和可行性下降，应有一个全新的思路来研究成本，即作业成本法。由于卡普兰教授等专家对于作业成本法的研究更加深入、具体而完善，使之上升为系统化的成本和管理理论并广泛宣传。1988—1989 年，库珀与卡普兰对作业成本法的现实需要、选择程序、成本动因、成本库等作了具体研究，并在 11 个大公司试点的基础上，出版了《推行以作业成本为基础的成本管理：从分析到行动》。卡普兰被认为是作业成本法的集大成者，他的作业成本思想体现在以下几方面：

(1)产品成本是制造和运输产品所需全部作业的成本总和，成本计算的最基本对象是作业，作业成本法赖以存在的基础是产量耗用作业，作业耗用资源。即对价值的研究着眼于“资源→作业→产品”的过程，而不是传统的“资源→产品”的过程。

(2)作业成本法的本质就是以作业作为确定分配间接费用的基础，引导管理人员将注意力集中在成本发生的原因及成本动因上，而不仅仅是关注成本计算结果本身，通过对作业成本的计算和有效控制，就可以较好地克服传统制造成本法中间接费用责任不清的缺点，并且使以往一些不可控的间接费用在作业成本法系统中变为可控。所以，作业成本法不仅仅是一种成本计算方法，更是一种成本控制和企业管理手段。在此基础上进行的企业成本控制和管理，称为作业管理法(Activity－based Management，ABM)。

在作业成本法发展的进程中遇到的最大挑战之一是日益扩大的企业资源计划(Enterprise Resource Planning，ERP)的实施。ERP 及其软件的应用使企业的注意力从 ABC 转向基本资源(如人力、财务、生产、后勤资源等)的有效利用。ERP 的应用也使公司怀疑 ABC 体系能否和耗资巨大的 ERP 相适应，在美国，由于 ERP 的实施，曾一度使很多公司推迟或者放弃 ABC 计划。目前，在我国对作业成本法的研究中，主要包括以下几类：①研究作业成本计算法，即如何以作业为基础进行成本计算；②研究作业管理，即如何利用作业成本计算法下的成本信息去进行作业管理；③作业分析，即研究如何基于作业进行分析；④作业会计，即对作业成本计算和作业管理进行研究；⑤其他细节研究，如对作业成本法中成本动因、作业动因等进行研究。

我国目前对作业成本的研究几乎都是通过定性分析构建规范的流程来探讨企业实施作业成本法的应用基础，没有形成定量化的模型。这些理论研究基本上是以成本控制和核算为主线，缺乏战略高度的分析，因而往往忽视了与企业战略目标相结合，成本控制研究仅停留在简单的人、财、物等资源的消耗上，忽视了知识、信息、技术等资源对成本和成本控制的影响。目前，作业成本计算理论与相关先进的管理思想和管理方法的结合是零散的、缺乏系统的研究，更缺乏实际运用。

9.1.3 作业成本法与传统成本法的比较

1. 从产品成本的经济内容分析

在传统成本计算法下，产品成本是指产品制造成本，就经济内容看，只包括生产产品直接有关的费用，而用于管理和组织生产的费用支出则作为期间费用处理。产品成本按费用的经济用途设置成本项目。而在作业观念下，产品成本则是指完全成本。就某一个制造中心而言，该制造中心所有的费用支出只要是合理的、有效的，都是对最终产出有益的支出，因而都应计入产品成本，也就是说，强调费用支出的合理有效性，而不论其是否与产出直接有关。作业观念下也使用期间费用的概念，但此时期间费用汇集的是所有无效的、不合理的支出，即所有企业无效耗费资源价值和非增值作业耗费资源价值。企业将无效耗费资源价值和非增值价值耗费价值计入期间费用是希望通过作业成本管理消除这些浪费。另外，作业观念下，成本项目是作业类别设置的。

2. 从成本计算提供的信息分析

传统的成本计算提供的只是某个部门的成本耗费信息，对于产品成本的原因则无法提示。作业成本的计算则追根溯源，为管理提供依据。它把企业看作为最终满足顾客需要而设计的一系列作业的集合，利用作业成本计算提供的动态信息，对作业链的所有成本进行剖析，从而尽可能得减少对资源的消耗，以促进企业经济效益的提高。

3. 从成本计算对象分析

传统的成本计算一般以企业所生产的各种产品为成本计算对象，或以某一步骤或以某一分批订单为成本对象，从而满足提供企业财务状况和经营成果的会计信息的需要。作业成本法认为企业的经营活动是由一系列作业活动组成的，作业消耗资源，产品消耗作业。所以，不仅产品是成本的计算对象，而且资源、作业、作业中心、制造中心等都应该是成本计算对象，从而拓宽了成本计算对象的范围，使成本信息不仅能满足反映企业财务状况和经营成果的需要，而且还能满足成本控制、成本分析、制定战略决策的要求。

4. 从成本计算标准分析

传统成本计算方法是将产品成本分为直接材料、直接人工和制造费用三大项，其中制造费用是属于间接成本，按单一的分配标准进行分配，所隐含的假设是所有发生的间接费用与分配标准之间存在线性比例关系。这种方法在传统工艺流程比较简单、间接费用所占比例不大的生产环境中是合适的。但是随着高新技术的日新月异、生产工艺的纷繁复杂，资本有机构成的大幅提高，制造费用比重加大，这种方法就会扭曲产品成本的实质，使产量多、技术含量低的产品分得较多的成本，而产量小技术含量大的产品分得较低的成本，影响管理决策。作业成本法认为，要准确地计算成本，关键要确认产生作业的成本动因。计算作业对资源的消耗，再按产出对作业的消耗计算产品成本，使得产出与投入之间建立一种因果关系，将单一标准的分配基础改为按成本动因的多标准分配基础，以减少人为设定分配标准对成本分配的影响。这样可以提高成本计算的透明度和准确性，更加合理真实地反映成本结构。

尽管作业成本计算法与传统成本计算法有很多不同，但二者仍然存在着联系。

(1)作业成本计算法是以传统计算法为基础的，二者在直接材料和直接人工的计算方法上并无差异。在计算间接费用时，则是根据实际情况在保留原有的分配标准的同时，对那些与机器小时或人工小时联系不大的费用根据成本动因选择另外的分配标准。

(2)两者的最终目的都是准确计算出产品成本。只是在某些条件下，与作业成本计算法计算出的结果相比，传统方法计算出的结果的准确性和客观性都较差，但目的却是相同的。

9.2　作业成本法的基本原理

作业成本法是一种以“成本驱动因素”理论为基本依据，根据产品生产经营过程中所发生和形成的产品与作业、作业链与价值链的关系，对成本发生动因加以正确地分析，选择“作业”为成本计算对象，归集和分配生产经营费用的一种成本核算方法。作业成本计算法建立在以下基础之上：作业消耗资源，产品消耗作业，生产导致作业的发生，作业间接导致费用或间接成本的发生。

9.2.1　与作业成本计算相关的概念

作业成本计算，是以作业为间接费用归集对象，通过对耗用企业资源的所有作业进行确认和计量，将耗用的资源成本分配给作业，然后根据成本动因将所有作业成本再分配给产品或服务，最终计算出相对真实的产品或服务成本的一种成本计算方法。它不是就成本论成本，而是把着眼点放在成本产生的原因和后果上，通过对作业成本的确认、计量，提供一种动态信息。

作业成本计算有别于传统成本计算，会涉及一些新的概念。其内在联系如图 9-1 所示。图中显示了作业成本计算中各概念之间的关系。资源按资源动因分配到作业或作业中心，作业成本再按作业动因分配到产品。分配到作业的资源构成成本要素(图中的黑点)，多个成本要素构成作业成本池(中间的小方框)，多个作业构成作业中心(中间的椭圆)。

为了后面讲解的方便，先对这些概念做一下介绍。

1. 资源

一个企业所有的消耗都来自资源，它是成本和费用的源泉。它是一定期间内，为了生产产品或提供服务而发生的各类成本、费用以及执行作业的代价。通常，企业财务部门所编制的预算中就可以清楚地得到企业的各种资源项目。一个企业的资源主要包括直接人工、直接材料、生产维持成本(如采购人员的工资成本等)、间接制造费用以及生产过程以外的成本(如广告费等)。例如，生产制造业的资源主要包括原材料、辅助材料、燃料、工人工资及附加、折旧、修理费、运输费等。企业所需要的资源成本的信息主要来自总分类账，它可以提供企业今年支付

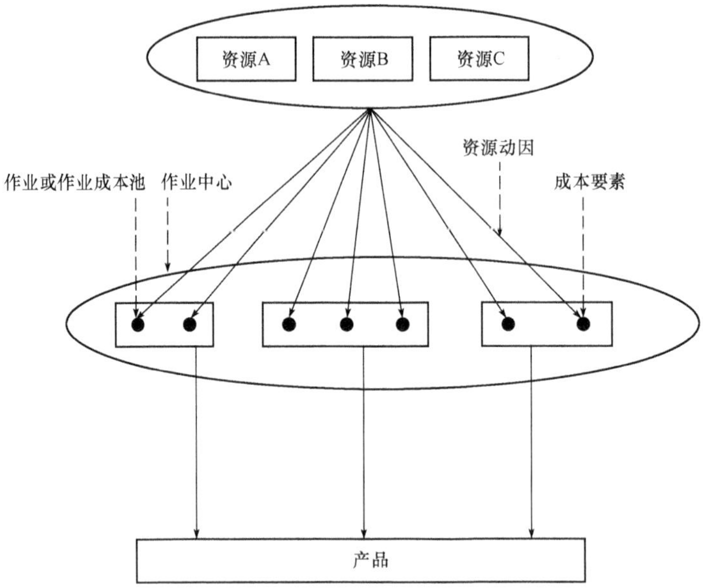

图 9-1　作业成本计算与传统成本计算的内在联系

了多少工资，计提了多少折旧和各项税费等信息。[①]

2. 成本对象

成本对象也称为成本标的，它是企业执行各项作业的原因，是成本归集的终点。成本标的的普遍性使系统设计者可以选择任何与企业的目标紧密联系在一起的东西作为成本标的。它既可以是产品，也可以是顾客。成本对象所消耗的作业成本就是由分配到产品或顾客的成本反映出来。一般来说，典型的成本对象有产品、顾客、服务、销售区域以及分销渠道等。

3. 作业

作业是指某个组织为了某一特定的目的而进行的消耗资源的活动或事项。它代表组织所实施的工作，是连接资源与成本的桥梁。从处理订单开始，到产品设计、物料供应、产品生产，以至产品销售全过程，作业很多，如创业构想、筹划、产品设计、设备安装及材料搬运等。比如在一个顾客服务部门中，至少包括处理顾客订单、解决产品问题以及提供顾客报告三项作业。

(1)作业的基本特性。

1)作业是一种资源的投入和另一种效果产出的过程，其既是一种具体的交易活动，又是一种动态的活动。在这一活动过程中需要投入资源、耗费资源。但在投入或耗费资源的同时，它又产生一定的效果，实现活动目的。如设计产品，投入的是智慧、技术、仪器等，产出的是产品设计图案。

2)作业活动贯穿于生产经营过程的全部。产品从设计到最终销售出去都是由各种作业的行使完成的，没有作业的实施，经营活动就无法实现。

3)作业是可以量化的。作业应当可以采用一定的计量标准进行计量，否则就不可以进行作业成本计算。所以，可量化性是作业最重要的特性。

---

①　ERP 是企业管理中常见的信息化平台，结合 ERP 应用作业成本法的研究可以参考：伍瑞斌．ERP 背景下混凝土企业作业成本法的应用[J]．财会月刊，2016(20)：52—54.

(2)作业的分类。作业有多种分类，包括逻辑性作业、平衡性作业、质量作业、变化作业、单位作业、批别作业、产品作业、工序作业、目标作业和维持性作业等。作业的类型会随着企业的不同以及分类角度的差异而不同。通常情况下，按照作业水平的不同，分为单位水平作业、批量水平作业、产品水平作业及维持水平作业。

1)单位水平作业。单位水平作业反映对每单位产品产量或服务所进行的工作，即使单位产品受益的作业。单位水平作业所耗用的资源量是同产品产量或服务量成正比的，或者说是同直接人工小时、机器小时成正比的。比如，对每一个产品所进行的质量检查消耗的间接人工明显与生产数量有关，机器运转消耗的润滑油、电力以及对机器的定期维修都与机器小时成比例。

2)批量水平作业。批量水平作业由生产批别次数直接引起，与生产数量无关，即使一批产品受益的作业。例如，为新的生产批次准备机器，一旦机器被准备好，每批无论是生产100单位还是1 000单位，准备成本都不变。又如，如果只对每批产品的第一件进行检查，这时所消耗的间接人工与批次成比例。生产计划也被认为是批量水平作业，因为每个生产周期都要制订一个生产计划，所以生产计划成本与生产周期的数量成比例，与每个生产周期内的生产数量无关。批量水平作业和单位水平作业的主要区别在于完成批量水平作业所需要的资源不依赖于每批次所包含的单位数。

3)产品水平作业。产品水平作业是每一类产品的生产和销售所需要的工作，即使某种产品的每个单位都受益的作业。其目的是服务于各种产品的生产与销售。这种作业的成本与产品产量及批数无关，但与产品种类或产品线的数量成比例变动。有关产品水平作业的例子有制图、工艺设计、流程设计、产品改良、技术支持等，把产品水平作业这一概念扩展到工厂以外，则有顾客水平作业，如市场调研、客户支持工作，该工作能够使公司完成向个别顾客的销售，这些与向顾客销售和交付的产品数量无关。

4)维持水平作业。维持水平作业包括机器设备的租金、折旧、保险费和税金、房屋维修费、绿化费、照明、保安等。此外，维持水平作业还包括企业管理、会计、人力资源管理费用等。

4. 作业中心

作业中心是一系列相互联系、能够实现某种特定功能的作业集合。由于一个企业往往有数以百计的作业，如果不采用一种有效的分类方法，企业的管理层就无法从众多的成本数据中找到相应的有用信息。所以将相关的作业归集到一起构成一个作业中心，便于用来提供每项作业的成本信息、资源消耗信息以及作业执行情况的相关信息等。例如，上述的顾客服务部门就是一个作业中心，它包括处理顾客订单、解决产品问题以及提供顾客报告三项作业。

5. 作业链与价值链

一个企业实际上是由大大小小的各种各样的作业有机地组合而成的。现代企业是一个为了满足顾客需要而建立的一系列前后有序的作业集合体，这个集合体相互连接，称为作业链。一个企业的作业链可以表示为：研究与开发——设计——生产——营销——配送——售后服务。企业应该通过对作业链的不断优化取得进步，这种优化类似于流程再造，需要各方的重视。

作业与顾客价值观念相联系。顾客价值是顾客实现的价值与顾客付出的代价之差。顾客实现的价值是顾客对得到的产品或劳务的性能、质量、品牌和售后服务等因素满足程度的综合表现，其量化描述是对以上诸因素效用函数值加权平均数为基础的顾客期望值。顾客付出的代价是指顾客付出的买价与顾客发生的附加成本(如学习如何使用产品花费的时间)。顾客价值越高，所售的产品或服务的市场越大，其盈利能力越强，企业的经营业绩就越好。

由价值来表现的作业链或作业链的价值表现称为价值链。按照作业成本法的原理，产品消耗作业，作业消耗资源。合理安排下，每完成一项作业就消耗一定量的资源，同时又有一定的价值量和产出转移到下一个作业，由此逐步转接下去，直到最后一个步骤将产品提供给顾客。所以，企业每项作业的产出均形成一定的价值，作业的转移伴随着其价值的转移，最终产品是全部作业的集合，同时也表现为全部作业的价值集合。因而作业链的形成过程也是价值链的形成过程。当然不是所有作业都可以形成转移到顾客的价值，那些不能增加价值的作业就形成了浪费。企业管理的要求是应当尽可能增加可以增加顾客价值的作业，优化流程减少资源浪费，从而提高资产运作效率，节约企业成产成本。

6. 成本动因

一般来说，成本动因是指导致成本发生的任何因素，即成本的诱因，又称成本驱动因素，它是成本与其直接关联的作业和最终关联的资源之间的中介因素。作业和成本标的是其起因，资源的消耗是其结果。成本动因是成本形成的起因，是确定成本的决定性因素。如采购订单便是采购作业的成本动因。出于可操作性考虑，成本动因必须能够量化。可量化的成本动因包括生产准备次数、零部件的数量、不同的批量规模数、机器小时数等。成本动因具有隐蔽性，不易识别，需要对成本行为进行仔细分析才能得到。每一项作业都有与其相对应的作业成本动因。

(1)确定成本动因的数目要考虑的因素。在作业会计中应该如何确定成本动因的个数呢？这要考虑两个因素：

1)成本动因与实际制造费用的相关程度。在既定的精确度下，运用相关程度较高的成本动因时，则成本动因的数目就较少；反之，如果缺少与实际制造费用相关程度较高的成本动因，则为达到一定的精确度水准，必须增加成本动因的数量。

2)产品成本的精确度和产品组合的复杂程度。倘若对产品成本的精确度要求比较高，则成本动因的数目就必然增加；反之，则会减少。产品复杂程度低，则多个作业成本可汇集在同一个作业成本库中；反之，则汇集比较困难，所要求的成本动因数目也相应增多。

(2)成本动因的选择。在成本动因的数目确定后，又该如何选择适当的成本动因呢？这要考虑三个因素：

1)相关性。作业成本计算的核心思想是根据每种产品消耗的作业动因量将作业成本分配给产品。这实际上是以产品消耗成本动因的数量作为产品消耗的作业的计量标准。因此，成本分配的准确性依赖作业的消耗与成本动因的消耗之间的关联关系。例如，要计算产品所消耗的设备调整成本，可以采用设备调整次数或设备调整时间作为成本动因。如果不同产品的调整时间、资源无显著差异，则以次数为成本动因即可揭示其关系；如果不同的调整所消耗的时间、资源存在显著差异，则调整时间与该作业的实际消耗才是更为相关的。

2)成本与效益。作业成本的成本库越多，所需成本动因越多，成本计算越精确，但其信息取得成本也越高。因此应考虑成本效益原则。同时，成本动因应易于计量，在经济上可行，而不是需要新的计量方法。例如，投料次数易于观察和计量，而投料速度则不易确定，不宜作为成本动因。

3)行为因素。成本动因的选择应有助于激励企业业绩的改进。成本系统的设计可能对管理者产生有利或不利的行为影响，成本动因选择时应考虑这个因素的存在。例如以联系的供应商数为向供应商询价成本的动因，有可能使得管理者减少询价的次数，从而丧失了联系到有利的(高质量或低成本)的供应商的机会。反过来，以材料搬运次数作为存货处理作业的成本动因时，有可能促使管理者采取减少搬运次数，从而减少处理成本的行为。

四种作业类型及相关作业成本动因如表 9-1 所示。

表 9-1 四种作业类型及相关作业成本动因

种 类	代表性作业	作业成本动因
维持水平作业	机器设备的管理、会计和人力资源管理、房屋维修、照明、租金、折旧	场地面积、设备数量、职工人数等
产品水平作业	产品设计、军部件管理、工艺设计、修改产品特性	产品种类、零部件数量、工艺改变单等
批量水平作业	机器准备、首件产品检查、处理顾客订单、材料搬运、生产计划	准备小时、检查小时、订单数量、材料移动次数、产品生产等
单位水平作业	产品检查、直接人工监督、直接动力、燃料费用	产品数量、直接人工小时、机器小时等

(3)成本动因的分类。成本动因构成复杂，难以辨认，需要对其进行必要的分类：

1)根据成本动因在资源流动中所处位置可将其分为资源动因和作业动因。资源动因是衡量资源消耗量与作业之间关系的某种计量标准，它反映了消耗资源的起因，是资源费用归集到作业的依据。在分配过程中，资源是一项一项地分配到作业中去的，分配到作业的每一种资源就成为该作业成本池或作业成本库的一项成本要素。最后通过对作业成本库的分析，研究如何改进或降低作业成本。例如，当把“检验部门”定义为一个作业中心时，那么，“检验小时”就成为一个资源动因。即作业量的多少决定着资源的耗用量，资源耗用量的高低与最终产出量没有直接的关系。

作业动因是指作业发生的原因，是将作业成本库中的成本分配到成本对象里的依据，也是将资源消耗与最终产出沟通的中介。它反映了成本对象对作业消耗的逻辑关系，是解释发生成本的作业的特性的计量指标，可以解释执行作业的原因和作业消耗资源的大小。典型的作业动因例子如：产品X比产品Y有更大的市场需求量，所以产品X有比产品Y更多的订购原材料、零部件的订货单，显然产品X应从采购成本库中分配到更多的相关成本。本例中产品X与Y是成本标的，订货单的数目就是作业动因，通过发出的X、Y产品订货单数目，能够较准确地把材料采购成本分配到X、Y产品上去。又如，产品设计消耗的资源与设计部门设计的品种数目具有正相关性，因此，产品设计作业的作业动因就是设计产品品种数目。

2)根据其对生产是否有利可分为积极性成本动因和消极性成本动因。前者指有助于形成产品、产生收入和利润的成本动因，如销售订单；后者指已导致资源的耗费，而无助于增加产品价值，对利润产生不利影响的成本动因，如报废单。

3)根据成本形态可将成本动因分为数量基础成本动因、作业基础成本动因和固定成本动因。其中数量基础成本动因与变动成本的发生相关，它是变动成本分配的基础。作业基础成本动因导致了作业成本的发生，是长期变动成本分配的依据。固定成本动因导致了企业固定成本的发生。

7. 作业成本库

成本库是指将同一(或同质)成本动因导致的费用项目归集在一起的成本类别，即相同成本动因的作业成本集。成本库的建立把间接费用的分配与产生这些费用的原因，即成本动因联系起来，不同的成本库将选择不同的成本动因作为分配标准，它是作业中心的货币表现形式。例如，材料采购部门发生的和“材料的计划与订购”有关的费用同材料的取得来源有着直接的联系，它要和每一个材料供应商打交道，进行函电联系和合同签订，货款结算等。因此，其费用的多少同材料供应商的数量有着直接的联系，但和材料供应量的多少没有直接联系。这样，同“材料的计划与订购”有关的费用可以归入一个成本库，以材料供应商的数量为其成本动因，并以此为标准对该成本库汇集的成本进行分配。

8. 成本动因比率

成本动因比率是指成本库成本(作业成本)和相应成本动因数量的比率，也叫成本库分配率(作业成本动因分配率)。其计算公式为：

作业成本动因分配率(R)＝作业成本(C)/作业成本动因数量(X)

9.2.2 作业成本计算的基本原理

作业成本计算是以作业消耗资源，产品消耗作业为前提的。因此，依据这两个前提，作业成本计算的基本原理可以概括为：依据不同的成本动因分别设置成本库，再分别以各种产品所消耗的作业量分摊在该成本库中的作业成本，然后，分别汇总各种产品的作业总成本，计算各种产品的总成本和单位成本。由此可见，作业成本计算是以作业为核算对象，根据作业对资源的消耗情况，将资源的成本分配到作业，再由作业根据成本动因追踪到产品的形成和积累过程，由此得出最终的产品成本。

具体而言，作业成本计算法有以下几个步骤：

(1)确认使用资源的作业，归集作业成本。这是最具挑战性的工作，需要详细了解产品制造所必需的活动。如以材料采购作为一个作业中心来归集成本，它所涉及的作业主要有收取请购单、挑选供应商、协商价格、选货、付款等，这些作业密切相关，所耗费的资源不能明确分离，各产品消耗材料的采购大致相同，因此可作为一个作业中心来归集成本。

(2)选择成本动因。成本动因是将作业成本分配到产品或服务上的基本标准。在采用作业成本计算法时，选择成本动因是个难题，这是一个充满企业化和个性化的工作，极为重要，必须精细、慎重。一般来讲，成本动因由企业的工程技术人员和成本会计师共同讨论确定为宜。在选择时，有两个问题需要注意：其一，成本动因应简单易懂、可计量，易于从已有的资料中分辨出来，与部门的产出存在直接联系；其二，代表性与全面性相结合。常见的成本动因有机器时间、人工小时、发货次数、购买订单、质量检验、里程、顾客数量等。企业成本动因的数量与企业生产经营过程的复杂程度密切相关。生产经营过程越复杂，其成本动因数量就越多。

采用什么标准来确定成本动因呢？最常见的标准是以下几个：

1)因果关系。在作业与资源之间、作业与产品之间，如果有因果关系，以它来确定成本动因是最理想的。

2)取得的收益。根据取得收益的比例选取成本动因。例如，两个餐厅，一个比另一个所取得的收益多，则可以按照员工人数或接待顾客的数量来确定受益不同的成本动因。

3)合理性因素。有些成本不能通过因果关系或取得收益同产品联系起来，就以公平性或合理性为基础来分配成本。

(3)计算单位作业成本。有着共同作业动因的作业成本组成一个作业成本库，如收料作业成本和收料搬运成本组成收料成本库，它们的作业动因是收料次数。用作业成本库的作业成本除以该作业成本动因数就得到单位作业成本，其计算公式：

单位作业成本＝某作业成本库成本总额÷作业动因数

对作业成本法原理进一步的分解，其主要原理有以下三个方面：

(1)任何企业的一切活动都服务于产品和劳务的生产、销售和运输，因而应视为产品成本的构成因素。

(2)在每个企业作业链中，存在着这样一种关系："资源——作业——产品"，即作业耗用资源，产品耗用作业，作业成为沟通企业资源和企业最终产品的一座桥梁。

(3)作业成本法将传统变动成本法的变动成本进一步划分为短期变动成本和长期变动成本两类。短期变动成本如直接材料、直接人工等，应采用"数量相关的成本驱动因素"，如直接材料成本、直接人工工时等，而长期变动成本与企业产品产量没有直接关系，如制造费用和部分期间费用，只是因作业量的变动而变动，故应采用"作业量相关的成本驱动因素"，如折旧可以采用机器工时进行分摊等。

9.3　作业成本法的一般程序

简单地讲，作业成本计算基本原理是：作业消耗资源，产品消耗作业。看起来，它只不过是在传统的成本分配程序中增加了一个中介——作业。其实，它之所以还没有得到广泛的认同，全面地在成本管理活动中推行，一个重要原因就是，作业成本计算的复杂性，对企业来说，没有一支高素质的成本核算队伍，是难以胜任的。

9.3.1　作业成本计算的具体步骤

(1)确认作业及主要的作业，划分作业中心。作业是作业成本计算和作业管理的核心，无论是作业成本计算还是作业管理都要从作业的确认入手，只有明确了计算和管理的对象才能进行后面的工作。不同的企业，其经营规模、工艺流程和组织结构各不相同，因而其所要认定的作业不尽相同。

一般而言，作业的认定可以采取以下两种方法：

一是根据企业生产工艺的流程，通过调查分析，区分不同的作业。如果作业太多，则可适当地将同类或类似的作业归并在一起。

二是通过企业各个职能部门进行分析，区分不同性质的作业，并进行适当的汇总。

这两种方法各有利弊，要根据实际情况因地制宜地选择作业认定的方法。而且作业的认定要考虑到成本效益原则和信息需要的详细程度。不要只追求准确性而不顾为此付出的代价，也不能因追求完美而忘了重要性原则，不顾企业的实际需要。总之，要兼顾两者，不能顾此失彼。

一个作业中心就是生产程序的一个部分，例如，一个检验中心就是一个作业中心。按照作业中心披露成本信息，便于管理当局控制作业，评估业绩。

(2)按同质作业建立作业成本库，并按照资源动因将归集起来的投入成本或资源分配到每一个作业中心的成本库中。

成本库是按相同的成本动因确定的，所以归结在一个成本库里的成本应具有同质性。选择成本库时，需确认引起间接计入成本的主要作业，并按照作业的不同种类，设置四种成本库：单位水平作业库、批次水平作业库、产品水平作业库以及维持水平作业库。

每一个成本库所代表的是它所在的那个中心所执行的作业。该步骤的任务是要确认每一个成本中心的资源耗用量。同时这一步骤的分配工作，反映了作业成本计算的基本前提，即作业消耗资源，作业量的多少决定着资源消耗量，但资源耗用量的多少与最终产出量没有直接的关系。

资源动因是本步骤分配的基础。

(3)选择作业动因。按照作业动因将各个作业中心的成本分配到最终产品、产出、劳务或顾客上。这一步骤包括以下两个方面：

1)确认各作业的作业动因，并统计作业动因的总数，据此分别计算各作业的单位作业动因的制造费用分配率。

2)统计各产品所消耗的作业量。计算产品所承担的制造费用，并开列产品成本单。例如，抽样检验作业的作业动因是生产批次；钢板打眼作业的作业动因是打出的眼数；组装的作业动因是直接人工小时。该步骤的分配工作反映了作业成本计算法的另一个基本前提：产出量的多少决定着作业的耗用量。

9.3.2 作业成本计算举例①

作业成本计算法克服了单纯以直接人工等标准分配制造费用的局限性，将分配单位的范围缩小，由企业层面的统一分配变为在各成本库层面分配，增加了分配的标准，使得产品成本或服务成本的计算更为真实可靠。下面以实例来说明作业成本计算法及其与传统成本计算法的差异。

【例 9-1】 (产品定价)西安爱飞翔公司生产三种无人机型号的产品，分别是 AFX—1 型、AFX—2 型、AFX—3 型。AFX—1 型是三种产品中工艺最简单的一种，公司每年销售 10 000 件；AFX—2 型工艺相对复杂，公司每年销售 20 000 件，在三种产品中销量最大；AFX—3 型工艺最复杂，公司每年销售 4 000 件。公司设有一个电器车间，一个组装车间。电器车间主要生产任务是合金件切割成型、线路板焊接、机翼液压成型、烤漆、喷塑、抛光等工序，形成该车间完工半成品，产品完工验收后送交自制半成品库；装配车间主要以电器车间生产的无人机结构组件、外购标准件和外购配套件为加工对象，经装配、测试等工艺，加工为可使用无人机，通过钉铭牌、配产品备件、合格证、使用技术说明书、保修单等，最后包装形成完工产品，送往产成品仓库，供销售部门组织对外销售。原材料和零部件均可外购。爱飞翔无人机公司一直采用传统成本计算法计算产品成本。

公司有关的成本资料见表 9-2。

表 9-2 产品成本资料 单位：元

项目	AFX—1	AFX—2	AFX—3
直接材料	500 000	1 800 000	80 000
直接人工	580 000	1 600 000	160 000
制造费用	990 000	2 640 000	264 000
合计	2 070 000	6 040 000	504 000
产量/架	10 000	20 000	4 000
单位产品成本	207	302	126

在传统成本计算法下，西安爱飞翔公司以直接人工工时为基础分配制造费用，如表 9-3 所示。

① 更多案例资料请参看：陈云．成本会计学[M]．4 版．上海：立信会计出版社，2016.

表 9-3 西安爱飞翔公司产品制造费用 单位：元

项目	AFX—1	AFX—2	AFX—3	合计
年直接人工工时	30 000	80 000	8 000	118 000
分配率	3 894 000÷118 000=33			
制造费用	990 000	2 640 000	264 000	3 894 000

目前公司的定价策略及产品销售方面的困境是：

(1)公司的定价策略。公司采用成本加成定价法作为定价策略，按照产品成本的125%设定目标售价，如表9-4所示。

表 9-4 爱飞翔无人机公司产品定价策略 单位：元

项目	AFX—1	AFX—2	AFX—3
产品成本	207.00	302.00	126.00
目标售价(产品成本×125%)	258.75	377.50	157.50
实际售价	258.75	328.00	250.00

(2)产品销售方面的困境。近几年，公司在产品销售方面出现了一些问题。AFX—1型无人机按照目标售价正常出售。但来自外国公司的竞争迫使公司将AFX—2型无人机的实际售价降低到328元，远远低于目标售价377.5元。AFX—3型无人机的售价定于157.5元时，公司收到的订单的数量非常多，超过其生产能力，因此公司将AFX—3型无人机的售价提高到250元。即使在250元这一价格下，公司收到订单依然很多，其他公司在AFX—3型无人机的市场上无力与公司竞争。上述情况表明，AFX—1型无人机的销售及盈利状况正常，AFX—3型无人机是一种高盈利低产量的优势产品，而AFX—2型无人机是公司的主要产品，年销售量最高，但现在却面临困境，因此AFX—2型无人机成为公司管理人员关注的焦点。在分析过程中，管理人员对传统成本计算法提供的成本资料的正确性产生了怀疑。他们决定使用作业成本计算法重新计算产品成本。

管理人员经过分析，认定了公司发生的主要作业并将其划分为几个同质作业成本库，然后将间接费用归集到各作业成本库中。归集的结果如表9-5所示。

管理人员认定各作业成本库的成本动因(表9-6)并计算单位作业成本(表9-7)如下：

采用作业成本计算法取得的产品成本资料令人吃惊。AFX—1型无人机和AFX—2型无人机在作业成本法下的产品成本都远远低于传统成本计算法下的产品成本。这为公司目前在AFX—2型无人机方面遇到的困境提供了很好的解释：

根据作业成本法计算的产品成本，AFX—2型无人机的目标售价应是327.26元，公司原定377.5元的目标售价显然是不合理的。公司现有的328元的实际售价与目标售价基本吻合。AFX—1型无人机的实际售价258.75元高于重新确定的目标售价229.30元，是一种高盈利的产品。AFX—3型无人机在传统成本法下的产品成本显然被低估了，公司制定的目标售价过低，导致实际售价250元低于作业成本计算得到的产品成本390.85元。如果售价不能提高或产品成本不能降低，公司应考虑放弃生产AFX—3型无人机。

表 9-5 爱飞翔作业成本库 单位：元

制造费用	金额
装配	1 212 600
材料采购	200 000
物料处理	600 000
起动准备	3 000
质量控制	421 000
产品包装	250 000
工程处理	700 000
管理	507 400
合计	3 894 000

表 9-6 作业成本动因 单位：元

制造费用	成本动因	作业量			
		AFX—1	AFX—2	AFX—3	合计
装配	机器小时/小时	10 000	25 000	8 000	43 000
材料采购	订单数量/张	1 200	4 800	14 000	20 000
物料处理	材料移动/次数	700	3 000	6 300	10 000
起动准备	准备次数/次数	1 000	4 000	10 000	15 000
质量控制	检验小时/小时	4 000	8 000	8 000	20 000
产品包装	包装次数/次	400	3 000	6 600	10 000
工程处理	工程处理时间/小时	10 000	18 000	12 000	40 000
管理	直接人工/小时	30 000	80 000	8 000	118 000

表 9-7 单位作业成本 单位：元

制造费用	成本动因	年制造费用	年作业量	单位作业成本
装配	机器小时/小时	1 212 600	43 000	28.2
材料采购	订单数量/张	200 000	20 000	10
物料处理	材料移动/次数	600 000	10 000	60
起动准备	准备次数/次数	3 000	15 000	0.2
质量控制	检验小时/小时	421 000	20 000	21.05
产品包装	包装次数/次	250 000	10 000	25
工程处理	工程处理时间/小时	700 000	40 000	17.5
管理	直接人工/小时	507 400	118 000	4.3

将作业成本库的制造费用按单位作业成本分摊到各产品(表 9-8)。

表 9-8　单位作业成本　　单位：元

制造费用	单位作业成本	AFX—1		AFX—2		AFX—3	
		作业量	作业成本	作业量	作业成本	作业量	作业成本
装配	28.2	10 000	282 000	25 000	705 000	8 000	225 600
材料采购	10	1 200	12 000	4 800	48 000	14 000	140 000
物料处理	60	700	42 000	3 000	180 000	6 300	378 000
起动准备	0.2	1 000	200	4 000	800	10 000	2 000
质量控制	21.05	4 000	84 200	8 000	168 400	8 000	168 400
产品包装	25	400	10 000	3 000	75 000	6 600	165 000
工程处理	17.5	10 000	175 000	18 000	315 000	12 000	210 000
管理	4.3	30 000	129 000	80 000	344 000	8 000	34 400
合计	—	—	734 400	—	1 836 200	—	1 323 400

经过重新计算，管理人员得到的产品成本资料如表 9-9 所示。

表 9-9　单位产品成本　　单位：元

项目	AFX—1	AFX—2	AFX—3
直接材料	500 000	1 800 000	80 000
直接人工	580 000	1 600 000	160 000
装配	282 000	705 000	225 600
材料采购	12 000	48 000	140 000
物料处理	42 000	180 000	378 000
起动准备	200	800	2 000
质量控制	84 200	168 400	168 400
产品包装	10 000	75 000	165 000
工程处理	175 000	315 000	210 000
管理	129 000	344 000	34 400
合计	1 814 400	5 236 200	1 563 400
产量	10 000	20 000	4 000
单位产品成本	181.44	261.81	390.85

西安爱飞翔公司的管理人员利用作业成本计算法取得较传统成本计算法更为准确的产品信息(表 9-10)，对公司的定价策略进行了及时调整，并进一步利用作业成本计算法提供的相对准确的信息对公司的其他决策进行分析调整。

表 9-10　单位产品成本　　单位：元

项目	AFX—1	AFX—2	AFX—3
产品成本(传统成本计算法)	209.00	302.00	126.00
产品成本(作业成本计算法)	181.44	261.81	390.85
目标售价(传统成本计算法下产品成本×125%)	258.75	377.50	157.50
目标售价(作业成本计算法下产品成本×125%)	226.80	327.26	488.56
实际售价	258.75	328.00	250.00

【例 9-2】（自制或外购决策）最近西安爱飞翔公司生产 AFX—1 型无人机使用一种主要零部件起落架的价格上涨到每个 10.6 元，这种起落架每年需要 10 000 件。由于公司有多余的生产能力且无其他用途，只需再租用一台设备即可制造这种起落架，设备的年租金为 40 000 元。管理人员对零件自制或外购进行了决策分析。

(1)根据传统成本计算法提供的信息，这种起落架的预计制造成本如表 9-11 所示。

表 9-11　自制起落架的成本资料　　单位：元

单位零件成本	成本总额
直接材料	0.6
直接人工	2.4
变动制造费用	3.6
共耗固定成本	30 000

传统方法下自制与外购分析如下：

购买成本＝年需要量×购买单价＝10 000×10.6＝106 000(元)

自制起落架节约的成本＝10 000(元)(表 9-12)

上述成本项目中，共耗固定成本是非相关成本，在分析中不予考虑。分析结果显示，自制差别成本为 96 000 元，小于外购差别成本 106 000 元，自制起落架可节约 10 000 元，管理人员应选择自制起落架，如表 9-12 所示。

表 9-12　自制差别成本　　单位：元

项目	耗用金额	
直接材料	(10 000×0.6)	6 000
直接人工	(10 000×2.4)	24 000
变动制造费用	(10 000×2.6)	26 000
专属固定成本	40 000	
合计	96 000	

(2)经过作业成本计算，管理人员发现有一部分共耗固定成本可以归属到这种起落架，其预计制造成本如表 9-13 所示。

表 9-13　自制预计制造成本　　单位：元

项目	成本动因	单位作业成本	作业量
直接材料	产量/个	0.60	10 000
直接人工	产量/个	2.40	10 000
装配	机器小时/小时	28.22	800
材料采购	订单数量/张	10.00	600
物料处理	材料移动/次	60.00	120
起动准备	准备次数/次	0.20	200
质量控制	检验小时/小时	21.05	100
产品包装	包装次数/次	25.00	20

作业成本法下自制与外购分析如表 9-14 所示。

表 9-14　自制差别成本　　单位：元

项目	耗用金额	
直接材料	(10 000×0.6)	6 000
直接人工	(10 000×2.4)	24 000
装配	(800×28.2)	22 560
材料采购	(600×10)	6 000
物料处理	(120×60)	7 200
起动准备	(500×0.20)	100
质量控制	(200×21.05)	4 210
产品包装	(150×25)	3 750
专属固定成本	40 000	
合计	113 820	
外购差别成本	(10 000×10.6)	106 000
外购零件节约的成本	7 820	

利用作业成本法提供的信息进行分析后，管理人员的结论是选择外购起落架。因为自制差别成本 113 820 元，大于外购差别成本 106 000 元，外购起落架可节约 7 820 元。作业成本法提供了相对准确的信息，使管理人员避免了不当的决策。

【例 9-3】（保利点销售量预测）传统方法下，AFX—1 型无人机的相关信息及管理人员的预测如表 9-15 和表 9-16 所示。

如果售价为 258.75 元，目标利润设为 708 200 元，则

单位边际贡献＝单价－单位变动成本＝258.75－(50＋60＋56.4)＝92.35(元)

保利点销售量＝(目标利润＋固定总成本)÷单位边际贡献＝1 108 200÷92.35＝12 000(元)

表 9-15　AFX—1 型无人机的成本资料　　单位：元

单位产销量变动成本	固定成本
直接材料	50
直接人工	60
变动制造费用	56.4
固定制造费用	400 000

表 9-16　AFX—1 型无人机的利润预测资料　　单位：元

单价	金额
售价	258.75
目标利润	708 200
预测企业达到目标利润的产销量为	1 108 200

作业成本法下，产品 A 的相关信息及管理人员的预测如表 9-17 所示。

表 9-17 作业成本法下 AFX—1 型无人机的成本资料　　单位：元

项目	成本动因	单位作业成本	作业量(固定成本)
直接材料	产量/架	50	
直接人工	产量/架	60	
装配	机器小时/小时	28.2	10 000
材料采购	订单数量/张	10	1 200
物料处理	材料移动/次	60	700
起动准备	准备次数/次	0.2	1 000
质量控制	检验小时/小时	21.05	4 000
产品包装	包装次数/次	25	400
工程处理	工程处理时间/小时	17.5	10 000
管理	—		129 000

目标利润＋固定总成本＝708 200＋28.2×10 000＋10×1 200＋60×700＋0.2×1 000＋21.05×4 000＋25×400＋17.5×10 000＋129 000＝1 442 600(元)

保利点销售量＝1 442 600÷(258.75－50－60)＝9 699(件)

作业成本法下达到目标利润的保利点销售量为 9 699 件，明显与传统本量利模型预测的结果 12 000 件不同。

本章小结

作业成本法是以“成本驱动因素”理论为基本依据，根据产品或企业经营过程中发生和形成的产品与作业、作业链与价值链的关系，对成本发生的动因加以分析，选择“作业”为成本计算对象，归集和分配生产制造费用的一种成本核算方法和成本管理制度。

作业成本法的基本思维是：作业消耗资源，产品消耗作业，生产导致作业的发生，作业导致间接费用或间接成本的发生。作业成本法的理论基础是：企业的成本和价值不是孤立存在的，它们以作业为中介联系在一起。成本的发生是消耗各种资源的作业引起的，而产品的成本取决于各自对作业的需求量。

作业成本法的计算程序分为：作业分析；确定资源动因，建立作业成本库；确定作业动因，并确定各作业成本的分配率；分配作业成本；计算汇总各成本目标的成本包括总成本和单位成本。

作业成本管理是指把管理重心深入作业层次，以“作业”作为企业管理的起点和核心的一种新的管理方法。作业成本管理的内容包括作业分析、作业成本计算、动态改进、业绩计量和评价。作业成本管理降低成本的方法主要包括作业消除、作业选择、作业减低、作业分享。

作业成本预算是以每个作业中心为起点和核心，根据成本动因数量为每个作业中心某一会计期间设定的成本控制标准总额。作业成本预算系统包括预算的编制、预算的执行及其结果的分析评价。

关键术语

资源　成本对象　作业　作业中心　作业链　价值链　成本动因　资源动因　作业动因　作业成本库　资源库　成本动因比率

复习思考题

1. 简述作业成本法的产生背景。
2. 什么是作业成本法？它是如何发展的？
3. 作业成本计算程序如何？
4. 作业成本计算程序与传统成本计算程序有何区别？
5. 什么是作业管理？如何进行作业管理？

第 10 章　标准成本制度

本章导读

标准成本是通过精确的调查、分析与技术测定而制定的，用来评价实际成本、衡量工作效率的一种目标成本。标准成本法又称标准成本制度，它是将成本计算和成本控制相结合，程序上包括制定标准成本、计算和分析成本差异、处理成本差异三个环节的一种成本计算方法。本章主要讲述标准成本的分类以及标准成本的制定，各类成本差异的影响因素及成本差异的计算。本章学习要求是能够运用标准成本法进行成本分析和成本控制。

10.1　标准成本制度概述

标准成本制度是指围绕标准成本的相关指标(如技术指标、作业指标、计划值等)，将成本的前馈控制、反馈控制及核算功能有机结合而形成的一种成本控制系统。标准成本制度的主要内容包括成本标准的制定、标准成本的控制、成本差异揭示及分析、成本差异的账务处理四部分内容。标准成本制度与一般的成本计算方法的不同之处在于：它将日常核算与差异分析相结合，将成本控制与成本计算相结合。

10.1.1　标准成本的产生背景

标准成本是早期管理会计的主要支柱之一，基于泰勒的管理过程标准化的思想而建立。美国工业在南北战争以后有很大的发展，许多工厂发展成为生产多种产品的大企业。但是由于企业管理落后，劳动生产率较低，许多工厂的产量大大低于额定生产能力。为了改进管理，一些工程技术人员和管理者进行了各种试验，他们努力把科学技术的最新成就应用于生产管理，大大提高了劳动生产率，并因此形成一套科学管理制度。

为了提高工人的劳动生产率，他们首先改革了工资制度和成本计算方法，以预先设定的科学标准为基础，发展奖励计件工资制度，采用标准人工成本的概念。在此之后，又把标准人工成本概念引申到标准材料成本和标准制造费用等。最初的标准成本是独立于会计系统之外的一种计算工作。1919 年美国全国成本会计师协会成立，对推广标准成本起到很大的作用。1920—1930 年，美国会计学界经过长期争论，才把标准成本纳入会计系统，从此出现了真正的标准成本会计制度。

10.1.2　标准成本和标准成本制度

标准，即为一定条件下衡量和评价某项活动或事物的尺度。所谓标准成本，是指按照成本项目反映的、在已经达到的生产技术水平和有效经营管理条件下，应当发生的单位产品成本目标。标准成本有理想标准成本、正常标准成本和现实标准成本三种类型。

理想标准成本是企业的经营管理水平、生产设备状况、职工技术水平等条件都处于最佳状态，停工损失、废品损失、机器维修保养、工人休息停工时间等不存在时的最低成本水平，即是指在最优的生产条件下，利用现有的规模和设备能够达到的最低成本。制定理想标准成本的依据，是理论上的业绩标准、生产要素的理想价格和可能实现的最高生产经营能力利用水平。由于这种成本的要求过高，只是一种纯粹的理论观念，即使企业全体员工共同努力，也无法常常达到，因此它不宜作为现行标准成本。它的主要用途是提供一个完美无缺的目标，揭示实际成本下降的潜力。因其提出的要求太高，不能作为考核的依据。

正常标准成本是根据过去一段时期实际成本的平均值，剔除其中生产经营活动中的异常因素，并考虑未来的变动趋势而制定的标准成本，即是指在效率良好的条件下，根据下期一般应该发生的生产要素消耗量、预计价格和预计生产经营能力利用程度制定出来的标准成本。制定正常标准成本时，把生产经营活动中一般难以避免的损耗和低效率等情况也包括在内，使之切实可行。它具有以下特点：

(1)它是用科学方法根据客观实验和过去实践，经充分研究后制定出来的，具有客观性和科学性。

(2)它排除了各种偶然性和意外情况，又保留了目前条件下难以避免的损失，代表正常情况下的消耗水平，具有现实性。

(3)它是应该发生的成本，可以作为评价业绩的尺度，是职工应努力争取的目标，具有激励性。

(4)它可以在工艺技术水平和管理有效性水平变化不大时持续使用，不需要经常修订，具有稳定性。

这种标准成本视未来为历史的延伸，是一种经过努力可以达到的成本，企业可以此为现行成本，但它的应用有局限性，企业只有在国内外经济形势稳定、生产发展比较平稳的情况下才能使用。

现实标准成本是根据企业最可能发生的生产要素耗用量、生产要素价格和生产经营能力利用程度而制定的，即是指根据其适用期间应该发生的价格、效率和生产经营能力利用程度等预计的标准成本。由于这种标准包含企业一时还不能避免的某些不应有的低效、失误和超量消耗，因此它是经过努力可以达到的既先进又合理，最切实可行且接近实际的成本。这种标准成本可以成为评价实际成本的依据，也可以用来对存货和销货成本计价。

以标准成本为基础，把实际发生的成本与标准成本进行对比，揭示出成本差异，使差异成为向人们发出的一种“信号”。以此为线索，企业可以进一步查明差异形成的原因和责任，并据以采取相应的措施，实现对成本的有效控制。期终，还可以通过一定方法将标准成本和差异重新结合，确定产品的实际成本。由此可见，以标准成本为基础形成的标准成本制度，把成本的事先规划、日常控制和产品实际成本的计算有机结合起来，从而成为加强成本管理，全面提高企业经济效益的重要工具。

10.1.3 标准成本控制的特点和步骤

1. 标准成本控制的特点

标准成本控制的核心是按标准成本记录和反映产品成本的形成过程与结果，并借以实现对成本的控制。其特点有以下几方面：

(1)标准成本制度只计算各种产品的标准成本，不计算各种产品的实际成本。“生产成本”

“产成品”“自制半成品”等成本账户均按标准成本入账。

(2)实际成本与标准成本之间的各种差异分别记入各成本差异账户，并根据它们对日常成本进行控制和考核。

(3)标准成本控制可以与变动成本法相结合，达到成本管理和控制的目的。

2. 标准成本控制的步骤

(1)正确制定成本标准。

(2)揭示实际消耗与标准成本的差异。

(3)积累实际成本资料，并计算实际成本。

(4)比较实际成本与标准成本的差异，分析成本差异产生的原因。

(5)根据差异产生的原因，采取有效措施，在生产经营过程中进行调整，消除不利差异。

10.2 标准成本的制定

制定标准成本时，应充分考虑列在有效作业状态下所需要的材料和人工数量，预期支付的材料和人工费用，以及在正常生产情况下所应分摊的间接费等因素。标准成本的制定，应有销售、生产、计划、采购、物料、劳动工资、工艺、车间、会计等有关部门的人员参加，共同商定。标准成本制定得不能高不可攀，以免打消员工的积极性，但也不能门槛太低，失去成本管理的意义。标准成本应该是切实可行的，大部分人通过努力都能够达到，同时企业要定期对标准成本进行评审和维护，以保持标准成本的先进性和稳定性。

10.2.1 标准成本的制定方法

制定标准成本有多种方法，最常见的有：

(1)工程技术测算法。它是根据一个企业现有的机器设备、生产技术状况，对产品生产过程中的投入产出比例进行估计而得出来的标准成本。

(2)历史成本推算法。它是将过去发生的历史成本数据作为未来产品生产的标准成本，一般以企业过去若干期的原材料、人工等费用的实际发生额计算平均数，要求较高的企业往往以历史最好成本水平来计算。

以上两种方法，各有优缺点。历史成本测算法省时省力，又易于做到，但它不能适应变化着的市场要求。

10.2.2 标准成本的一般公式

产品的标准成本，根据完全成本法的成本构成项目，主要包括直接材料、直接人工和制造费用三个项目。无论是哪一个成本项目，在制定其标准成本时，都需要分别确定其价格标准和用量标准，两者相乘即为每一成本项目的标准成本，然后汇总各个成本项目的标准成本就可以得出单位产品的标准成本。其计算公式如下：

某成本项目标准成本＝该成本项目的价格标准×该成本项目的用量标准

单位产品标准成本＝直接材料标准成本＋直接人工标准成本＋制造费用标准成本

10.2.3　标准成本各项目的制定

1. 直接材料标准成本的制定

直接材料标准成本是由直接材料耗用量标准和直接材料价格标准两个因素决定的。直接材料耗用量标准是指企业在现有生产技术条件下，生产单位产品应当耗用的原料及主要材料数量，通常也称为材料消耗定额，一般包括构成产品实体应耗用的材料数量、生产中的必要消耗，以及不可避免的废品损失中的消耗等。

材料耗用量标准应根据企业产品的设计、生产和工艺的现状，结合企业的经营管理水平的情况和成本降低任务的要求，考虑材料在使用过程中发生的必要损耗(如切削、边角余料等)，并按照产品的零部件来制定各种原料及主要材料的消耗定额。材料消耗标准一般应由生产技术部门制定提供，定额制度健全的企业，也可以依据材料消耗定额来制定。

材料价格标准是指以订货合同中的合同价格为基础，考虑未来各种变动因素所确定的购买材料应当支付的价格，即标准单价。一般包括材料买价、运杂费、检验费和正常损耗等成本，它是企业编制的计划价格，通常由财务部门和采购部门共同协商制定。

确定了直接材料耗用量标准和价格标准后，将各种原材料耗用量标准乘以标准单价，就得到直接材料标准成本。其计算公式为：

$$单位产品直接材料成本 = \sum(各种材料耗用量标准 \times 各种材料价格标准)$$

【例 10-1】 假定甲企业 201×年 A 产品预计消耗直接材料资料以及 A 产品标准成本计算如表 10-1 所示。

表 10-1　直接材料标准成本(产品：A)

标准	材料甲	材料乙
价格标准：		
发票单价/元	1.00	4.00
装卸检验费/元	0.07	0.28
每 kg 标准价格/元	1.07	4.28
用量标准：		
图纸用量/kg	3.0	2.0
允许损耗量/kg	0.3	
单产标准用量/kg	3.3	2.0
成本标准：		
材料甲/元	3.53(3.3×1.07)	
材料乙/元		8.56(2.0×4.28)
单位产品标准成本/元	12.09	

2. 直接人工标准成本的制定

直接人工标准成本是由直接人工工时耗用量标准和直接人工价格标准两个因素决定的。

人工工时耗用量标准即直接生产工人生产单位产品所需要的标准工时，也称工时消耗定额，是指在企业现有的生产技术条件下，生产单位产品所需要的工作时间，包括对产品的直接加工工时、必要的间歇和停工工时以及不可避免的废品耗用工时等。人工工时耗用量标准通常需由生产技术部门和劳动工资部门根据技术测定和统计调查资料来确定。

直接人工价格标准是每一标准工时应分配的标准工资，即标准工资率，以职工工资标准来确定。确定了标准工时和工资率后，用下列公式计算单位产品直接人工标准成本：

单位产品直接人工标准成本＝标准工资率×人工工时耗用标准

【例 10-2】 假定甲企业 201×年 A 产品预计消耗直接人工资料以及 A 产品标准成本计算如表 10-2 所示。

表 10-2 直接人工标准成本(产品：A)

小时工资率	第一工序	第二工序
基本生产工人人数/人	20	50
每人每月工时(25.5 天×8 小时)/小时	204	204
出勤率/%	98	98
每人平均可用工时/小时	200	200
每月总工时/小时	4 000	10 000
每月工资总额/元	3 60050	12 600
每小时工资/元	0.90	1.26
单位产品工时：		
理想作业时间/小时	1.5	0.8
调整设备时间/小时	0.3	
工间休息/小时	0.1	0.1
其他/小时	0.1	0.1
单位产品标准工时合计/小时	2	1
直接人工标准成本/元	1.8	1.26
合计/元	3.06	

3. 制造费用标准成本的制定

制造费用可以分为变动制造费用和固定制造费用两部分。这两部分制造费用都按标准用量和标准分配率的乘积计算，标准用量一般都采用工时表示。

(1)变动制造费用标准成本。变动制造费用的数量标准通常采用单位产品直接人工工时标准，它在直接人工标准成本制定时已经确定。有的企业采用机器工时或其他用量标准。作为数量标准的计量单位，应尽可能与变动制造费用保持较好的线性关系。

变动制造费用的价格标准是每一工时变动制造费用的标准分配率，它根据变动制造费用预算和直接人工总工时计算求得。

(2)固定制造费用标准成本。固定制造费用的用量标准与变动制造费用的用量标准相同，包括直接人工工时、机器工时、其他用量标准等，并且两者要保持一致，以便进行差异分析。这个标准的数量在制定直接人工用量标准时已经确定。

固定制造费用的价格标准是其每小时的标准分配率，它根据固定制造费用预算和直接人工标准总工时来计算求得。

由于制造费用无法追溯到具体的产品项目，因此不能按产品制定消耗额。通常以责任部门为单位，按固定费用和变动费用编制预算。制造费用的标准成本是由制造费用的价格标准和制造费用的用量标准决定，制造费用价格标准即制造费用分配率标准，制造费用用量标准即工时用量标准。具体计算公式如下：

单位产品制造费用标准成本＝制造费用分配率标准×制造费用用量标准

制造费用分配率标准＝变动制造费用标准分配率＋固定制造费用标准分配率

变动制造费用分配率标准＝变动制造费用预算÷预算标准工时

固定制造费用分配率标准＝固定性制造费用预算÷预算标准工时

4. 制定标准成本举例

上述标准成本的制定，可以通过编制标准成本单来进行。

在制定时，其中每一个项目的标准成本均应分为用量标准和价格标准。其中，用量标准包括单位产品消耗量、单位产品人工小时等，价格标准包括原材料单价、小时工资率、小时制造费用分配率等。具体如下：

直接材料标准成本＝单位产品的用量标准×材料的标准单价

直接工资标准成本＝单位产品的标准工时×小时标准工资率

变动制造费用标准成本＝单位产品直接人工标准工时×每小时变动制造费用的标准分配率

变动制造费用标准分配率＝变动制造费用预算总数÷直接人工标准总工时

固定制造费用标准成本＝单位产品直接人工标准工时×每小时固定制造费用的标准分配率

固定制造费用标准分配率＝固定制造费用预算总数÷直接人工标准总工时

【例 10-3】 假定甲企业 201×年 A 产品预计消耗直接材料、直接人工、制造费用资料以及 A 产品标准成本计算如表 10-3 所示。

表 10-3　产品标准成本计算表

产品：A 产品　　　　201×年×月×日　　　　单位：元

<table>
<tr><td rowspan="5">直接材料</td><td rowspan="2">原料号码</td><td rowspan="2">单位</td><td rowspan="2">数量</td><td rowspan="2">标准单价</td><td colspan="2">部　门</td><td rowspan="2">合计</td><td rowspan="5">直接人工</td><td rowspan="2">操作号码</td><td rowspan="2">标准时数</td><td rowspan="2">标准工资率</td><td colspan="2">部门</td><td rowspan="2">合计</td></tr>
<tr><td>1</td><td>2</td><td>1</td><td>2</td></tr>
<tr><td>1—6</td><td>kg</td><td>5</td><td>10</td><td>50</td><td></td><td>50</td><td>1—3</td><td>2</td><td>5</td><td>10</td><td></td><td>10</td></tr>
<tr><td>3—5</td><td>kg</td><td>10</td><td>7</td><td></td><td>70</td><td>70</td><td>2—4</td><td>5</td><td>4</td><td></td><td>20</td><td>20</td></tr>
<tr><td>4—7</td><td>kg</td><td>6</td><td>10</td><td></td><td>60</td><td>60</td><td>3—5</td><td>6</td><td>3</td><td></td><td>18</td><td>18</td></tr>
<tr><td></td><td colspan="4">直接材料成本合计</td><td>50</td><td>130</td><td>180</td><td></td><td colspan="3">直接人工成本合计</td><td>10</td><td>38</td><td>48</td></tr>
<tr><td rowspan="5">变动制造费用</td><td colspan="2" rowspan="2">标准时数</td><td colspan="2" rowspan="2">标准分配率</td><td colspan="2">部　门</td><td rowspan="2">合计</td><td rowspan="5">固定制造费用</td><td colspan="2" rowspan="2">标准时数</td><td rowspan="2">标准分配率</td><td colspan="2">部门</td><td rowspan="2">合计</td></tr>
<tr><td>1</td><td>2</td><td>1</td><td>2</td></tr>
<tr><td colspan="2">2</td><td colspan="2">3</td><td rowspan="2">6</td><td rowspan="2">44</td><td>6</td><td colspan="2">2</td><td>2</td><td rowspan="2">4</td><td rowspan="2">33</td><td>4</td></tr>
<tr><td colspan="2">11</td><td colspan="2">4</td><td>44</td><td colspan="2">11</td><td>3</td><td>33</td></tr>
<tr><td colspan="4">变动制造费用合计</td><td>6</td><td>44</td><td>50</td><td colspan="3">固定制造费用合计</td><td>4</td><td>33</td><td>37</td></tr>
<tr><td colspan="14">制造费用合计</td><td>87</td></tr>
<tr><td colspan="14">产品标准成本合计</td><td>315</td></tr>
</table>

10.3 成本差异的计算与分析

标准成本控制的第二步是计算成本差异及其分析。这里的成本差异是指产品的实际成本与标准成本之间的差额。在生产经营过程中，实际发生的成本会高于或低于标准成本，它们间的差额就是成本差异，实际成本高于标准成本时的差额称为不利差异，低于标准成本的差额称为有利差异。实行标准成本控制就是要发展有利差异，消除不利差异。

标准成本包括直接材料标准成本、直接人工标准成本、变动制造费用标准成本、固定制造费用标准成本，与此相对应，成本差异也有直接材料成本差异、直接人工成本差异、变动制造费用成本差异、固定制造费用成本差异，每一个标准成本项目均可分解为用量标准和价格标准，成本差异也分解为数量差异和价格差异。成本差异的通用计算公式如图 10-1 所示。

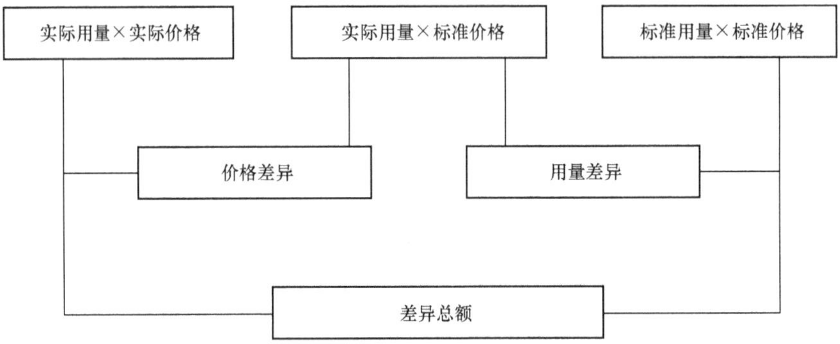

图 10-1　成本差异的通用计算公式

10.3.1 直接材料成本差异的计算与分析

直接材料成本差异是直接材料的实际成本与其标准成本之间的差额，包括用量差异和价格差异。

直接材料的用量差异＝(实际用量×标准价格)－(标准用量×标准价格)
＝(实际用量－标准用量)×标准价格

导致直接材料用量差异的因素主要有设备故障、原材料质量不高、员工技术不熟练、产品质量标准变化、生产管理不力等，差异主要在生产过程中发生，应由生产部门负责。当然，也存在生产部门不可控的因素，如采购部门为了降低采购成本，降低了原材料的质量，这就不是生产部门的责任。

导致直接材料价格差异的因素主要有采购批量、送货方式、购货折扣、材料品质、采购时间等。这些因素主要由采购部门控制，应该由采购部门负责。当然也存在例外情况，如生产中出现材料紧缺，必须紧急采购，价格就难以控制，造成采购成本提高，其责任另当别论。

直接材料的价格差异＝(实际用量×实际价格)－(实际用量×标准价格)
＝实际用量×(实际价格－标准价格)

【例 10-4】　某企业 A 产品本月实际产量为 120 件，材料消耗标准用量为 10 kg，每 kg 标准价格为 50 元，实际材料耗用量为 1 100 kg，实际单价为 51 元。其实际材料标准成本差异计算如下：

直接材料的实际成本＝1 100×51＝56 100(元)

直接材料的标准成本＝120×10×50＝60 000(元)

直接材料成本差异＝56 100－60 000＝－3 900(元)

直接材料的数量差异＝(1 100－120×10)×50＝－5 000(元)

直接材料价格差异＝(51－50)×1 100＝1 100(元)

上述计算结果说明，该企业材料数量差异为－5 000 元，表明生产部门管理得力，或是生产技术水平提高等原因，节约了材料。价格差异为 1 100 元，这是由于市场价格的变化所带来的不利差异。

10.3.2　直接人工成本差异的计算与分析

直接人工差异的确定与直接材料大致相同，不同之处在于价格差异是工资率差异，用量差异是人工效率差异。其计算公式为：

直接人工效率差异＝(实际工时×标准工资率)－(标准工时×标准工资率)

＝(实际工时－标准工时)×标准工资率

直接人工工资率差异＝(实际工时×实际工资率)－(实际工时×标准工资率)

＝实际工时×(实际工资率－标准工资率)

工资率是在聘用合同中条款规定的，实际支付与预算额一般不会出现差异，但当企业的人力资源管理变动时，会导致工资率差异，如在生产经营中降级或升级使用员工、员工人数的增减、总体工资水平变动等情况发生时。

员工生产经验不足、原材料质量不合格、设备运转不正常、工作环境不佳等因素均会导致直接人工效率差异。通常情况下，效率差异由生产部门负责，但如果影响因素是生产部门的不可控因素，责任由相关部门承担。

【例 10-5】　某企业 B 产品直接人工成本差异如表 10-4 所示。

表 10-4　直接人工成本差异计算表

项目	工时数/小时	工资率/(元·小时$^{-1}$)	金额/元
标准成本	5 200	11.80	61 360
实际成本	5 000	12.60	63 000
工资率差异	(5 000×12.60)－(5 000×11.80)＝4 000		
效率差异	(5 000×11.80)－(5 200×11.80)＝－2 360		
直接人工成本差异	4 000 ＋(－2 360)＝1 640		

10.3.3　变动制造费用标准成本差异计算与分析

变动制造费用的差异同样可分为价格差异和数量差异，价格差异是由于变动制造费用的分配率与标准分配率不一致造成的，又称为变动制造费用耗费差异。数量差异则是由于实际耗用工时与标准工时不一致造成的，又称为变动制造费用效率差异。

变动制造费用耗费差异＝(实际工时×变动制造费用实际分配率)－(实际工时×变动制造费用标准分配率)

变动制造费用效率差异＝(实际工时×变动制造费用标准分配率)－(标准工时×变动制造费用标准分配率)

变动制造费用耗费差异，可能是由于实际价格与变动制造费用预算不一致造成的，也可能是由于制造费用项目的过度使用或浪费造成的。

变动制造费用效率差异产生的原因与直接人工效率差异大致相同。

【例 10-6】 某产品变动制造费用实际发生额为 7 540 元，实际耗用直接工时 1 300 小时，产量 120 000 件，单位产品标准工时 0.01 小时，制造费用标准分配率 6 元/小时，变动制造费用差异计算如下：

变动制造费用的耗费差异＝7 540－1 300×6＝－260(元)

变动制造费用的效率差异＝1 300×6－0.01×120 000×6＝600(元)

变动制造费用总差异＝－260＋600＝340(元)

10.3.4 固定制造费用差异

固定制造费用有两种计算分析方法：一是两因素差异分析法，二是三因素差异分析法。两因素分析法将固定制造费用差异分为耗费差异和数量差异，这里的数量差异又称为能量差异，计算公式如下：

固定制造费用成本差异＝实际产量下实际固定制造费用－实际产量下标准固定制造费用

固定制造费用耗费差异＝固定制造费用实际发生额－固定制造费用预算额

固定制造费用能量差异＝(预算产量标准工时－实际产量标准工时)×固定制造费用标准分配率

固定制造费用包括管理人员工资、保险费、厂房设备折旧、税金等项目，这些项目在一定时期内不会随产量水平的变化而变动，因此，一般来讲，与预算成本差异不大。

如果企业出现固定制造费用数量差异，说明生产能力的利用程度与预算不一致，生产能力超额利用，实际标准工时会大于生产能量，形成有利差异；反之，则是生产能力没有得到充分利用。

【例 10-7】 某产品固定制造费用预算成本为 30 000 元，预算直接人工 1 000 小时，单位产品标准工时是 0.01 小时，固定制造费用标准分配率是 30 元/小时，预算产量 100 000 件，实际产量 90 000 件，实际发生制造费用 28 700 元，则

固定制造费用耗费差异＝28 700－30 000＝－1 300(元)

固定制造费用能量差异＝30 000－30×0.01×90 000＝3 000(元)

固定制造费用总差异＝－1 300＋3 000＝1 700(元)

三因素分析法是进一步将能量差异分为效率差异和生产能力利用差异，再加上前面的耗费差异就构成了三种影响因素，耗费差异的计算与前面完全一致，另外两种差异的计算公式如下：

效率差异＝(实际工时－标准工时)×固定制造费用预算分配率

生产能力利用差异＝(预算工时－实际工时)×固定制造费用预算分配率

10.4　标准成本系统账务处理①

标准成本法下，为各种成本差异要分别设差异账户单独归集，如对材料成本差异，应设置“材料价格差异”和“材料用量差异”账户；对固定制造费用差异，应设置“固定制造费用开支差异”“固定制造费用能力差异”和“固定制造费用效率差异”等账户，年度终了时予以处理，或者转为销售产品成本，或者直接计入损益。我国和西方国家大都将本期发生的各种差异全部计入当期损益。

10.4.1　标准成本系统账务处理的特点

为了同时提供标准成本、成本差异和实际成本三项成本资料，标准成本系统的账务处理具有以下特点：

1.“原材料”“生产成本”和“产成品”账户登记标准成本

通常的实际成本系统，从原材料到产成品的流转过程，使用实际成本记账。在标准成本系统中，这些账户改用标准成本核算，无论是借方和贷方均登记实际数量的标准成本，其余额亦反映这些资产的标准成本。

2. 设置成本差异账户分别记录各种成本差异

在标准成本系统中，要按成本差异的类别设置一系列成本差异账户，“材料价格差异”“材料数量差异”“直接人工效率差异”“直接人工工资率差异”“变动制造费用耗费差异”“变动制造费用效率差异”“固定制造费用耗费差异”“固定制造费用效率差异”“固定制造费用能量差异”等。这些差异账户的设置，要同采用的成本差异分析方法相适应，为每一种成本差异设置一个账户。

在需要登记“原材料”“生产成本”和“产成品”账户时，应将实际成本分离为标准成本和相关的成本差异，标准成本数据记入“原材料”“生产成本”和“产成品”账户，而相关的差异分别记入各自对应的成本差异账户。借方登记超支差异，贷方登记节约差异。

为了便于考核，各差异账户还可以按照责任部门设置明细账，分别记录各部门的各项成本差异。

3. 在各会计期末对成本差异进行处理

各成本差异账户的累计发生额，反映了本期成本控制的业绩。在月末(或年末)对成本差异的处理方法有两种：

(1)结转本期损益法。在需要登记“原材料”“生产成本”和“产成品”账户时，应将实际成本分离为标准成本和相关的成本差异，标准成本数据记入“原材料”“生产成本”和“产成品”账户，而相关的差异分别记入各自对应的成本差异账户。借方登记超支差异，贷方登记节约差异。

为了便于考核，各差异账户还可以按照责任部门设置明细账，分别记录各部门的各项成本差异。

按照这种方法，在会计期末将所有差异转入“本年利润”账户，或者先将差异转入“主营业务成本”账户，再随同已销产品的标准成本一起转至“本年利润”账户。

采用这种方法的依据是确信标准成本是真正的正常成本，成本差异是不正常的低效率和浪费造成的，应当直接体现在本期损益之中，使利润能体现本期工作成绩的好坏。此外，这种方

① 有关的账务处理程序请参看：王祥耀，杨忠智．成本会计学[M]. 北京：高等教育出版社，2016.

法的账务处理比较简便。但是，如果差异数额较大或者标准成本不符合实际的正常水平，则不仅使存货成本严重脱离实际成本，而且会歪曲本期经营成果，因此，在成本差异数额不大时采用此种方法为宜。

(2)调整销货成本与存货法。按照这种方法，在会计期末将成本差异按比例分配至已销产品成本和存货成本。

采用这种方法的依据是税法和会计制度均要求以实际成本反映存货成本和销货成本。本期发生的成本差异，应由存货和销货成本共同负担。当然，这种做法会增加工作量。此外，有些费用计入存货成本不一定合理，例如闲置能量差异是一种损失，并不能在未来换取收益，作为资产计入存货成本明显不合理，不如作为期间费用在当期参加损益汇总。①

成本差异的处理方法选择要考虑许多因素，包括差异的类型(材料、人工或制造费用)、差异的大小、差异的原因、差异的时间(如季节性变动引起的非常性差异)等。因此，可以对各种成本差异采用不同的处理方法，如材料价格差异多采用调整销货成本与存货法，闲置能量差异多采用结转本期损益法，其他差异则可根据企业具体情况而定。值得强调的是，差异处理的方法要保持历史的一致性，以便使成本数据保持可比性，并防止信息使用人产生误解。

10.4.2 标准成本账务处理程序

下面通过举例说明标准成本财务处理的程序。

1. 有关的资料

(1)单位产品标准成本，如表10-5所示。

表10-5 单位产品标准成本 单位：元

直接材料(100 kg×0.3元/kg)	30
直接人工(8小时×4元/小时)	32
变动制造费用(8小时×1.5元/小时)	12
固定制造费用(8小时×1元/小时)	8
单位产品标准成本	82

(2)费用预算，如表10-6所示。

表10-6 费用预算

生产能量/小时	4 000
变动制造费用/元	6 000
固定制造费用/元	4 000
变动制造费用标准分配率/(元·小时$^{-1}$)	1.5
固定制造费用标准分配率/(元·小时$^{-1}$)	1

① 更多案例资料请参看：张力上．成本会计[M]．北京：科学出版社，2016.

续表

生产能量/小时	4 000
变动销售费用/(元·件$^{-1}$)	2
固定销售费用/元	24 000
管理费用/元	3 000

(3)生产及销售情况。本月初在产品存货50件，其标准成本为2 800元。由于原材料一次性投入，在产品存货中含原材料成本1 500元(50件×30元/件)。其他成本项目采用约当产量法计算，在产品约当完工产品的系数为0.5；50件在产品的其他成本项目共1 300元[50件×0.5×(32元/件+12元/件+8元/件)]。本月投产450件，完工入库430件，月末在产品70件。

本月初产成品存货30件，其标准成本为2 460元(30件×82元/件)。本月完工入库430件，本月销售440件，月末产成品存货20件。销售单价125元/件。

数据整理如表10-7所示。

表10-7 数据整理

	直接材料	直接人工	变动制造费用	固定制造费用
月初在产品(50件，约当25件)	50×30	25×32	25×12	25×8
本月投产(450件)	450×30	440×32	440×12	440×8
完工产量(430件)	430×30	430×32	430×12	430×8
月末在产品(70件，约当35)	70×30	35×32	35×12	35×8

其中本月投产约当产量的计算方法如下：

月初在产品约当产量+本月投产约当产量=完工产量+月末在产约当产量

$$50\times0.5+x=430+70\times0.5$$

即 $x=440$

2. 原材料的购入与领用

(1)本月购入第一批原材料30 000 kg，实际成本每kg 0.27元，共计8 100元。

标准成本：30 000×0.3=9 000(元)

实际成本：30 000×0.27=8 100(元)

价格差异：30 000×(0.27−0.3)=−900(元)

账务处理如下：

借：原材料 9 000

　　贷：材料价格差异 900

　　　　应付账款 8 100

(2)本月购入第二批原材料20 000 kg，实际成本每kg 0.32元，共计6 400元。

标准成本：20 000×0.3=6 000(元)

实际成本：20 000×0.32=6 400(元)

价格差异：20 000×(0.32−0.3)=400(元)

账务处理如下：

借：原材料　　6 000
　　材料价格差异　　400
　　贷：应付账款　　6 400

(3)本月投产 450 件，领用材料 45 500 kg。

应耗材料标准成本：450×100×0.3=13 500(元)

实际耗料标准成本：45 500×0.3=13 650(元)

材料数量差异=(45 500　450×100)×0.3=150(元)

账务处理如下：

借：生产成本　　13 500
　　材料数量差异　　150
　　贷：原材料　　13 650

3. 直接人工工资

本月实际使用直接人工 3 500 小时，支付工资 14 350 元，平均每小时 4.10 元。账务处理如下：

借：应付工资　　14 350
　　贷：银行存款　　14 350

为了确定应记入“生产成本”账户的标准成本数额，须计算本月实际完成的约当产量。在产品约当完工产品的系数为 0.5，月初在产品 50 件，本月完工入库 430 件，月末在产品 70 件。

本月完成的约当产品数量：70×0.5+430−50×0.5=440(件)

标准成本：440×8×4=14 080(元)

实际成本：3 500×4.10=14 350(元)

人工效率差异：(3 500−440×8)×4=−80(元)

人工工资率差异：3 500×(4.10−4)=350(元)

账务处理如下：

借：生产成本　　14 080
　　直接人工工资率差异　　350
　　贷：直接人工效率差异　　80
　　　　应付工资　　14 350

4. 变动制造费用

本月实际发生变动制造费用 5 600 元，实际费用分配率为 1.6(5 600/3 500)元/小时。账务处理如下：

借：变动制造费用　　5 600
　　贷：各有关账户　　5 600

将其计入产品成本：

标准成本：440×8×1.5=5 280(元)

实际成本：3 500×1.6=5 600(元)

变动制造费用效率差异：(3 500−440×8)×1.5=−30(元)

变动制造费用耗费差异：3 500×(1.6−1.5)=350(元)

账务处理如下：

借：生产成本　　5 280
　　变动制造费用耗费差异　　350

贷：变动制造费用效率差异　　30

变动制造费用　　5 600

5. 固定制造费用

本月实际发生固定制造费用 3 675 元，实际费用分配率为 1.05(3 675/3 500)元/小时。账务处理如下：

借：固定制造费用　　3 675

贷：各有关账户　　3 675

将其计入产品成本：

标准成本：440×8×1＝3 520(元)

实际成本：3 500×1.05＝3 675(元)

固定制造费用耗费差异：3 675－4 000＝－325(元)

固定制造费用效率差异：(3 500－440×8)×1＝－20(元)

固定制造费用闲置能量差异：(4 000－3 500)×1＝500(元)

账务处理如下：

借：生产成本　　3 520

固定制造费用能量差异　　500

贷：固定制造费用耗费差异　　325

固定制造费用效率差异　　20

固定制造费用　　3 675

6. 完工产品入库

本月完工产成品入库 430 件。

完工产品标准成本：430×82＝35 260(元)

账务处理如下：

借：产成品　　35 260

贷：生产成本　　35 260

上述分录过账后，"生产成本"账户余额为 3 920 元，其中材料标准成本 2 100(70×30)元，直接人工 1 120(70×32×0.5)元，变动制造费用 420(70×12×0.5)元，固定制造费用 280(70×8×0.5)元。

7. 产品销售

本月销售 440 件，单位价格 125 元，计 55 000 元。账务处理如下：

借：应收账款　　55 000

贷：营业收入　　55 000

结转已销产品成本：440×82＝36 080(元)

账务处理如下：

借：产品销售成本　　36 080

贷：产成品　　36 080

上述分录过账后，"产成品"账户期末余额为 1 640 元。它反映 20 件期末存货的标准成本(20 件×82 元/件)。

8. 发生销售费用与管理费用

本月实际发生变动销售费用 968 元，固定销售费用 2 200 元，管理费用 3 200 元。账务处理如下：

借：变动销售费用	968	
固定销售费用	2 200	
管理费用	3 200	
贷：各有关账户		6 368

9. 结转成本差异

借：主营业务成本	395	
材料价格差异	500	
直接人工效率差异	80	
变动制造费用效率差异	30	
固定制造费用耗费差异	325	
固定制造费用效率差异	20	
贷：材料数量差异		150
直接人工工资率差异		350
变动制造费用耗费差异		350
固定制造费用能量差异		500

本章小结

标准成本管理制度是为了更有效地进行经营管理，事先确定经营管理所要达到的目标，然后据此衡量执行的效果并反映目标在执行过程中是否发生了偏差，以便采取措施加以控制的一种企业成本控制制度。实施标准成本管理制度的基本程序是：首先，制定标准成本；其次，执行成本标准；再次，确定成本差异；最后，进行成本反馈。

由于成本是根据消耗的数量与价格两个基本因素计算的，因而成本差异的计算与分析，也要从消耗数量与价格两个因素入手。按产品成本项目，成本差异相应地包括直接材料成本差异、直接人工成本差异和制造费用成本差异三部分。直接材料成本差异分为材料用量差异和材料价格差异，对于耗用多种材料的产品材料的用量差异又分为材料的结构差异和材料的产出差异；直接人工成本差异分为直接人工的效率差异和直接人工的工资率差异，对同一产品由不同工资等级的工人生产时还应分析人工的结构差异和人工的产出差异；制造费用成本差异又按形成原因不同分为变动性制造费用差异和固定性制造费用差异。

关键术语

标准成本　材料耗用量标准　材料价格标准　直接人工工时耗用量标准　直接人工价格标准　标准分配率　变动制造费用标准成本　固定制造费用标准成本　用量差异　直接人工效率差异　直接人工工资率差异　变动制造费用耗费差异　变动制造费用效率差异　固定制造费用能量差异　固定制造费用耗费差异

复习思考题

1. 标准成本有哪些类型？
2. 标准成本控制一般有哪些步骤？
3. 简述标准成本系统的账务处理的特点。
4. 成本差异账户一般有哪些？

第 11 章　其他行业成本核算

本章导读

本章主要介绍不同于制造业成本核算的方法和特点，包括建筑施工企业、房地产开发企业、商品流通企业、旅游饮食企业、运输企业等行业的成本核算方法。

通过本章的学习，了解其他行业成本核算的特点，明确其他行业成本核算方法与制造业成本核算方法的异同，掌握其他行业成本核算账务处理的主要特点。

11.1　建筑施工企业成本核算

11.1.1　施工企业的建筑工程主要内容

建筑施工企业是国民经济中一个重要的物质生产部门，也是从事基本建设、建筑安装施工活动的基层生产单位，施工企业的建筑工程主要包括以下内容：

(1)各种房屋(如厂房、住宅、仓库等)、构筑物(如铁路、矿井、水塔等)的建筑工程，以及各种管道(如石油、天然气、排水等管道)、输电线、电信电缆的铺设工程。

(2)设备的基础、支柱、工作台以及各种特殊炉(如炼钢炉、炼焦炉)的砌筑工程。

(3)矿井开凿、石油、天然气的钻井工程，以及工程地质勘探、拆除建筑物、建筑工程完工后的清理、绿化等工程。

(4)水库、堤坝等水利工程以及防空等特殊工程。施工企业的设备安装工程，包括生产、动力、起重、运输、传动等各种需要安装的机械设备的装配、装置工程，为检验设备安装工程质量而进行的试车工作也应包括在安装工程内。

11.1.2　建筑施工企业生产经营的特点

由于其从事行业的特殊性，建筑施工企业的生产经营具有不同于其他行业的特点：

(1)建筑产品具有固定性、单体性、多样性、形体庞大和使用寿命长等特点。

(2)建筑施工过程具有流动性、长期性、综合协作性等特点。

(3)生产经营管理具有生产经营业务不稳定、管理环境多变、机构人员变动大等特点。

11.1.3　施工企业工程成本的计算对象

施工企业工程成本的计算对象是指工程成本计算时，应该选择什么样的工程作为目标，来归集和分配生产费用，确定实际成本。施工企业工程成本的计算既可以根据企业施工组织特点、所承包工程实际情况和工程价款结算办法来确定，也可以根据与施工图预算相适应的原则来确定。

一般来说，施工企业应该以每一个单位工程作为成本计算对象，但是，一个施工企业要承包多个建设项目，每个建设项目的具体情况往往很不相同：有的工程规模很大、工期很长；有的工程规模较小，工期较短；有时一个工地上有若干个结构类型相同的单位工程同时施工、交叉作业、共同耗用现场堆放的大堆材料；等等。因此，工程成本计算对象的确定，一般要根据与施工图预算相适应的原则，以每一个独立编制施工图预算的单位工程为依据、根据承包承包工程的规模大小、结构类型、工期长短以及现场施工条件等具体情况，结合企业施工组织的特点和加强成本管理的要求，确定建筑安装工程成本计算对象。具体来讲，主要有以下几种划分方法：

(1)建筑安装工程一般应以每一独立编制施工预算图的单位工程成本计算对象。

(2)一个单位工程有几个施工单位共同施工时，各施工单位都应以同一单位工程为成本计算对象，各自核算自行完成部分。

(3)规模大、工期长的单位工程，可以将工程划分为若干部分，以部分工程作为成本计算对象。

(4)同一建设项目中同一施工单位、同一施工地点、同一结构类型、开竣工时间相近的若干个单位工程，可以合并作为一个成本计算对象。

(5)改建、扩建零星工程，可以将开竣工时间相近、属于统一建设项目的各个单位工程合并作为一个成本计算对象。

(6)土石方工程、打桩工程，可以根据实际情况和管理要求，以一个单位工程为成本计算对象，或将同一施工地点的若干个工程量较小的单项工程合并作为一个成本计算对象。

(7)独立施工的装饰工程的成本计算对象应与土建工程成本计算对象一致。

(8)工业设备安装工程，可按单位工程或专业项目，如机械设备、管道、通风设备、工业锅炉的安装等作为工程成本计算对象。变电所、配电站、锅炉房等可按所、站、房等安装工程作为成本计算对象。

工程成本计算对象已经确定，在一定期限内不能随意更改，若要更改应及时通知施工企业内部相关部门，以同一工程成本的核算口径，减少因此造成的成本分析和考核上的潜在矛盾。为了集中反映各个工程成本计算对象的成本发生情况，财务部门应当为每一个成本计算对象分别设置工程成本明细账，并按照成本项目设置专栏来组织核算。所有的原始记录都必须按照规定的成本计算对象写清楚，以便归集和分配成本费用。

11.1.4　施工企业工程成本的构成内容及账户设置

1. 施工企业工程成本的构成内容

施工企业的工程成本按其计入工程成本的方法，可分为直接成本和间接成本。

(1)直接成本。直接成本是指施工过程中耗费的构成工程实体或有助于工程形成的各项支出，包括人工费、材料费、机械使用费和其他直接费用。

1)人工费。人工费是指直接从事建筑安装工程施工工人的工资、奖金、福利费、工资性质的津贴、劳动保护费等。

2)材料费。材料费是指施工过程中耗用的构成工程实体或有助于形成工程实体的原材料、辅助材料、结构配件、零件、半成品的成本和周转材料的摊销及租赁费用。

3)机械使用费。机械使用费是指在施工生产过程中使用自有施工机械所发生的机械使用费、租入外单位施工机械的租赁费，以及按照规定支付的施工机械安装、拆卸和进出场费。

4)其他直接费用。其他直接费用是指施工过程中发生的材料二次搬运费，生产工具和用具的使用费、租入外单位施工机械的租赁费，以及按照规定支付的施工机械安装、拆卸和进出场费。

(2)间接成本。间接成本是企业下属各施工单位为组织和管理施工生产活动所发生的各种费用，包括施工单位管理人员工资、奖金、福利费、工资性质的津贴、临时设备摊销费、固定资产折旧费及修理费、低值易耗品摊销及物料消耗费、水电费、取暖费、差旅费、办公费、财产保险费、劳动保护费、工程保险费、排污费及其他费用。

施工企业的生产费用，按其在施工过程中的具体用途，可以划分为人工费、材料费、机械使用费、其他直接费用和间接费用等若干成本项目。

施工企业在施工生产过程中发生的直接成本，应直接计入"工程施工"账户的借方，工程完工后，将归集的工程成本从"工程施工"的账户贷方转出。间接成本可先通过"间接费用"账户进行归集，月末采用一定的分配方法在各成本计算对象之间进行分配结转。

2. 施工企业工程成本的账户设置

施工企业为核算和监督施工过程中各项施工费用的发生、归集和分配情况，正确计算工程成本，要设置下列总分类账户，在此基础上还要进行明细分类核算，以利于成本管理。

(1)"工程施工"账户。"工程施工"账户核算施工企业实际发生的合同成本和合同毛利，该账户可按建造合同，分"合同成本""间接费用""合同毛利"进行明细核算。

企业进行合同建造时发生的人工费、材料费、机械使用费以及施工现场材料的材料二次搬运费、生产工具和用具使用费、检验试验费、临时设施折旧费等其他直接费用，借记"工程施工——合同成本"科目，贷记"应付职工薪酬""原材料"等科目。

发生的施工、生产单位管理人员职工薪酬、固定资产折旧费、财产保险费、工程保修费、排污费等间接费用，借记"工程施工——间接费用"科目，贷记"应付职工薪酬""累计折旧""银行存款"等科目。会计期末，将间接费用分配计入有关合同成本。借记"工程施工——合同成本"科目，贷记"工程施工——间接费用"科目。

确认合同收入、合同费用时，借记"营业成本"科目，贷记"营业收入"科目，按其差额借记或贷记"工程施工——合同毛利"科目。

合同完工时，应将该账户余额与相关工程施工合同的"工程结算"账户对冲，借记"工程结算"科目，贷记"工程施工"科目。

本账户期末借方余额，反映企业尚未完工的建造合同成本和合同毛利。

(2)"机械作业"账户。"机械作业"账户核算施工企业(建筑承包商)及其内部独立核算的施工单位，机械站和运输队使用自用施工机械和运输设备进行机械作业(包括机械化施工和运输作业等)所发生的各项费用。企业及其内部独立核算的施工单位从外单位或本企业其他内部独立核算的机械站租入施工机械发生的机械租赁费，直接在"工程施工"科目核算。

"机械作业"账户可按施工机械或运输设备的种类等进行明细核算。施工企业内部独立核算的机械施工、运输单位使用自有施工机械或运输设备进行机械作业所发生的各项费用，可按成本计算对象和成本项目进行归集。

企业发生机械作业支出时，借记"机械作业"科目，贷记"原材料""应付职工薪酬""累计折旧"等科目。

会计期末，企业及内部独立核算的施工单位，机械站和运输队为本单位承包的工程进行机械化施工和运输作业的成本，应转入承包工程的成本，借记"工程施工"科目，贷记"机械作业"

科目，对外单位、专项工程等提供机械作业(包括运输设备)的成本，借记"劳务成本"科目，贷记"机械作业"科目。

本科目期末无余额。

(3)"待摊费用"账户。"待摊费用"账户用来核算施工企业已经支出但应由本期和以后各期分别负担的各项工程施工费用，如低值易耗品摊销、一次支付数额较大的财产保险费、排污费和技术转让费等，发生各项待摊费用时，借记"待摊费用"，贷记"银行存款"等科目。分期摊销时，借记"管理费用""销售费用"等科目，贷记"待摊费用"科目。

本科目期末无余额。

(4)"预提费用"账户。"预提费用"账户用来核算施工企业预先提取但尚未支付的各项施工费用，如预提收尾工程费用等，其贷方登记预先提取计入工程成本的预提费用。实际支付时，借记"预提费用"科目，贷记"银行存款"等科目。

期末余额反映已经预提尚未支付的费用。

11.1.5　工程成本的归集和分配

1. 直接材料的归集和分配

施工企业建筑安装活动中需要耗费大量的材料，材料品种多，大堆材料比重大，材料费应按照材料领用的不同情况进行归集和分配。

(1)凡能点清数量和分清材料对象的、能直接用于工程的材料，如钢材、木材、水泥，通常都可分别按成本计算对象直接计入各工程成本的材料费用。

(2)凡能点清数量、集中配料或统一下料的，如油漆、玻璃、木材等，应在领料凭证上注明"工程集中配料"字样，月末由材料管理人员或领用部门根据用料情况，结合材料消耗定额，编制"集中配料耗用分配表"，在各成本计算对象之间进行分配。

(3)凡不能点清数量也很难立即分清用料对象的一些大堆材料，如砖、瓦、白灰、砂石等，几个单位工程共同使用，则先有材料员或领料部门验收保管，月末实地盘点结存数量，然后根据月初结存数量与本月进料数量，倒轧本月实际用量，结合材料消耗定额，编制"大堆材料耗用计算单"，据以计入各成本计算对象。

(4)对于其他不能点清数量的材料，也需要采用适当的方法分配计入各工程成本领料费项目，用于辅助生产部门、机械作业部门的各种材料应分别计入"辅助生产""机械作业"科目的借方。

(5)实行材料节约奖的，应按材料节约的数额，直接计入各成本计算对象。

(6)成本计算期内已办理领料手续，但没有全部耗用的材料，应在期末进行盘点，填制"退料单"作为办理退料手续。施工过程中发生的残次料和包装物等，应尽量回收利用，并填制"废料交库单"估价入账，冲减工程材料费。

(7)周转材料应根据各个工程成本计算对象在用的数量，按照规定的摊销方法计提当月的摊销额，并编制"周转材料摊销计算表"。

月末，财会部门必须严格审核各种领退料凭证，并根据各种领料凭证、退料凭证及材料成本差异，编制"材料费分配表"，计算收益对象应分配的材料费。

2. 直接人工的归集和分配

人工费计入成本的方法，一般应根据企业实际的具体工资制度确定。

(1)如果施工企业采用的是计件工资制度，人工费的收益对象容易确定，根据"工程任务单"

和“工程结算汇总表”，将所归集的人工费用直接计入工程成本中。

(2)施工企业采用计时工资制度时，如果能够正确区分工人劳动的服务对象，就可以采用与计件工资制度下相同的方法，直接将人工费计入工程成本。如果建筑安装工人同时为多项工程工作，就需要将发生的工资在各个计算对象之间进行分配。分配的方法是，用当月工资总额除以工人出勤日计算出平均日工资，然后用平均日工资乘以各工程当月实际用工数得到各工程应负担的人工费。

3. 机械使用费的归集和分配

施工企业使用的施工机械可分为租赁机械和自有机械两种。施工企业各工程项目租赁施工机械而支出的租赁费和进出场费，应根据结算账单直接记入各工程成本“机械使用费”明细账户，不用通过“机械作业”明细账进行核算。自有施工机械使用过程中发生的费用应首先按机组或单机归集，计算每台班的实际成本，然后根据各个成本计算对象的使用台班数，确定应计入各成本计算对象的机械使用费。进行机械作业所发生的各项费用的归集还和分配，通过“机械作业”账户进行，并按照机械设备的类别设置明显账户，按规定的成本项目归集费用。费用项目的确定通常应和机械台班预算定额的构成内容一致，以使计算出来的台班实际成本与定额成本相比较。费用发生时记入“机械作业”的借方，月末根据归集的费用和设备作业时间计算各类机械的台班成本或按适当的标准分配记入各项工程成本的“机械使用费”科目，同时贷记“机械作业”科目。

分配机械使用费可以采用如下方法：

(1)按施工机械的实际台数(或完成工程量)分配机械使用费。月末，根据各类机械明细账借方发生额及实际作业台班数计算台班成本，编制“机械使用费分配表”并记入“工程施工——合同成本”借方及工程成本计算单的“机械使用费”项目内，同时贷记“机械作业”账户贷方。当月“机械作业”账户发生的费用一般当月分配完毕，月末没有余额。

(2)先按施工机械的计划台时费对机械使用费进行分配，然后依据计划机械使用费与实际机械使用费之间的比值调整为实际机械使用费。为了简化计算手续，对于各种中型机械的机械使用费，可在月末先根据“机械使用月报”中各种机械的工作台时(或完成工作量)合计和该种机械台时费计划数，算出当月机械使用费计划数，再计算实际机械使用费占机械使用费计划数的百分比，然后将各个成本计算对象按台时费计划数计算的机械使用费计划数，根据求得的百分比进行调整。计算公式如下：

机械使用费计划数＝机械工作台时合计×机械台时费计划数

某项工程应分配的机械使用费＝该项工程使用的机械工作台时×机械台时数计划数×机械使用费实际数÷机械使用计划数

4. 辅助生产费用的归集和分配

施工企业一般都设置若干个非独立核算的辅助生产部门。辅助生产部门主要为工程施工服务，包括木工车间、供水站、供电站、混凝土搅拌站、运输队等。

辅助生产部门所发生的各项费用，通过“生产成本——辅助生产”科目进行归集，并按辅助生产车间或单位、产品或劳务的品种设置三级明细账，按规定的成本科目归集费用。月末根据归集的费用计算产品、劳务的总成本和单位成本，然后按各工程和部门的收益数量分配计入各项工程成本、机械作业成本以及其他费用项目。期末借方余额未在产品成本。

5. 其他直接生产费用的归集和分配

其他直接费用包括材料二次搬运费、临时设施摊销费、生产工具用具使用费、检验试验费、工程定位复测费、工程点交费及场地清理费等。

施工企业发生的其他直接费用，凡是能分清成本对象的，应直接记入各收益工程成本计算对象下的“其他直接费用”项目中。如果是几个工程共同发生的、不能直接确定成本计算对象的其他直接费用，可以先行汇总在“其他直接费用”明细账中归集，然后以定额用量、预算费用或工程的工料成本作为分配基数，月末或竣工时编制“其他直接费用分配表”分配计入各成本计算对象。

6. 间接费用的归集和分配

建筑安装工程成本中除了各项直接费用外，还包括企业所属各施工单位，如工程处、施工队、项目经理部，为施工准备、组织和管理所发生的各项费用。

间接费用属于共同费用，难以分清受益对象。未来归集和分配间接费用，企业应在“制造费用”账户下进行核算，汇总本期发生的各种间接费用，并按费用项目进行明细核算。当间接费用发生时记入“制造费用”科目的借方；月末将归集的费用采用一定的标准全数分配，借记相应的工程成本项目，贷记“制造费用”科目，“制造费用”科目月末应该没有余额。

制造费用的分配标准因工程类别不同而有所不同。土建工程一般以工程成本的直接费用为分配标准。安装工程以人工费用为分配标准。在实际工作中，施工单位施工的工程往往既有土建工程又有安装工程，有时辅助生产单位生产的产品或劳务还会对外销售。因此施工单位的间接费用一般要经过两次分配。

间接费用第一次分配是将发生的全部间接费用在不同类的工程、劳务和作业间进行分配，其计算公式为：

间接费用分配率＝间接费用总额÷各类工程(劳务、作业)成本人工费总额×100%

某类工程(劳务、作业)应分配的间接费用＝各类工程(劳务、作业)成本中人工费总额×间接费用分配率

间接费用第二次分配是将分配到各类工程、劳务和作业的间接费用在本类工程、劳务和作业中进行分配。这次分配一般以各个工程、劳务和作业中的直接费用和人工费用为基础进行分配。土建工程以工程的直接费用实际金额或已完工程直接费用预算金额为标准进行分配。安装工程以工程的人工费用实际金额或已完工程人工费用预算金额为标准进行分配。

另外，在实际核算工作中，对于间接费用的分配，若已给出间接费用定额，也可先计算本月实际间接费用与间接费用定额的百分比，再用该百分比对各项工程按定额计算的间接费用进行调整。

11.1.6　月末已完工程和未完工程成本的分配

施工企业的各项生产费用，在各成本对象之间进行归集和分配以后，应计入本月各成本计算对象的生产费用，归集在“工程施工——合同成本”借方和有关成本计算单中。这些生产费用月末应在已完工程和未完工程之间进行分配。已完工程既包括全部竣工，不再需要进行任何施工活动的工程及竣工工程，也包括已经完成预算定额所规定的全部工序，在本企业不再需要进行任何加工的分部分项工程。①

1. 未完工程成本的计算

未完工程成本的计算，通常是由统计人员月末到施工现场实地丈量盘点未完工施工实物量，并按其完成施工的程度折合为已完工程数量，根据预算单价计算未完工程成本。计算公式如下：

---

① 我国建筑施工企业分包总包现象比较常见。参见李玉周．成本会计[M]．上海：华东师范大学出版社，2012．

未完工程成本＝预算单价×未完工程实物量×完工程度

＝未完工程预算造价×完工程度

期末未完工程成本一般不负担管理费，如果未完施工工程量占当期全部工程量的比重很小或期末数量相差不大，可以不计算未完工程成本。

根据计算结果填制“未完施工盘点单”，并记入“工程成本计算单”，即可根据结转已完工程实际成本。

2. 已完工程实际成本计算

月末未完工程成本确定后，即可根据如下公式确定当月各个成本计算对象已完工程的实际成本：

已完工程实际成本＝月初未完工程成本＋本月生产费用－月末未完工程成本

根据各成本计算对象的“成本计算单”的实际成本，填入已完工程成本表中实际成本栏，据此结转本月已完工程实际成本，将已完工程的实际成本从“工程施工——合同成本”的贷方转入“主营业务成本”账户的借方。

【例 11-1】 某建筑工程公司的第一工程处目前有甲、乙两项工程。2015 年 9 月份的相关情况如下：

(1)材料费用分配表如表 11-1 所示。

(2)第一工程处发生计时工资 58 500 元，其中：甲工程耗用 2 500 工时，乙工程耗用 2 000 工时。

(3)按施工机械的实际台时分配机械使用费。第一工程处的一台吊车和一台挖土机分别在甲、乙两项工程中实施了机械作业。当月吊车的机械使用费为 38 400 元，甲工程使用吊车 65 小时，乙工程使用吊车 55 小时。当月挖土机的使用费为 62 640 元，甲工程使用挖土机 75 小时，乙工程使用挖土机 15 小时。

(4)公司运输队本月发生各种费用 435 200 元。本月运输队总共提供 25 600 吨公里的运输服务。其中，为甲工程提供 9 600 吨公里的运输服务，为乙工程提供 5 800 吨公里的运输服务。

(5)第一工程处本月发生其他直接费用 16 800 元，其中，分配给甲工程 9 500 元，分配给乙工程 7 300 元。

(6)按各工程的直接成本实际数分配间接费用，第一工程处本月发生间接费用 26 350 元。

(7)甲工程包含 A、B 两个分项工程，甲工程月初未完工工程成本为 237 000 元，A 工程在本月全部完工，B 工程完工 39%，B 工程的预算造价为 560 000 元，乙工程为本月新动工工程，尚未完工。

表 11-1　材料费用分配表

工程成本核算对象	主要材料						水泥预制件		其他材料	
	钢材		水泥		合计					
	计划成本	成本差异 6%	计划成本	成本差异 4%	计划成本	成本差异	计划成本	成本差异 2%	计划成本	成本差异 −1%
甲工程	250 000	15 000	60 000	2 400	310 000	17 400	400 000	8 000	8 500	−85
乙工程	120 000	7 200	35 000	1 400	155 000	8 600	150 000	3 000	4 000	−40
合计	370 000	22 200	95 000	3 800	465 000	26 000	550 000	11 000	12 500	−125

2015 年 9 月，第一工程处编制如下会计分录：

(1)甲工程耗用的材料计划成本＝310 000＋400 000＋8 500＝718 500(元)

甲工程耗用的材料成本差异＝17 400＋8 000－85＝25 315(元)

乙工程耗用的材料计划成本＝155 000＋150 000＋4 000＝309 000(元)

乙工程耗用的材料成本差异＝8 600＋3 000－40＝11 560(元)

借：工程成本——合同成本——甲工程(直接材料)　718 500

——合同成本——乙工程(直接材料)　309 000

贷：原材料——主要材料　465 000

——水泥预制件　550 000

——其他材料　12 500

借：工程施工——合同成本——甲工程(直接材料)　25 315

——合同成本——乙工程(直接材料)　11 560

贷：材料成本差异——主要材料　26 000

——水泥预制件　11 000

——其他材料　－125

(2)甲工程分摊人工费＝58 500÷(2 500＋2 000)×2 500＝32 500(元)

乙工程分摊人工费＝58 500÷(2 500＋2 000)×2 000＝26 000(元)

借：工程成本——合同成本——甲工程(直接人工)　32 500

——合同成本——乙工程(直接人工)　26 000

贷：应付职工薪酬　58 500

(3)甲工程分摊吊车费用＝38 400÷(65＋55)×65＝20 800(元)

乙工程分摊吊车费用＝38 400÷(65＋55)×55＝17 600(元)

甲工程分摊挖土机费用＝62 640÷(75＋15)×75＝52 200(元)

乙工程分摊挖土机费用＝62 640÷(75＋15)×15＝10 440(元)

甲工程分配机械使用费＝20 800＋52 200＝73 000(元)

乙工程分配机械使用费＝17 600＋10 440＝28 040(元)

借：工程施工——合同成本——甲工程(机械使用费)　73 000

——合同成本——乙工程(机械使用费)　28 040

贷：机械作业——吊车　38 400

——挖土机　62 640

(4)运输费分配率＝435 200÷25 600＝17

甲工程分摊的运输费用＝17×9 600＝163 200(元)

乙工程分摊的运输费用＝17×5 800＝98 600(元)

借：工程施工——合同成本——甲工程(辅助生产费用)　163 200

——合同成本——乙工程(辅助生产费用)　98 600

贷：生产成本——辅助生产　261 800

(5)借：工程施工——合同成本——甲工程(其他直接材料)　9 500

——合同成本——乙工程(其他直接材料)　7 300

贷：工程施工——合同成本——其他直接费用　16 800

(6)甲工程当月直接成本＝718 500＋25 315＋32 500＋73 000＋163 200＝1 012 515(元)

乙工程当月直接成本＝309 000＋11 560＋26 000＋28 040＋98 600＝473 200(元)

甲工程分配的间接费用=26 350÷(1 012 515+473 200)×1 012 515=17 957.5(元)

乙工程分配的间接费用=26 350÷(1 012 515+473 200)×473 200=8 392.5(元)

借：工程施工——合同成本——甲工程(间接费用)　　17 957.5

　　　　　　——合同成本——乙工程(间接费用)　　8 392.5

　贷：制造费用　　26 350

(7)甲工程中未完工程成本=560 000×39%=218 400(元)

甲工程中已完工成本=237 000+1 012 515+17 957.5-218 400=1 049 072.5(元)

11.2　房地产开发企业成本核算

房地产开发企业是专门从事不动产开发和经营活动的企业。房地产开发是指房地产开发企业在依法取得国有土地使用权的土地上进行基础建设和房屋建设的行为；房地产经营是指房地产开发企业从事的具体经营和交易活动，包括房地产的转让、抵押和房屋的租赁等。

11.2.1　房地产开发企业成本核算的特点

房地产开发企业的开发成本是指房地产开发过程中对象化的资金耗费，类似于制造企业的产品制造成本和施工企业的施工成本。房地产开发企业的特点决定了其成本核算有以下特点：

(1)成本核算对象多元化与平行性。房地产开发企业开发经营的业务范围比较广泛，往往同时开展土地、房屋及配套设施的建设等多项业务，这就要求房地产开发企业的成本核算针对不同的业务同时进行，应以开发项目为对象分别设置成本核算单进行核算。

(2)新开发的产品与企业自身构建固定资产成本的界限性。房地产开发企业的成本核算是开发产品成本的核算，应与企业自身构建固定资产的成本严格区分开，这样才能正确计算新开产品的成本。

(3)成本核算的简单性，房地产开发企业的成本核算比施工企业的成本核算更简单，房地产开发企业开发项目时并非亲自进行施工建设，而是承包给施工企业完成，因此开发产品的成本的主要资料可以由工程结算价款资料直接获得，在此基础上进行成本核算就相对简单，当然，自营开发工程成本的核算不属于这种情况，可以参照施工企业成本核算的方法进行。

11.2.2　房地产开发工程成本项目的构成

房地产开发企业为了了解开发费用在开发过程中的具体用途，在组织成本核算时，还应该根据房地产开发工程成本的内容按照经济用途进行分类，划分成若干项目，这些项目称为成本项目。开发产品的成本项目有：

(1)土地征用及拆迁补偿费。土地征用及拆迁补偿费是指因开发房地产而征用土地所发生的各项费用，包括土地征用费、耕地占用费、劳动力安置费以及原有建筑物拆迁补偿费，或采用批租方式取得土地的批租金。

(2)前期工程费。前期工程费是指土地、房屋开发前发生的规划、设计、项目可行性研究以及水文地质勘探、测绘、“三通一平”等支出。

(3)基础设施费。基础设施费是指土地、房屋开发过程中发生的供水、供电、供气、排污、排洪、通信、照明、绿化、环卫设施等基础设施费用。

(4)建筑安装工程费。建筑安装工程费是指房地产开发项目在开发过程中按建筑安装工程施工图施工所发生的各项建筑安装工程费和设备费。

(5)公共配套设施费。公共配套设施费是指开发小区内发生的可计入土地、房屋开发成本的不能有偿转让的公共配套设施费用，如水塔、锅炉房、居委会、派出所、幼儿园、消防、公厕等设施支出。

(6)开发间接费。开发间接费是指房地产开发企业内部独立核算单位及开发现场为开发房地产而发生的各项间接费用，包括现场机构人员工资、福利费、折旧费、修理费、办公费、水电费、劳动保护费、周转房摊销及其他相关费用。

11.2.3　房地产开发工程成本核算账户设置

房地产开发企业为了核算开发土地、房屋、配套设施和代建工程所发生的各项工程费用，并借以确定各成本核算对象的开发成本，应设置“开发成本”和“开发间接费用”账户。

“开发成本”账户核算房地产开发企业因土地、房屋、配套设施和代建工程而发生的各项工程费用，企业对出租房进行装饰及补增室内设施而发生的出租工程支出，也在本账户核算。该账户借方登记各成本核算对象所发生的直接费用和间接费用，贷方结转开发项目完工成本，余额在借方，表示在建项目的实际成本。“开发成本”账户应按开发项目的种类，如“土地开发”“房屋开发”“配套设施开发”“代建工程开发”等设置明细账户，并按成本核算对象和成本项目进行明细核算。企业发生的土地征用及拆迁补偿费、前期工程费、基础设施费和建筑安装工程等开发费用，凡属于直接费用的，直接计入开发成本的对应成本项目，该账户借方汇集所发生的各项间接费用，贷方登记期末分配结转的间接费用，期末无余额。

11.2.4　房地产开发企业成本核算举例

1. 土地开发成本核算举例

土地开发是房地产开发企业的主要业务之一，其开发的产品是建设用地，土地开发成本是指企业用于开发土地所发生的各项费用，主要是指开发商品行建设场地的成本。

【例 11-2】　某房地产开发公司开发商品性建筑用地一块，占地面积 20 000 平方米，开发过程中发生下列经济业务：

(1)用银行存款支付征地拆迁费 3 000 000 元，耕地占用费 4 000 000 元，出售拆迁土地上的房屋回收材料，获得变价收入 60 000 元，存入银行。

(2)以银行存款支付甲公司“三通一平”费用 500 000 元。

(3)由乙公司承建的不能有偿转让的公共配套水塔工程已完工，工程造价为 2 600 000 元，款项尚未支付。

(4)应由土地开发项目负担的间接开发费用 160 000 元。

(5)该土地开发项目已完成并验收合格，结转全部开发成本 10 200 000 元。

(6)企业将其中 6 000 平方米直接对外出售，款项收存银行，应结转其成本。

要求：根据上述业务进行相关的会计处理。

基于事项(1)—事项(5)作如下会计处理：

(1)借：开发成本——土地开发　　　　7 000 000

　　贷：银行存款　　　　7 000 000

借：银行存款　　60 000
　　贷：开发成本——土地开发　　60 000
(2)借：开发成本——土地开发　　500 000
　　贷：银行存款　　500 000
(3)借：开发成本——土地开发　　2 600 000
　　贷：应付账款　　2 600 000
(4)借：开发成本——土地开发　　160 000
　　贷：开发间接费用　　1 600 000
(5)借：开发成本——土地　　10 200 000
　　贷：开发成本——土地开发　　10 200 000

基于事项(6)计算如下：

土地开发单位成本＝10 200 000÷14 000＝728.57(元)

出售土地应负担开发成本＝728.57×6 000＝4 371 420(元)

作如下会计分录：

借：银行存款　　4 371 420
　　贷：开发成本——土地开发　　4 371 420

2. 房屋开发成本核算举例

【例 11-3】 某房地产开发公司开发甲商品房，发生下列经济业务。①

(1)开发土地(B地)20 000平方米，用银行存款支付下列土地开发费用：土地征用及拆迁费用12 000 000元、前期工程费3 600 000元、基础设施费7 500 000元、建筑安装工程费1 800 000元，共计24 900 000元。

(2)B地开发工程已完工，其中8 000平方米用于甲商品房的建筑，结转其土地开发成本。

(3)将甲商品房建设工程出包给城建三公司，甲商品房竣工，城建三公司提交“工程价款结算单”共计工程价款16 000 000元，原已预付工程款6 000 000元，经审查同意，支付余款10 000 000元。

按照有关规定，城建三公司建设与甲商品房配套的公共设施，包括居委会、水塔、派出所等，共计发生建筑安装费用1 300 000元，承建单位——城建三公司已提交“工程价款结算单”，经审查同意延期付款(公共配套设施与主题商品房一起建设和结算，此处为了理解方便而假设分开)。

甲商品房应负担间接工程费用280 000元，结转该费用。

甲商品房已经竣工并通过验收，结转该费用。

要求：根据上述业务进行相关的会计处理。

基于事项(1)作如下会计分录：

借：开发成本——土地开发　　24 900 000
　　贷：银行存款　　24 900 000

基于事项(2)各项土地开发费用结转额为：

各项费用结转率＝8 000÷20 000×100%＝40%

土地征用及拆迁费用＝12 000 000×40%＝4 800 000(元)

前期工程费＝3 600 000×40%＝1 440 000(元)

① 我国建筑施工企业代建工程现象比较常见。参见李玉周．成本会计[M]．上海：华东师范大学出版社，2012.

基础设施费=7 500 000×40%=3 000 000(元)

建筑安装工程费=1 800 000×40%=720 000(元)

作如下会计分录：

借：开发成本——房屋开发　9 960 000

　贷：开发成本——土地开发　9 960 000

基于事项(3)～(6)做如下会计分录：

(3)借：开发成本——房屋开发　16 000 000

　　贷：预付款项　16 000 000

借：预付款项　10 000 000

　贷：银行存款　10 000 000

(4)借：开发成本——房屋开发　1 300 000

　　贷：应付账款　1 300 000

(5)借：开发成本——房屋开发　280 000

　　贷：开发间接费用　280 000

(6)借：开发成本——甲商品房　27 540 000

　　贷：开发成本——房屋开发　27 540 000

11.3　商品流通企业成本核算

11.3.1　商品流通企业的特点

商品流通企业是指组织商品购销活动，自主经营和自负盈亏的经济实体。商品流通企业的主要经济活动是组织商品流通，即商品的购进、销售、调拨和存储，将社会产品从生产领域转移到消费领域，以促进工农业生产的发展，满足人民生活的需要，从而实现商品的价值并获取盈利。与工业企业相比，商品流通企业的主要特点是：经营过程主要包括供应过程与销售过程，没有生产过程。

商品流通企业通过低价格购进商品、高价格出售商品来实现商品进销差价，以此获得利润。在我国，商品流通企业主要包括各种经营性质和组织形式的商业、粮食供应、物资供应、供销合作、对外贸易、医药、石油、烟草、图书发行等企业。

与工业企业相比，商品流通企业没有生产过程，其经营活动是完成各种产品从生产领域到消费领域的转换，从而实现社会产品的价值。商品流通企业不仅包括商品流通过程的批发企业、零售企业，也包括物资供应企业和国际贸易企业。

按在商品流转中所处的地位和发生的作用不同，商品流通企业也可以分为批发企业和零售企业两种基本类型，它们在商品流通过程中处于不同的地位，起着不同的作用，因而批发和零售企业的经营活动有着各自的特点。

1. 批发企业商品经营的特点

批发企业是指从生产企业和其他企业购进商品，供应给零售企业和其他批发企业用于转卖，或供应给生产企业用于进一步加工的商品流通企业。批发企业在业务活动方面具有以下特点：

(1)批发企业一般经营大宗买卖，商品购销量大、企业的规模也大、专业性较强，管理上要求有较严格的分工合作。

(2)批发企业的购销对象，一般是生产企业和商品零售企业，异地交易占较大比重，交易额大，但交易次数不如零售企业频繁。因此，批发商品购销一般以经济合同为依据，购销双方都应该而且能够填制内容比较完整的交易凭证，以利于商品交换和货款结算。

(3)批发企业为了保证市场供应，一般有较大的商品储备，除自备仓库存储外，往往会委托外单位和租借外单位的仓库储存商品，因而对商品不仅要进行价值管理，还必须进行数量核算。

批发企业的业务特点，决定了批发企业商品流转核算的特点，决定了批发企业要按照购进商品的进货原价实行数量进价金额核算，多库存商品从数量和进价金额上进行控制，详细地反映各种商品的增减变动情况，以便合理组织商品购销和加强商品管理，这为批发企业进行数量进价金额核算提供了条件。

2. 零售企业商品经营的特点

零售企业是指从批发企业或生产企业购进商品，销售给个人或企事业单位零用以生产消费的商品流通企业，零售企业处于商品流转的最终环节，其主要任务是通过合理地组织商品流转活动满足城乡人民物质文化生活的需要。与批发企业相比，零售企业具有以下经营和管理特点：

(1)零售企业的销售对象主要是个人消费者，交易频繁、数量零星、多数商品采取钱货两清的销售方式。

(2)零售商业网点设置比较分散，一般实行综合经营，品种规格最多，进货次数频繁。

(3)零售企业在业务经营上实行快销方式，库存数量不大。

在商业体制改革中，零售企业的灵活应变能力得到增强，业务经营范围不断拓宽，许多零售企业一业为主、多种经营，有的兼营批发，有的建立自选市场等业务活动。

11.3.2 商品流通企业成本的构成和核算方法

商品流通企业与工业企业有根本不同，工业企业因为生产产品，需要归集产品生产耗费，计算产品生产成本。商品流通企业没有产品生产过程，不存在产品生产成本归集与计算问题，其成本计算主要解决商品购进成本的确定和已销商品成本的计算与结转问题。同时，商品流通企业在经营过程中，还会发生经营费用、管理费用和财务费用，这些费用统称为商品流通费用。

1. 商品流通企业外购商品成本的构成

(1)采购成本。存货准则规定，企业外购商品的采购成本指企业物资从采购到入库前所发生的全部支出，包括购买价格、相关税费、运输费、装卸费、保险费以及其他可归属于存货采购成本的费用。

(2)购买价格。购买价格是指企业购入商品的发票账单上列明的价款，一般纳税企业采购支付的增值税，按规定可以从销项税额中抵扣的进项税额不应计入购货成本。

(3)相关税费。相关税费是指企业购买商品发生的进口关税、消费税、资源税和不能抵扣的增值税进项税额等应计入商品采购成本。

(4)其他可归属于存货采购成本的费用，即采购成本中除上述各项以外的可归属于存货采购成本的费用，如在采购过程中发生的仓储费、包装费、运输途中的合理损耗、入库前的整理费等，这些费用能分清负担对象的，应直接计入存货的采购成本，不能分清负担对象的应选择合理的分配方法，分配计入有关存货的采购成本。分配方法通常为按所购存货的数量或采购价格比例进行分配。

商品流通企业在采购过程中发生的运输费、装卸费、保险费以及其他可归属于存货采购成本的费用，应计入所购商品成本，在实物中，企业也可以将发生的运输费、装卸费、保险费以及其他可归属于存货采购成本的费用先进行归集，期末按照所购商品的存销情况进行分摊，对于已售商品的进货费用，计入主营业务成本；对于未售商品的进货费用，计入期末存货成本。商品流通企业采购商品的进货费用较小的，可以在发生时作为期间成本，直接计入当期损益。

2. 商品流通企业库存商品核算方法

由于商品批发和零售企业在经营上有着不同的特点，因此其商品核算的方法也不相同。商品批发企业商品核算主要有数量进价金额核算法、进价金额核算法，商品零售企业的商品核算方法主要有进价金额核算法、售价金额核算法和数量金额核算法等。

商品流通企业已销商品成本的计算方法也因商品核算方法的不同而不同。在采用数量进价金额法核算库存商品的企业，商品的销售成本可以采用个别计价法、先进先出法、加权平均法计算，在商品品种、类别繁多的情况下，还可以采用毛立法。采用进价金额核算库存商品的企业，可以按实地盘存制计算销售成本；库存商品采用售价金额核算法或数量售价金额核算法的企业，在商品销售以后，可以先按售价金额结转销售成本，月末再将商品进销差价在已销商品和库存商品之间进行分配，将已销商品的进销差价冲减和调整原按售价结转的成本。

(1)商品批发企业的成本核算方法。商品批发企业在社会再生产过程中的作用是从生产企业或其他企业购进商品，供应给零售企业用以转售，或供应给其他生产企业用以进一步加工。

商品批发企业经营的是大宗商品购销活动，交易次数虽然不多，但每次成交金额较大。为确保交易活动的正常开展，企业还必须储备一定数量的商品。为了反映和控制商品的交易活动，随时掌握各种商品购进、销售和储存的情况，商品批发企业通常采用数量进价金额核算法。数量进价金额核算法是指以商品的数量和进价金额反映和控制商品的交易活动，随时掌握各种商品购进、销售和储存情况的核算方法。

1)商品批发企业成本的核算。商品批发企业在采用数量进价金额核算法进行成本核算时，应重点解决两个问题：一是已销商品进价成本的确定，二是商品成本核算顺序的确定。

①已销商品进价成本的确定。由于商品进货渠道、交货方式不同，各批商品的进货单价并不完全相同。采用数量进价金额核算法时，企业可根据具体情况采用分批确认法、先进先出法、后进先出法、加权平均法、移动加权平均法，最后以进价法和毛利率法等方法确定已销商品的单位成本。

如果某些批发企业经营的商品品种较多，按月份以分批确认法、加权平均法、移动加权平均法、先进先出法、后进先出法等方法核算商品销售成本或月末通过实施盘点确定结存的商品成本有困难，可以采用毛利率法。

毛利率法是指按上季度实际毛利率或本季度计划毛利率分商品类别核算本季度各月商品销售成本和期末结存商品成本的成本核算方法。但季度末必须采用其他方法(如先进先出法、加权平均法等)进行调整，以保证季度商品销售成本和结存商品成本数据的准确性。毛利率法的计算公式为：

销售毛利＝本月销售总额×上季度实际毛利率(或本季度计划毛利率)

商品销售成本＝本期销售收入－本期商品销售毛利

＝本期销售收入×(1－上期销售毛利率或本季度计划毛利率)

②商品成本核算顺序的确定。在确定已销商品的单位进价成本后，即可确定商品的销售成本或期末商品存货成本，由于确定商品销售成本或期末商品存货成本的先后顺序不同，产生了不同的核算方法。先确定商品销售成本，再确定期末商品存货成本，即为顺算成本法，其计算

公式为：

商品销售成本一商品销售数量×商品单位进价成本

期末商品存货成本＝期初商品存货成本＋本期增加商品的成本－本期非销售付出的商品成本一商品销售成本

先确定期末商品存货成本，再确定商品销售成本，即为倒算成本法，其计算公式为：

期末商品存货成本＝期末商品存货数量×商品单位进价成本

商品销售成本＝期初商品存货成本＋本期增加商品成本－本期非销售付出的商品成本－期末商品销售成本

2)商品批发企业成本的结转。商品批发企业在采用适当的方法确定商品的销售成本后，应对相应的商品购销业务的成本进行结转。

企业在采购商品时，按照专用发票上列明的商品货款金额，借记"商品采购"科目，按照专用发票上列明的增值税税额，借记"应交税费——应交增值税(进项税额)"，按照专用发票上列明的价税合计数，贷记"银行存款"等科目，商品采购完毕，验收入库时，借记"库存商品"，贷记"商品采购"科目。

企业在销售商品时，要填制增值税专用发票，分别列明商品的货款和增值税税额，此时应根据所取得的价税合计数，借记"银行存款"等科目，根据销售取得的货款额，贷记"主营业务收入"科目，根据增值税税额，贷记"应交税费——应交增值税(销项税额)"科目，同时编制结转商品销售成本的会计分录：借记"主营业务成本"科目，贷记"库存商品"科目。

企业发生的营业费用、管理费用和财务费用，在发生当期按照费用属性分别计入"销售费用""管理费用"和"财务费用"科目，期末将各科目的余额结转到"本年利润"科目。

(2)商品零售企业成本核算方法。商品零售企业是指向生产企业或批发企业购进商品，销售给个人消费，或销售给企事业单位用于生产非生产性消费的商品流通企业，处于商品流通的终点。社会生产的商品价值只有通过商品零售企业的销售才能最终实现。

与批发企业相比，商品零售企业具有自身的特点，主要包括：经营的商品品种繁多，交易频繁，且数量不定；销售对象主要是广大消费者，销售一般采用钱货两清的方式，并不一定要填制销货凭证；对其所经销的商品具有物资保管责任。

根据商品零售企业购销活动的特点和经营管理的要求，除少数贵重物品及鲜活商品外，商品零售企业的库存商品一般采用售价金额核算法，售价金额核算法是指以商品的售价金额来反映商品的购进、销售和存储情况的核算方法。在这种方法下，库存商品账上反映的是商品的售价金额，商品售出以后，也以售价金额结转商品销售成本。按照这种方法处理，商品销售成本中包含了已实现的商品销售毛利，即商品进销差价，月末应将已实现的商品进销差价从销售成本中转出，从而使"主营业务成本"账上反映的是已销商品的进价成本。所以商品零售企业成本核算的重点在于对已销商品进销差价的计算。

零售企业确定已售商品的进销差价的核算方法主要有两种：进销差价率法和实地盘存差价法。

1)进销差价率法。进销差价率法是一种按商品的存销比例分摊商品进销差价的方法，其计算公式如下：

进销差价率法＝月末"商品进销差价"账户余额÷月末"库存商品"账户借方余额＋本月"主营业务成本"账户借方发生额×100％

本月已销商品应分摊的进销差价＝本月"主营业务成本"账户借方发生额×进销差价率法

由于进销差价的范围不同，进销差价率又可分为综合进销差价率和分类进销差价率，综合进销差价率按企业销售的全部商品计算，计算较为简便，但计算结果的准确性不高，适用于所经营商品的进销差价大致相同的企业。分类进销差价率按各类商品分别计算，由于计算的范围比较小，结果较为准确，但工作量较大，适用于经营商品品种较少的企业。

2)实地盘存差价法。实地盘存差价法是期末盘点库存商品的实际数，据此计算出结存商品应保留的进销差价，再倒推出已销商品进销差价的方法。

这种方法的计算结果比进销差价率法准确，但由于要查找各种商品的原进价，月末要进行实地盘点，因此工作量较大，使得其在企业的实际使用中受到限制。

11.3.3　商品流通企业成本核算举例[①]

【例 11-4】 某批发企业购进华为手机 630 台，增值税税率 17%，送货运杂费为 1 700 元，全部价款已用银行存款支付，编制相关会计分录。

作如下会计分录：

借：商品采购	195 000	
销售费用	1 700	
应交税费——应交增值税(进项税额)	33 150	
贷：银行存款		229 850

自行车验收入库时：

借：库存商品	195 000	
贷：商品采购		195 000

【例 11-5】 某商品零售企业购入男士成衣 200 套，采用毛利率法确定商品销售成本，甲、乙两类商品上季度实际毛利率分别为 20%和 25%，本月实现销售收入分别为 600 000 元和 750 000 元。编制相关会计分录：

本月商品销售成本核算如下：

甲商品销售成本＝600 000×(1－20%)＝480 000(元)

乙商品销售成本＝750 000×(1－25%)＝562 500(元)

商品销售总成本＝480 000＋562 500＝1 042 500(元)

作如下会计分录：

借：主营业务成本	1 042 500	
贷：库存商品——甲商品		480 000
——乙商品		562 500

假设本月没有影响商品销售成本的其他业务，月末结转"主营业务成本"账户借方余额，作如下会计分录：

借：本年利润	1 042 500	
贷：主营业务成本		1 042 500

【例 11-6】 沿用例 11-5 的资料，该商品零售企业本月销售该批男士成衣 70 套，总售价为 48 500 元，编制相关会计分录。

结转销售成本做如下会计分录：

借：主营业务成本　　48 500

---

① 售价金额核算法是商业企业常用的一种成本核算方法，相关账务处理研究资料参阅：关八一．售价金额核算法下相关账务处理浅见[J]．财会月刊，2015(25)：25-26

　　贷：库存商品　　48 500

月末，按进销差价率法核算本月已销商品应分摊的进销差价，“商品进销差价”账户余额为30 000元，“库存商品”账户借方余额为71 500(110 000－38 500)元，则

进销差价率＝30 000÷(71 500＋48 500)×100%＝25%

本月已销商品应负担进销差价＝48 500×25%＝12 125(元)

做如下会计分录：

借：商品进销差价　　12 125

　　贷：主营业务成本　　12 125

假设本月没有影响商品销售成本的其他业务，月末结转“主营业务成本”账户的借方余额，做如下会计分录：

借：本年利润　　36 375

　　贷：主营业务成本　　36 375

11.4　旅游饮食服务业成本核算

旅游、饮食服务企业同属于第三产业，并且都是以服务设施为条件，向消费者提供劳动的服务性行业。

11.4.1　旅游饮食服务企业营业成本的内容

营业成本是指企业在经营过程中发生的各项直接支出，包括直接材料、代收代付费用、商品进价和其他直接成本等。直接工资列作期间费用。

(1)直接材料耗费。旅游宾馆、饭店的餐饮部等经营过程中的直接材料耗费，主要包括耗用的原材料、调料，浴池、餐馆等在经营中作为主要支出的燃料，洗染、修理等企业直接耗用的原材料和辅料等。

(2)代收代付费用。代收代付费用主要指为旅游者支付的房费、餐费、交通费、文娱费、行李托运费、票务费、门票费、专业活动费、签证费、陪同费、劳务费、宣传费、保险费、机场费等。

(3)商品采购成本。销售商品的采购成本分为国内购进商品采购成本和国外购进商品采购成本，具体内容同前所述。

(4)其他成本。其他成本是指除上述项目以外的其他直接支出，如企业出售无形资产、出售除商品以外的存货的实际成本。

11.4.2　旅游企业营业成本的计算方法

旅游企业的营业成本是指直接用于接待旅游者，为旅游者提供各项服务所发生的费用，主要包括：

(1)综合服务成本。指旅行社接待包价旅游团体或个人按规定开支的房费、餐费、旅游、交通等费用。

(2)组团外联成本。指组团社自组外接待包价旅游团体或个人按规定开支的房费、餐费、旅

游、交通等费用。

(3)零星服务成本。指接待零星旅游者和受托代办事项而支付的各项费用。

(4)劳务成本。指旅行社派出翻译、导游人员或聘请兼职导游人员参加全程陪同而支付的费用。

(5)票务成本。指旅行社办理代售国际联运客票和国内客票而发生的订票手续费、包车费和退票损失等。

(6)地游及加项成本。指接待旅游者计划外增加游览项目和风味餐等而发生的费用。

(7)其他服务成本。指不属于以上各项的其他服务费用。

核算旅游企业的营业成本，无论是以组团形式还是以接团形式实现的，都必须通过“主营业务成本”账户核算。组团营业成本的账务处理如下：

(1)当组团社和接团社能及时结算费用拨款时(依据付款通知、结算单等)。

借：主营业务成本——×××

　　贷：银行存款

(2)如不能及时拨款造成拖欠时(依据费用结算单)：

借：主营业务成本——×××

　　贷：应付账款——×××

【例 11-7】 A 组团社收到 B 组团社提供的费用结算单，经审核与收费标准相符，当即以转账支票付清全部费用 200 000 元。

根据有关凭证，编制跨级分类如下：

借：主营业务成本——组团外联成本　　200 000

　　贷：银行存款　　200 000

接团社营业成本的账务处理

(1)按实际发生数支付时(费用相关凭证、付款凭证)。

借：主营业务成本——×××

　　贷：银行存款(库存现金)

如未能及时支付可通过“应付账款”账户。

(2)月末结账按预计数结转时(依据费用结算表)。

借：主营业务成本——×××

　　贷：应付账款——×××

实际结算上项费用时(依据费用结算单、付款凭证)，如果实际支付数小于预计数，则应根据差额贷记“主营业务成本”，账务处理如下：

借：应付账款——×××

　　贷：银行存款

　　　　主营业务成本——×××(结算的差额)

如果实际结算金额大于预计数时，则应根据差额借记“主营业务成本”，账务处理略。

【例 11-8】 某旅游分社本月支付接待单位的有关费用共计 75 000 元，月末以转账支票结算。

根据有关凭证编制会计分录：

借：主营业务成本——综合服务成本　　75 000

　　贷：银行存款　　75 000

【例 11-9】 承例 11-8，假定另有应付给某饭店的房费、餐费预计 15 000 元，当日尚未支付。账务处理如下：

借：主营业务成本——综合服务成本　　15 000
　　贷：应付账款——综合服务费用(房费、餐费)　　15 000

【例 11-10】 承例 11-9，假设接到某饭店费用结算单，以银行存款支付房费、餐费 16 000 元。账务处理如下：

借：主营业务成本——综合服务成本　　1 000
　　应付账款——综合服务费用(房费、餐费)　　15 000
　　贷：银行存款　　16 000

如若实际结算的费用为 14 000 元。账务处理如下：

借：应付账款——综合服务费用(房费、餐费)　　15 000
　　贷：银行存款　　14 000
　　　　主营业务成本——综合服务成本　　1 000

11.4.3　饮食制品的成本计算方法

从理论上讲，餐饮业营业成本应该是餐饮部门加工烹制主副食品的生产费用和销售费用的总和，包括原材料、燃料、机器设备和人工的耗费等。但是，由于餐饮业加工烹制主副食品，是边生产边销售，其生产周期短，生产费用与销售费用难以划分；同时餐饮制品品种较多，数量零星，各种餐饮制品的成本难以一一计算。因此现行制度规定：第一，餐饮业的产品成本只核算耗用的原材料成本及其他成本项目，如工资、折旧费、物料消耗和其他费用等均列入有关费用中核算；第二，餐饮业的产品成本是以全部产品为核算对象核算综合成本。

餐饮制品的成本包括所耗用的原材料，即组成餐饮制品的主料、配料和调料三大类。餐饮制品成本的核算方法，实际上就是餐饮制品耗用原材料成本的具体计算方法。根据餐饮规模和管理方式，通常有永续盘存制和实地盘存制两种。

1. 永续盘存制

永续盘存制也称为账面盘存制，是指通过设置详细的存货明细账，逐笔或逐日地记录存货收入、发出的数量和金额，以随时结出结余存货的数量和金额的一种存货盘存方法。采用这一存货盘存方法时，要求对企业的存货分品名、规格等设置详细明细账，逐笔逐日地登记收入、发出存货的数量和金额，并结出期末存货的数量和金额。采用这一方法时，为了核对存货的账面记录，加强对存货的管理，企业应视具体情况对其存货进行不定期的盘存，每年至少应盘存一次。会计部门将月末剩余原材料盘点明细表代替退料单，作为假退料处理。其计算公式如下：

本月耗用原材料成本＝月初原材料结存数＋本月领用原材料数－月末原材料盘存数

2. 实地盘存制

实地盘存制也称定期盘存制，是指会计期末通过对全部存货进行实地盘点确定期末存货数量，再乘以各项存货的单价，计算出期末存货的成本，并据以计算出本期耗用或已销存货成本的一种存货盘存方法。采用这一盘存方法时，平时只记存货购进数量和金额，不记发出的数量，期末通过实地盘点确定存货的实际结存数量，并据以计算出期末存货成本和当期耗用或已销存货成本。这一方法通常也称为“以存计耗”或“以存计销”。其计算公式如下：

本月耗用原材料成本＝月初原材料结存数＋本月购进原材料数－月末原材料盘存数

餐饮部门营业成本的核算也是通过“主营业务成本”账户进行的。

【例 11-11】 某酒店餐厅向原材料仓库领取食品原材料，价值 5 800 元，其中大米 2 000 kg，单价 2.00 元，共计 4 000 元，精面粉 1 800 kg，单价 1.00 元，共计 1 800 元。

会计部门根据领料汇总表及有关凭证编制会计分录：

借：主营业务成本——餐饮成本　　5 800

　　贷：原材料——主食类——大米　　4 000

　　　　　　　　　——精面粉　　1 800

某些食品原材料由市场直接购入，采取直接方式投料，即购入后直接将其送入加工车间加工，而不通过仓库，如蔬菜、鲜肉、鱼类。在这种情况进行核算，可以在购入原材料时直接借记“主营业务成本”账户，贷记“银行存款”或“库存现金”等账户。

【例 11-12】 某酒店餐厅 201×年 9 月 16 日从菜市场购进时令蔬菜价值 800 元，鲜鱼价值 900 元，鲜肉价值 650 元，以现金付讫，原材料直接交厨房验收领用。

根据有关凭证编制会计分录：

借：主营业务成本——餐饮成本　　2 350

　　贷：库存现金　　2 350

11.5　运输企业成本核算

运输企业是一个处于流通领域的产业部门，从事旅客及货物运输的生产活动。按照运输方式不同，可分为公路运输、铁路运输、航空运输和水上运输等类型。它把社会生产、分配、交换与消费等各个环节有机联系起来，是社会生产过程在流通领域的继续，是连接社会生产领域和消费领域的桥梁和纽带。

运输企业的生产营运活动有其自身特点：①运输企业的生产过程并不创造出新的产品，其劳动对象是旅客和货物，生产活动的最终结果是实现人和物空间位置的变动；②运输企业的生产过程和销售过程是统一的，生产的完成就是销售的完成；③运输企业在营运生产的过程中有较大的流动性和分散性；④运输企业的生产过程只存在对劳动资料(如运输设备等)的消耗，而不存在对劳动对象(即货物、旅客)的消耗问题。

11.5.1　运输企业成本核算的特点

与制造企业相比，运输企业的生产经营过程具有较显著的特点，主要表现在以下几方面。

1. 成本计算对象具有多样性

运输企业的成本计算对象是其经营的各类业务，以及构成各类业务的具体业务项目。此外，运输企业的运输工具及设备，由于厂牌、型号、吨位，以及运行路线、航次等不同，对成本水平会产生较大影响。为了加强成本管理，寻求降低成本的途径，除以前述各类业务作为成本计算对象外，还要以运输工具及其运行情况等作为成本计算对象。

2. 营运成本与应计入本期营业的费用一致，不存在在产品成本

运输企业由于营运过程和销售过程同时进行，不存在期初、期末在产品，也不存在独立的销售过程。应计入本期营运成本的费用即为本期的营运成本，汇集分配后直接转入本期损益(运输企业的辅助生产车间生产零件时，则需计算在产品成本)。

3. 成本计算方法单一

运输企业由于不涉及半成品结转，也就不存在分步骤、分批别计算成本的问题。尽管各运输业务成本计算上存在不同的特点，但共同点都是直接汇集计算各业务的成本。

4. 根据运营业务特点确定营运成本构成内容

由于运输企业的营运项目特点不同，其有关费用的构成也不尽相同，所以应根据各类营运业务的特点，分别确定构成营运成本的费用项目。

5. 采用复合计量单位

由于不同的运输企业使用的运输工具不同，因而不能简单采用相同的单位对成本进行计量，应综合考虑运输数量和运输距离等因素，采用复合单位计量成本，如吨公里、人公里等。

11.5.2　运输企业营运成本的构成内容

财务制度规定，运输企业营运生产过程中实际发生的与运输、装卸和其他业务等营运生产有关的各项支出计入营运成本。

企业在营运生产过程中实际消耗的各种燃料、材料、油料、备品配件、航空高价周转件、垫隔材料、轮胎、专用工器具、动力照明、低值易耗品等支出。

企业直接从事营运生产活动人员的工资、福利费、奖金、津贴和补贴。

企业在营运生产过程中发生的固定资产折旧费、修理费、租赁费(不包括融资租赁费)、铁路线路绿化费、铁路护路护桥费、养路费、公路运输管理费、过路费、过桥费、过隧道费、司机途中住宿费、取暖费、水电费、办公费、差旅费、季节性或修理期间的停工损失、事故净损失等支出。如表 11-2 所示。

表 11-2　运输企业营运成本的构成

项目	本月实际数			本年累计数		
	合计	客运	货运	合计	客运	货运
一、车辆费用						
1. 工资						
2. 福利费						
3. 燃料						
4. 轮胎						
5. 保修						
6. 折旧						
7. 养路费						
8. 运输管理费						
9. 车辆保险费						
10. 税金						
11. 其他						
二、营运间接费用						
三、运输总成本						
四、单位成本						

11.5.3　运输企业有关营运成本的账户设置

为了全面反映和监督运输企业经营过程中的资金耗费情况，必须分别设置成本科目进行核算。运输支出核算沿海、内河、远洋和汽车运输企业因经营旅客、货物运输业务所发生的费用支出。应按运输工具类型(如货轮、客货轮、油轮、拖轮、驳船、货车、客车)或单车、单船设立明细账，并按设定的成本项目进行明细核算。远洋运输企业计算航次成本时，还应按航次设立明细账。

装卸支出核算海、河港口企业和汽车运输企业因经营装卸业务所发生的费用，可以按专业作业区或货种和规定的成本项目进行明细核算。

库存支出核算企业因经营仓库和堆场业务所发生的费用，可以按装卸作业区、仓库、堆场设备种类和规定的成本项目进行明细核算。

代理业务支出核算企业各种代理业务所发生的各种费用，应按代理业务的种类和规定的成本项目进行明细核算。

港务管理支出核算海、河港口企业所发生的各项港务管理支出，应按规定的成本项目进行明细核算。

其他业务支出核算企业除营运业务以外的其他业务所发生的各项支出。

辅助营运费用核算运输、港口企业所发生的辅助船舶费用(包括由轮驳公司等部门集中管理的拖轮、驳船、浮吊、供应船、交通船所发生的辅助船舶费用)，以及企业辅助生产部门为生产产品和供应劳务(如制造工具备件、修理车船、装卸机械、供应水电气等)所发生的辅助生产费用，应按单船(或船舶类型)和辅助生产部门及成本核算对象设置明细账。

营运间接费用核算企业营运过程中所发生的不能直接计入成本核算对象的各种间接费用(不包括企业管理部门的管理费用)。

船舶固定费用核算航次成本的海洋运输企业为保持船舶适航状态所发生的费用(不包括海洋运输船舶的航次运行费用)。

船舶维护费用核算有封冰、枯水等非通航期的内河运输企业所发生的、应由通航期负担的船舶维护费用。

集装固定费用核算运输企业所发生的集装箱固定费用，包括集装箱的保管费、折旧费、修理费、保险费、租赁费、底盘车费以及其他费用。

11.5.4　应用举例

1. 汽车运输成本核算举例

【例 11-13】 红光汽车运输公司下设货运队、客运队、调度站等营运生产单位，并分别按客运、货运计算运输成本，本月发生下列业务：

(1)本月工资，货运队 30 000 元，客运队 40 000 元，按工资总额的 14%计提职工福利费。

借：运输支出——货运	34 200	
——客运	45 600	
贷：应付职工薪酬		79 800

(2)货运队本月耗用燃料的计划成本是 98 000 元，客运队 63 600 元，成本差异率是 0.03，计算本月成本并结转本月成本差异。

借：运输成本——货运——燃料费	98 000	
——客运——燃料费	63 600	

贷：燃料　161 600

借：运输支出——货运——燃料费　2 940

——客运——燃料费　1 908

贷：成本材料差异　4 848

(3)货运队本月领用轮胎计划成本 10 800 元，客运队 8 400 元，轮胎成本差异率为 0.025。

借：运输成本——货运——轮胎　11 070

——客运——轮胎　8 610

贷：轮胎　19 200

材料成本差异　480

(4)以银行存款支付汽车修理费 28 316 元，其中应由货运负担 16 008 元，客运队负担 12 308 元。

借：运输支出——货运——修理费　16 008

——客运——修理费　12 308

贷：银行存款　28 316

(5)计提本月固定资产折旧费 132 600 元，其中货运队 86 000 元，客运队 46 600 元。

借：运输支出——货运——折旧费　86 000

——客运——折旧费　46 600

贷：累计折旧　132 600

(6)按规定缴纳养路费 185 000 元，其中货运队负担 98 000 元，客运队负担 87 000 元。

借：运输支出——货运——养路费　98 000

——客运——养路费　87 000

贷：银行存款　185 000

(7)分配辅助营运费用 68 500 元，其中货运队负担 24 600 元，客运队负担 43 900 元。

借：运输支出——货运——辅助营运费用　24 600

——客运——辅助营运费用　43 900

贷：辅助营运费用　68 500

(8)分配营运间接费用 96 400 元，其中货运队负担 36 400 元，客运队 60 000 元。

借：运输支出——货运——营运间接费用　36 400

——客运——营运间接费用　60 000

贷：辅助营运费用　96 400

(9)货运队本月完成运输周转量为 1 600 千吨千米，客运队本月完成的运输周转量为 3 600 千人千米。

货运队总成本＝407 218(元)

货运队单位成本＝407 218/1 600＝254.51(元/千吨千米)

客运队总成本＝369 526(元)

客运队单位成本＝369 526/3 600＝102.65(元/千人千米)

总成本＝407 218＋369 526＝776 744(元)

(10)结转本月汽车运输成本。

借：本年利润　776 744

贷：运输支出——货运　407 218

——客运　369 526

2. 水上运输成本核算举例

【例 11-14】 红枫航运公司为远洋运输企业，以船舶航次作为成本计算对象，其中拥有的红帆好货轮本年度第三次发生下列经济业务：

(1)本航班耗用燃料计划成本为 98 600 元，材料成本差异为 0.025。

借：运输支出——红帆号第三次航运——燃料　　101 065
　　贷：燃料　　98 600
　　　　材料成本差异　　2 465

(2)本航次耗用垫隔材料和其他材料计划成本为 56 800 元，材料成本差异率为 0.01。

借：运输成本——红帆号第三次航运——材料　　57 368
　　贷：材料　　56 800
　　　　材料成本差异　　568

(3)应付国内港口费和其他费用 136 500 元。

借：运输支出——红帆号第三次航运——港口费　　136 500
　　贷：应付账款　　136 500

(4)应付国外港口费等 12 000 美元，记账时汇率为 1 美元等于 6.5 元人民币，款项尚未支付。

借：运输支出——红帆号第三次航运——港口费　　78 000
　　贷：应付账款　　78 000

(5)结转本航次应负担的船舶固定费用 13 600 元。

借：运输支出——红帆号第三次航运——船舶固定费用　　13 600
　　贷：船舶固定费用　　13 600

(6)结转本航次应负担的集装箱固定费用 28 600 元。

借：运输支出——红帆号第三次航运——集装箱固定费用　　28 600
　　贷：集装箱固定费用　　28 600

(7)结转本航次应付单的营运间接费用 68 000 元。

借：运输支出——红帆号第三次航运——营运间接费用　　68 000
　　贷：营运间接费用　　68 000

(8)本航次已经结束，其运输总成本为 483 133 元，实际完成的运输周转量为 4 800 千吨海里。

单位成本＝483 133/4 800＝100.65(元/千吨海里)

本章小结

不同行业之间由于生产活动的特点不同，其成本核算也具有不同的特点，具体表现在成本核算对象、成本核算项目、成本核算周期等方面不同。

商品流通企业情况比较特别，平时从账上不能反映出库存商品成本，只有到报告期末采用一定方法计算出库存商品的进销差价后，才能反映出库存商品的成本。交通运输企业的成本核算对象一般为客、货运输业务，并同时按照运输共护、航次设置成本核算对象。施工企业一般以各工程作为成本核算对象。房地产开发企业的开发成本是指房地产开发过程中对象化的资金耗费，类似于工业企业的产品制造成本和施工企业的施工成本。旅游饮食服务业营业成本是指直接用于接待旅游者，为旅游者提供各项服务所发生的费用。

各行业成本核算是通过设置和运用相关账户来进行的：商品流通企业采用“材料采购”账户来归集，交通运输企业一般设置“运输支出”等账户来归集费用，施工企业一般设置“工程施工”“机械作业”等账户归集费用，房地产企业一般设置“开发成本”和“开发间接费用”等账户归集费用，旅游饮食服务业一般设置“主营业务成本”等账户归集费用。

关键术语

房地产开发企业成本　施工企业工程成本

复习思考题

1. 商品批发企业和零售企业的商品销售成本分别应如何计算?
2. 建造合同的结果不能可靠估计，应如何确认收入和费用?
3. 简述施工企业生产经营特点。

参考文献

[1] 于富生．成本会计学[M].6版．北京：中国人民大学出版社，2012.

[2] 刘相礼．成本会计教程[M]. 上海：上海财经大学出版社，2010.

[3] 王志红．成本会计学[M].2版．北京：清华大学出版社，2017.

[4] 吴鑫奇．新编成本会计项目化教程[M]. 大连：东北财经大学出版社，2015.

[5] 朱小英．成本会计实务[M].3版．上海：上海财经大学出版社，2015.

[6] 夏鑫，田志莹．成本会计学[M]. 北京：清华大学出版社，2016.

[7] 田风萍，盛文平．成本会计模拟实训教程[M]. 哈尔滨：哈尔滨工业大学出版社，2011.

[8] 肖康元，赵耀忠．成本管理会计[M]. 北京：清华大学出版社，2014.

[9] 田光大，谭迎春．成本会计实务[M]. 上海：立信会计出版社，2015.

[10] 韩庆兰，骆从艳．成本会计学[M]. 北京：机械工业出版社，2015.

[11] 张秀珍，高静颖．成本会计学[M]. 长春：东北师范大学出版社，2006.

[12] 顾全根，刘洪海．成本会计实务[M]. 北京：清华大学出版社，2016.

[13] 吕明．成本会计学[M]. 北京：中国财经出版社，2015.

[14] 潘素琼．成本会计[M]. 北京：北京大学出版社，2013.

[15] 万寿义，任月君．成本会计[M].4版．大连：东北财经大学出版社，2016.

[16] 孙立新．成本会计[M]. 北京：人民邮电出版社，2016.

[17] 杨向阳．成本会计[M]. 北京：清华大学出版社，2016.

[18] 于富生，黎来芳，张敏．成本会计学[M]. 北京：中国人民大学出版社，2015.

[19] 任月君．成本会计[M]. 北京：清华大学出版社，2014.

[20] 贾宗武．成本会计[M]. 西安：西安交通大学出版社，2014.

[21] 郑丁旺，汪泱若．成本会计[M]. 北京：中国人民大学出版社，2014.

附录　成本会计学配套习题及答案

第 2 章　练习题

一、单项选择题

1. 下列支出中，不应计入产品成本的是(　　)。

A. 产品生产用材料　　B. 生产单位管理人员的薪酬

C. 从事自制设备研发的人员薪酬　　D. 车间生产设备的折旧费

2. 本期支付的应由以后期间负担的费用，应当作为(　　)进行分摊，不得直接计入本期成本、费用。

A. 制造费用　　B. 预提费用　　C. 生产费用　　D. 待摊费用

3. 不应当由本期负担的费用，如果采用预计的方式计入有关费用、成本，则(　　)。

A. 对企业费用、成本没有影响　　B. 对企业利润没有影响

C. 会虚增企业费用、成本　　D. 会虚减企业费用、成本

4. 期末如果既有完工产品成本，又有在产品成本，企业应将(　　)在本期完工产品和期末在产品之间进行分配。

A. 期初在产品成本

B. 本期发生的生产费用

C. 期初在产品成本加上本期发生的生产费用(累计生产费用)

D. 本期发生的生产费用减去期初在产品成本

二、多项选择题

1. 为了正确划分费用与成本的界限，企业不得(　　)。

A. 将应计入产品成本的生产费用列为期间费用

B. 将制造费用计入产品成本

C. 将期间费用计入产品成本

D. 将生产费用计入产品成本

2. 成本核算的基本程序包括(　　)。

A. 费用的审核和控制

B. 生产费用在各个成本核算对象之间的分配

C. 期间费用在各个成本核算对象之间的分配

D. 生产费用在本期完工产品和期末在产品之间的分配

第 3 章　练习题

一、单项选择题

1. 辅助生产费用的顺序分配法，是指各辅助生产车间之间的费用分配应按照辅助生产车间(　　)顺序分配。

A. 费用多的排列在前，费用少的排列在后

B. 费用少的排列在前，费用多的排列在后

C. 受益少的排列在前，受益多的排列在后

D. 受益多的排列在前，受益少的排列在后

2. 辅助生产费用交互分配后的实际费用，应在(　　)之间进行分配。

A. 基本生产车间　　B. 各辅助生产车间

C. 各受益单位　　D. 辅助生产车间以外的各受益单位

3. 特别适用于季节性生产企业的制造费用分配方法是(　　)。

A. 生产工人工时比例法　　B. 生产工人工资比例法

C. 约当产量法　　D. 年度计划分配率分配法

4. 下列部门的水电费应计入“制造费用”科目的是(　　)。

A. 基本生产车间日常用水电费　　B. 基本生产车间生产甲产品的水电费

C. 销售部门耗用的水电费　　D. 企业行政管理部门用的水电费

5. 辅助生产费用在按交互分配法分配时，应计算的费用分配率有(　　)。

A. 一个　　B. 两个　　C. 三个　　D. 四个

二、多项选择题

1. 辅助生产费用采用按计划成本分配的优点是(　　)。

A. 简化核算工作

B. 计算工作最简便

C. 能反映和考核辅助生产成本计划的执行情况

D. 分配结果最准确

E. 有利于实行厂内经济核算，分清各企业内部各单位的经济责任。

2. 分配辅助生产费用的方法有(　　)。

A. 直接分配法　　B. 计划成本分配法　　C. 交互分配法

D. 代数分配法　　E. 顺序分配法

3. 某车间发生下列费用，应计入制造费用的有(　　)。

A. 原材料费用　　B. 管理人员工资　　C. 车间一般消耗的燃料费用

D. 折旧费　　E. 低值易耗品摊销

三、综合题

1. 某企业有供电和机修两个辅助生产车间，本月份根据辅助生产成本明细账得知：

供电车间直接发生的待分配费用为 14 080 元，机修车间为 13 440 元。供电车间和机修车间之间相互提供产品和劳务，供电车间受益少，机修车间受益多。车间本月提供产品和劳务量如附表 1：

附表 1

车间、部门		用电度数	修理工时
第一基本	产品耗用	37 000	—
生产车间	一般耗用	3 000	3 600
第二基本	产品耗用	34 000	—
生产车间	一般耗用	2 000	4 200
管理部门		4 000	200
供电车间		—	400
机修车间		8 000	—
合计		88 000	8 400

要求：

(1)采用直接分配法分配辅助生产费用，并作相应的会计分录。

(2)采用顺序分配法分配辅助生产费用，并作相应的会计分录。

(3)采用交互分配法分配辅助生产费用，并作相应的会计分录。

(4)采用代数分配法分配辅助生产费用，并作相应的会计分录。

(5)采用计划成本分配法分配辅助生产费用，并作相应的会计分录。(计划单位成本：供电车间 0.16 元/度，机修车间 1.8 元/小时)

2. 某工厂一车间全年计划制造费用为 351 000 元，各种产品的计划产量为：A 产品 19 000 件，B 产品 6 000 件，C 产品 8 000 件，单位产品工时定额为：A 产品为 5 小时，B 产品为 7 小时，C 产品为 7.25 小时。3 月份实际产量为：A 产品 1 800 件，B 产品 700 件，C 产品 500 件，实际发生的制造费用为 30 900 元。

要求：

(1)按计划分配率分配法分配制造费用，并编制相应的会计分录。

(2)假如一车间全年实际发生制造费用 351 918 元，实际产量为：A 产品 20 000 件，B 产品 8 000 件，C 产品 6 000 件。试对“制造费用”科目的年末余额进行调整，并编制相应的会计分录。

3. 某工业企业 8 月份应付工资如下：直接用于基本生产产品 20 000 元，用于辅助生产 10 000 元，用于基本车间管理 12 000 元，用于企业管理部门 8 000 元，用于生活福利部门 4 000 元，用于长期病假工资 2 600 元，合计 56 600 元，该企业按 14%计提职工福利费。

要求：编制分配工资费用和计提职工福利费的会计分录。

第 4 章　练习题

一、单项选择题

1. 由于自然灾害造成的非正常停工损失，应记入(　　)科目。

A. 营业外收入　　B. 营业外支出　　C. 管理费用　　D. 制造费用

2. 产品的三包损失，应记入(　　)科目。

A. 管理费用　　B. 制造费用　　C. 销售费用　　D. 废品损失

3. 应该计入产品成本的停工损失是(　　)。

A. 由于火灾造成的停工损失　　B. 由于水灾造成的停工损失

C. 季节性和固定资产修理期间的停工损失　　D. 可以由保险公司赔偿的停工损失

4. 经过质量检验部门鉴定不需返修、可以降价出售的不合格产品的降价损失，应(　　)。

A. 作为销售费用处理　　B. 作为管理费用处理

C. 作为废品损失处理　　D. 在计算销售损益时体现

二、多项选择题

1.“废品损失”科目的借方登记(　　)。

A. 可修复废品成本　　B. 不可修复废品成本

C. 可修复废品的修复费用　　D. 不可修复废品的应收赔款

2.“废品损失”科目借方对应科目可能有(　　)。

A. 基本生产成本　　B. 应付职工薪酬

C. 制造费用　　D. 原材料

3.“废品损失”科目贷方对应科目可能有(　　)。

A. 基本生产成本　　B. 其他应收款

C. 制造费用　　D. 原材料

三、业务题

1. 某企业生产车间生产A产品，本月发现可修复废品10件，已修复并验收入库。根据本月“材料费用分配表”资料，修复A产品领用原材料费用为500元，根据本月“职工薪酬费用分配表”“制造费用分配表”资料，修复A产品实际耗用工时100小时，小时职工薪酬费用分配率为9.12元，小时制造费用分配率为5元。按规定本月发生的10件可修复废品应由过失人赔偿200元。

要求：(1)计算可修复废品的废品损失；

(2)根据有关凭证和费用分配表编制相关会计分录。

2. 某企业生产车间2月份生产B产品200件，生产过程中发现其中10件为不可修复废品。该产品成本明细账中所列合格品和废品的全部生产费用为：原材料费用50 000元，职工薪酬费用30 000元，制造费用60 000元，共计140 000元。原材料是在生产开始时一次性投入，其他费用按生产工时分配。2月份生产工时为：合格品耗用14 000小时，废品耗用1 000小时，合计15 000小时。废品回收的残料价值为400元。

要求：(1)根据资料，计算不可修复废品损失(写出计算过程)；

(2)编制不可修复废品损失计算表，见附表2；

附表2　不可修复废品损失计算表(按所耗实际费用计算)

产品名称：B产品　　201×年2月　　单位：元

项　目	数量/件	直接材料	生产工时	职工薪酬费用	制造费用	合计
生产费用总额						
费用分配率						
废品生产成本						
减：残值						
废品净损失						

(3)编制与废品损失相关的会计分录。

第 5 章 练习题

一、单项选择题

1. 由于车间管理不善造成的在产品的盘亏和毁损，应从“待处理财产损溢”转入的科目是(　　)。

A. 管理费用　　B. 制造费用　　C. 其他应收款　　D. 营业外支出

2. 在产品不计算成本法体现了成本核算的(　　)。

A. 重要性原则　　B. 实际成本原则　　C. 一致性原则　　D. 可靠性原则

3. 不应列入企业在产品的是(　　)。

A. 正在车间加工中的在产品

B. 已完成一个或几个生产步骤，还需要加工的半成品

C. 对外销售的自制半成品

D. 待返修的废品

4. 狭义的在产品只包括(　　)。

A. 需进一步加工的半成品　　B. 正在车间加工的在产品

C. 对外销售的自制半成品　　D. 产成品

5. 在产品完工率为以下哪个选项与完工产品工时定额的比率？(　　)

A. 所在工序工时定额之半

B. 所在工序累计工时定额

C. 上道工序累计工时定额与所在工序工时定额之半的合计数

D. 所在工序工时定额

6. 某企业甲产品需要经过两道工序制成，第一道工序工时定额为 20 小时，第二道工序工时定额为 30 小时，则第二道工序的完工率为(　　)。

A. 40%　　B. 60%　　C. 70%　　D. 80%

7. 某产品经三道工序加工而成，各工序的工时定额分别为 10 小时、20 小时、20 小时。各工序在产品在本工序的加工程度按工时定额的 50%计算。第三道工序的累计工时定额为(　　)。

A. 20 小时　　B. 30 小时　　C. 40 小时　　D. 50 小时

8. 约当产量比例法不适用于(　　)的在产品成本计算。

A. 原材料费用在成本中所占比重较大

B. 月末在产品数量较大

C. 各月末在产品数量变化较大

D. 产品成本中原材料、工资及福利费的比重相差不多

9. 按完工产品和月末在产品数量比例分配计算完工产品和月末在产品的原材料费用，必须具备的条件是(　　)。

A. 原材料随生产进度陆续投入　　B. 原材料在生产开始时一次投入

C. 原材料消耗定额比较准确稳定　　D. 产品成本中原材料费用比重较大

10. 原材料在每道工序开始时一次投料的情况下，分配原材料费用的在产品的投料程度，为下列哪个项目与完工产品原材料消耗定额的比率？(　　)

A. 在产品所在工序原材料消耗定额　　B. 在产品所在工序原材料消耗定额之半
C. 在产品所在工序原材料累计消耗定额　　D. 在产品所在工序原材料累计消耗定额之半

11. 如果某种产品的月末在产品数量较多，各月在产品数量变化较大，各项费用的比重相差不多，生产费用在完工产品与月末在产品之间分配，应采用的方法是(　　)。

A. 不计算在产品成本的方法　　B. 在产品成本按年初在产品成本计算的方法
C. 在产品按所耗直接材料费用计算的方法　　D. 约当产量法

12. 如果企业产品的消耗定额比较准确、稳定，各月末在产品数量变化较小，产品成本中原材料费用所占比重较大，为了简化成本计算，月末在产品可以(　　)。

A. 按定额成本计价　　B. 按所耗原材料费用计价
C. 按定额原材料费用计价　　D. 按定额加工费用计价

13. 完工产品与在产品之间费用分配核算中，对于定额管理基础较好，各项消耗定额或费用定额比较准确稳定，且各月在产品数量变动不大的产品，适用的分配方法是(　　)。

A. 定额比例法　　B. 在产品按固定成本计价法
C. 在产品按定额成本计价法　　D. 在产品按完工产品计算法

14. 在产品不计算成本法，适用的情况是(　　)。

A. 各月月末完工产品数量变化很小　　B. 各月月末在产品数量变化很大
C. 各月月末在产品数量很大　　D. 各月月末在产品数量很小

15. 各月月末在产品数量较小，或者在产品数量虽大，但各月之间变化不大的产品，适用的分配方法是(　　)。

A. 在产品按定额成本计价法　　B. 在产品按完工产品计算法
C. 约当产量法　　D. 在产品按固定成本计价法

16. 如果某种产品所耗原材料费用在产品成本中所占比重很大，在产品成本的确定可使用的方法是(　　)。

A. 约当产量法　　B. 在产品按固定成本法
C. 在产品按所耗原材料费用计算法　　D. 在产品按完工产品成本法

17. 按完工产品和月末在产品数量比例，分配计算完工产品和月末在产品成本，必须具备的条件是(　　)。

A. 在产品已接近完工　　B. 原材料在生产开始时一次投料
C. 在产品原材料费用比重大　　D. 各项消耗定额比较准确

18. 在产品按所耗原材料费用计价法，适用于(　　)。

A. 各月在产品数量变化较大的产品
B. 各月月末在产品数量较大的产品
C. 原材料费用在成本中所占比重较大的产品
D. 同时具备以上三个条件的产品

19. 各月月末在产品数量较多，但各月之间在产品数量起伏不定的企业，在产品计价采用的方法是(　　)。

A. 在产品不计算成本法　　B. 在产品按年初固定成本计价法
C. 在产品按定额成本计价法　　D. 定额比例法

20. 采用在产品成本按年初在产品成本计算的方法，则每月的完工产品成本为(　　)。

A. 每月发生的生产费用之和
B. 每月的生产费用在完工产品和在产品之间分配后，由完工产品负担的部分

C. 每月的生产费用加月初在产品成本

D. 每月生产费用加上月初在产品成本减去月末在产品成本

二、多项选择题

1. 选择完工产品与在产品之间费用分配方法时，应考虑的条件有(　　)。

A. 定额管理基础的好坏　　B. 各月在产品数量变化的大小

C. 在产品数量的多少　　D. 原材料是否一次性投入

E. 各项费用比重的大小

2. 在下列情况下，需要计算在产品完工率的有(　　)。

A. 原材料在生产开始时一次投入

B. 原材料分别在各工序开始时一次投入

C. 材料随着加工进度陆续投入，投入程度与加工进度一致

D. 原材料随着加工进度陆续投入，投入程度与加工进度不一致

3. 在某种产品月初、月末在产品数量不同的情况下，某月份计算产品成本时，能够使本月发生的费用等于本月完工产品成本的方法是(　　)。

A. 计算在产品成本的方法　　B. 在产品成本按年初在产品成本计算的方法

C. 约当产量法　　D. 定额成本法

4. 生产费用在完工产品与在产品之间的分配方法中，常用的分配方法有(　　)。

A. 在产品按完工产品计算法　　B. 定额成本法

C. 定额比例法　　D. 约当产量法

E. 不计算在产品成本法

5. 完工产品与在产品之间分配费用的方法有(　　)。

A. 约当产量法　　B. 交互分配法

C. 固定成本计价法　　D. 定额比例法

E. 五五摊销法

6. 按完工产品和月末在产品数量比例分配计算完工产品和在产品成本，必须符合的条件有(　　)。

A. 在产品已近完工　　B. 原材料在生产开始时一次投料

C. 各项消耗定额比较准确　　D. 月末在产品已经加工完成，但尚未验收入库

7. 完工产品与月末在产品之间分配费用的约当产量法可以用来分配(　　)。

A. 直接材料费用　　B. 直接人工费用

C. 制造费用　　D. 管理费用

8. 下列各项适用于约当产量法的有(　　)。

A. 月末在产品数量较大

B. 月末在产品接近完工

C. 各月月末在产品数量变化较大

D. 产品成本中原材料费用和工资等其他费用比重相差不大

E. 产品成本中原材料费用和工资等其他费用比重相差较大

9. 采用定额比例法分配完工产品和在产品费用，应具备的条件有(　　)。

A. 消耗定额比较准确　　B. 消耗定额比较稳定

C. 各月月末在产品数量变化较大　　D. 各月月末在产品数量变化不大

E. 各月月末产成品数量变化较大

10. 完工产品与在产品之间分配费用，采用在产品按固定成本计价法的情况有(　　)。

A. 各月月末在产品数量较大

B. 各月月末在产品数量较小

C. 各月成本水平相差不大

D. 各月月末在产品数量虽大，但各月之间变化不大

E. 各月月末完工产品数量较小

三、判断题

1. 各月月末在产品数量变化不大的产品，可以不计算月末在产品成本。(　　)

2. 对于各月月末在产品数量较少的企业，月末在产品成本可以忽略不计。(　　)

3. 如果一项产品的原材料不是在生产开始时一次投入，也不是随着加工进度陆续投入(原材料投入程度与加工进度或生产工时投入程序不一致)，此时分配原材料费用的完工率按每一工序的原材料消耗定额计算。(　　)

4. 后边工序在产品多加工的程度可以弥补前边工序少加工的程序，所以全部在产品的完工程序可以按 50%平均计算。(　　)

5. 生产费用在完工产品和月末产品之间分配的方法很多，企业可根据所生产产品的特点及管理情况而定。一旦采用某种方法，不应随意变动，以便不同时期的产品具有可比性。(　　)

6. 采用在产品按所耗直接材料费用计算法时，加工费用全部由完工产品承担。(　　)

7. 采用约当产量法在完工产品和在产品之间分配原材料费用，如果原材料是分工序在各工序开始时投入，在产品的数量按实际数量计算。(　　)

8. 采用在产品按定额成本计价法时，月末在产品的定额成本与实际成本的差异全部由完工产品成本承担。(　　)

9. 采用在产品按定额成本计价法，由于技术进步，劳动熟练程度提高而降低了当月消耗定额以后，反而会使完工产品成本相对的提高。(　　)

10. 在产品定额成本计算法下完工产品和在产品都以定额成本来反映。(　　)

四、计算题

1. 某企业产品由两道工序制成，原材料随着生产进度分工序投入，在每道工序中则是开始时投入。第一道工序投入原材料定额为 280 kg，月末在产品数量 3 200 件；第二道工序投入原材料定额为 220 kg，月末在产品数量 2 400 件。完工产品为 8 400 件，月初在产品和本月发生的原材料费用累计 503 680 元。

要求：(1)分别计算两道工序按原材料消耗程度表示的在产品完工率。

(2)分别计算两道工序按原材料消耗程度表示的在产品约当产量。

(3)按约当产量法计算完工产品和月末在产品原材料费用。

2. 某厂生产 A、B、C 三种产品，其中 A、B 产品本月的期初在产品成本资料如附表 3 所示，C 产品无期初在产品。三种产品本月发生费用资料见附表 4 所示。

附表 3　期初在产品成本资料表　　单位：元

产品	原材料	燃料、动力	工资、福利费	制造费用	合计
A	34 154	820	1 296	4 092	40 362
B	15 270	1 185	2 384	4 768	23 607

附表 4　本月发生费用资料表　　单位：元

产品分配表	A	B	C
原材料分配表	277 046	184 730	245 000
耗用燃料分配表	4 900	6 125	7 480
外购动力分配表	1 984	1 540	880
工资及福利费分配表	7 704	5 616	10 656
辅助生产费用分配表(蒸汽)	8 800	7 200	4 000
制造费用分配表	15 408	11 232	14 775

各种产品本月产品产量、在产品数量和完工程度如附表 5 所示。

附表 5　本月产品产量、在产品数量和完工程度

产品	完工数量/件	期末在产品	
		数量/件	完工程度/%
A	2 500	625	80
B	3 125	1 725	50
C	4 000	0	—

A 产品耗用的原材料是在生产开始时一次投入的，B、C 产品耗用的原材料则是随着加工进度逐步投入的。

要求：按约当产量法计算完工产品成本和在产品成本(填制产品成本计算单)，并编制产品入库的会计分录。

第 6 章　练习题

一、单项选择题

1. 产品成本计算的基本方法不包括(　　)。

A. 品种法　　B. 分批法　　C. 分步法　　D. 系数法

2. 在一个企业或车间内部(　　)。

A. 能结合使用多种成本计算方法计算成本

B. 能同时使用几种成本计算方法计算成本

C. 不能同时使用几种成本计算方法计算成本

D. 只能使用某一种成本计算方法

3. 小批生产的多步骤生产，如果在管理上要求分步计算成本，可以采用的产品成本计算方法是(　　)。

A. 分批法　　B. 分步法

C. 分批法与分步法结合应用　　D. 以上答案皆不对

4. 产品成本计算的分批法，应按(　　)。

A. 每种产品设置成本计算单　　B. 产品生产步骤设置成本计算单

C. 产品类别设置成本计算单　　D. 产品批别设置成本计算单

5. 生产特点和管理要求对于产品成本计算的影响，主要表现在(　　)。

A. 产品生产的品种上

B. 成本计算对象的确定上

C. 生产费用在完工产品与在产品之间的划分

D. 成本计算期上

二、多项选择题

1. 品种法适用于(　　)。

A. 简单生产　　B. 单件装配式生产

C. 大量连续式生产　　D. 大量装配式生产

E. 小批装配式生产

2. 分批法适用于(　　)。

A. 简单生产　　B. 单件装配式生产

C. 大量连续式生产　　D. 大量装配式生产

E. 小批装配式生产

3. 分步法适用于(　　)。

A. 简单生产　　B. 单件装配式生产

C. 大量连续式生产　　D. 大量装配式生产

E. 小批装配式生产

4. 下列哪些是大量大批生产类型的特征？(　　)

A. 产品品种单一　　B. 产品成本低

C. 工序数很大　　D. 设备利用率低

E. 生产控制难　　F. 劳动定额的制定有粗有细

5. 某汽车的老产品—某名牌汽车的生产，以及正在试制或者刚刚试制成功但尚未大量投入生产的新产品——某种新型节能汽车，分别应用(　　)(　　)的基本成本计算方法。

A. 定额法　　B. 分类法　　C. 分步法

D. 分批法　　E. 品种法

三、计算题

1. 某企业采用品种法计算产品成本。该企业生产 A、B 两种产品，月末在产品成本只包括原材料价值，不分摊工人工资和其他费用。A、B 两种产品的共同费用按工人工资的比例分配。该企业 2004 年 9 月初 A 产品的在产品实际成本为 2 200 元，B 产品无在产品。9 月末，A 产品在产品应负担的原材料为 3 400 元，B 产品全部完工。

9 月份发生下列经济业务：

(1)基本生产车间领用原材料，实际成本为 13 200 元，其中，A 产品耗用 10 000 元，B 产品耗用 3 200 元。

(2)基本生产车间领用低值易耗品，实际成本 500 元，该企业低值易耗品采用一次摊销法摊销。

(3)计算提取固定资产折旧费 1 150 元，其中车间折旧费 980 元，厂部管理部门折旧费 170 元。

(4)应付职工工资 5 000 元，其中，生产工人工资 3 000 元(生产 A 产品工人的工资为 1 800 元，生产 B 产品工人的工资为 1 200 元)，车间管理人员工资 500 元，厂部管理人员工资 1 500 元。

(5)提取职工福利费700元，其中，生产工人福利费420元(A产品为252元，B产品为168元)，车间管理人员福利费70元，厂部管理人员福利费210元。

(6)分配间接费用。

要求：根据上述经济业务，编制会计分录；计算A、B两种产品总成本及A产品在产品成本；结转完工产品成本。

2. 某企业的生产是连续加工式的，产品生产需经过三个加工步骤，每一生产步骤设一个车间。第一步骤生产甲半成品，交第二步骤加工；第二步骤生产乙半成品，交第三步骤加工制造成丙产成品，原材料在第一步骤开始时一次投入，第二、三两步骤不再投入。在产品成本按实际成本计算，各步骤制造加工的在产品的工费一律按本步骤完工产品的50%计算。设置直接材料、直接工资和制造费用三个成本项目。某月份有关资料如下：

(1)产量资料见附表6。

附表6 产量资料

项目	计量单位	第一步骤	第二步骤	第三步骤
月初在产品数量	件	200	400	1 000
本月投入生产或上步转来半成品数量	件	6 000	5 600	5 200
本月完成转入下步或产品交库数量	件	5 600	5 200	5 600
月末在产品数量	件	600	800	600

(2)成本资料见附表7。

附表7 成本资料

项目	直接材料	直接工资	制造费用
月初在产品成本			
第一步骤	120 000	7 000	20 000
第二步骤		12 000	26 000
第三步骤		27 000	59 000
本月费用			
第一步骤	3 680 000	431 000	1 075 000
第二步骤		351 000	766 000
第三步骤		268 000	590 000

要求：按平行结转分步法计算丙产品总成本、单位成本和各步骤的月末在产品车间成本以及全厂在产品成本。

3. 企业生产甲、乙、丙三种产品，生产组织属于小批生产，采用分批法计算成本。

(1)9月份生产的产品批号有：

1001批号：甲产品10台，本月投产，本月完工6台。

1002批号：乙产品10台，本月投产，本月全部未完工。

1003批号：丙产品20台，上月投产，本月完工5台。

(2)1003批号月初在产品成本：直接材料1 200元，直接人工1 060元，制造费用2 040元。

(3)本月各批号生产费用如下：

1001批号：直接材料3 360元，直接人工2 350元，制造费用2 800元。

1002 批号：直接材料 4 600 元，直接人工 3 050 元，制造费用 1 980 元。

1003 批号：直接材料 2 680 元，直接人工 2 450 元，制造费用 3 020 元。

1001 批号甲产品完工数量较大，原材料在生产开始时一次投入，其他费用在完工产品与在产品之间采用约当产量法分配，在产品完工程度为 50%。

1002 批号由于全部未完工，本月生产费用全部是在产品成本。

1003 批号丙产品完工数量少，完工产品按计划成本结转。每台产品计划单位成本：直接材料 190 元，直接人工 180 元，制造费用 250 元。

要求：根据上述资料，采用分批法登记产品成本明细账，计算各批产品的完工产品成本和月末在产品成本。

第 7 章　练习题

一、单项选择题

1. 产品成本计算的分类法的特点是(　　)。
   A. 按产品类别计算产品成本
   B. 按产品品种计算产品成本
   C. 按产品类别计算各类产品成本，类内不同品种产品的成本按照一定的分配方法分配确定
   D. 按产品类别计算各类产品成本，类内不同品种产品的成本按照同种分配方法分配确定

2. 某企业，生产产品品种、规格繁多，且能够按照生产工艺划分为不同类别的产品，该企业应采用的产品成本计算方法是(　　)。
   A. 品种法　　　　B. 分类法
   C. 品种法和分类法相结合的方式　　　　D. 品种法和分步法相结合的方式

3. 下列各项中不属于定额法的特点的是(　　)。
   A. 定额法是以定额标准为依据，通过调整生产过程中各种费用的实际耗费和定额标准的差异，核算实际生产费用
   B. 定额法下要求企业建立完善的定额管理制度，以便在产品费用发生时，对实际成本与定额成本差异进行区别核算，加强对成本的日常分析和控制
   C. 企业使用定额法计算产品成本，当原定额标准变化时，企业需要调整月初在产品的定额成本变动差异，而其他几种成本计算方法各期的月初在产品成本均不需要进行调整
   D. 定额法的主要计算内容是脱离定额差异的计算

4. 定额法下，下列各式中产品成本计算正确的是(　　)。
   A. 产品成本＝直接材料费用＋直接人工费用＋制造费用
   B. 产品成本＝按现行定额计算的定额成本＋定额变动差异
   C. 产品成本＝按现行定额计算的定额成本＋定额变动差异＋脱离定额差异
   D. 产品成本＝按现行定额计算的定额成本＋定额变动差异＋脱离定额差异＋材料成本差异

5. 下列说法中正确的是(　　)。
   A. 联产品是指使用同种原材料，生产出多种地位相同但是用途不同的、具备较大经济价值的主要产品

B. 副产品是指在同一生产过程中，在生产主要产品时，附带产出的非主要产品，或者利用产品生产中所产生的废料加工生产的非主要产品

C. 等级产品是指使用同种原材料，经过同一生产过程，同时生产出来的质量不同的产品，即品种、规格相同，单产品质量等级不同的产品

D. 联产品、副产品之间性质、用途不同，但属于同种产品，而等级产品是性质、用途相同的产品

二、多项选择题

1. 下列选项中符合等级产品的定义的是(　　)。

A. 采用同种材料生产　　B. 经过同一生产过程生产

C. 同时生产出来的产品质量不同　　D. 同时生产出来的各种产品质量不同

2. 下列各项属于副产品的是(　　)。

A. 奶制品厂同时生产出的牛奶、奶油等产品

B. 炼油厂通过同一生产过程加工提炼出汽油、柴油和煤油

C. 肥皂生产过程中生产出的甘油

D. 炼油厂炼油时生产出的渣油、石油焦

3. 系数分配法下，用于确定系数的标准可以采用(　　)。

A. 成本类，定额成本、计划成本等　　B. 成果类，重量、体积、产量、产值

C. 耗费类，生产工时、机器工时　　D. 定额类，定额耗量、定额费用

4. 下列哪种成本计算方法属于产品成本计算的辅助方法?(　　)

A. 分类法　　B. 系数法　　C. 分步法　　D. 定额法

5. 定额法下计算产品实际成本需要计算以下哪些内容?(　　)

A. 定额成本的计算　　B. 材料成本差异的计算

C. 脱离定额差异的计算　　D. 定额变动差异的计算

三、业务题

1. 东方公司生产的东方一号系列产品中包含 A、B、C 三种产品，采用的原材料和生产工艺近似。东方一号系列产品生产技术成熟，销量稳定，因此东方公司采用分类法计算产品成本，月末按照产品的定额成本计价。公司 6 月份产品成本明细账如附表 8 所示，公司产品的消耗定额及本月产成品数量如附表 9 所示。

附表 8　产品成本明细账

产品名称：东方一号　　201×年 6 月　　单位：元

摘要	直接材料	直接人工	制造费用	成本合计
月初在产品成本	32 650	8 845	12 580	54 075
本月生产费用	1 428 000	308 000	428 530	2 164 530
月末在产品成本	76 810	5 805	9 110	91 725

附表 9　消耗定额及本月产成品数量

	产量	材料消耗定额	工时消耗定额
A	3 600	180	3.5
B	1 800	210	2
C	600	150	1.8

原材料费用按消耗定额系数比例分配，以C产品为标准产品计算确定。其他费用均按照定额工时比例分配。

要求：根据上述材料，采用产品成本计算方法中的分类法计算A、B、C三种产品成本，并编制产品成本计算表。

2. 某企业对其产品采用定额法计算成本，该企业6月份直接材料费用资料如下：

(1)月初在产品材料定额费用为300元，月初在产品脱离定额差异节约20元，月初在产品材料定额调整后降低15元。定额变动差异全部由完工产品负担。

(2)本月直接材料费用为9 000元，本月脱离定额差异为节约15元。

(3)本月原材料成本差异超支0.2%，原材料成本差异全部由完工产品负担。

(4)月末完工产品的定额材料费用为8 400元。

要求：计算月末在产品直接材料定额费用，计算完工产品和月末在产品直接材料实际费用(脱离定额差异按定额费用比例在完工产品和月末在产品之间分配)。

3. 某企业在生产甲产品的同时，附带生产部分A副产品。本月联合成本为96 000元。其中直接材料、直接人工、制造费用比例为3∶2∶1。A副产品进一步加工发生人工费用6 000元，制造费用3 000元。本月生产完工甲产品1 000 kg，副产品500 kg。副产品单位售价为37元，单位税金和利润为6元，单位销售费用1元。

要求：按照副产品负担可归属成本，又负担分离前联合成本的方法计算副产品成本(添置的成本计算单如附表10所示)。

附表10　产品成本计算单

项目		产量	直接材料	直接人工	制造费用	合计
本期生产费用合计						
费用项目比重						
副产品	总成本	500				
	减：加工成本					
	应负担成本					
	单位成本					
甲产品	总成本	1 000				
	单位成本					

第8章　练习题

一、单项选择题

1. 企业成本报表(　　)。

A. 是对外报送的报表

B. 是对内编报的报表

C. 有关部门规定哪些指标对外公布，哪些指标不对外公布

D. 根据债权人和投资人的要求，确定哪些指标对外公布，哪些指标不对外公布

2. 经济技术指标变动对产品成本的影响主要表现在对(　　)指标的影响。
A. 产品总成本　　B. 产品单位成本
C. 产品产量　　D. 产品总成本和产品产量
3. 主要产品单位成本的计划完成情况分析，通常首先采用(　　)进行分析。
A. 对比分析法　　B. 趋势分析法
C. 比率分析法　　D. 连环替代法
4. 企业成本报表的种类、项目、格式和编制方法(　　)。
A. 由国家统一规定　　B. 由企业自行制定
C. 由企业主管部门统一规定　　D. 由企业主管部门与企业共同制定
5. 采用连环替代法，可以揭示(　　)。
A. 产生差异的因素　　B. 实际数与计划数之间的差异
C. 产生差异的因素和各因素的影响程度　　D. 产生差异的因素和各因素的变动原因
6. 下列关于主要产品单位成本表的说法，错误的是(　　)。
A. 主要产品单位成本表是反映企业在报告期内生产的各种主要产品单位成本构成情况的报表
B. 主要产品单位成本表应按主要产品分别编制
C. 主要产品单位成本表是对产品生产成本表的补充说明
D. 主要产品单位成本表是反映企业在报告期内全部产品单位成本构成情况的报表

二、多项选择题

1. 工业企业成本报表一般包括(　　)。
A. 产品生产成本表　　B. 主要产品单位成本表
C. 制造费用明细表　　D. 各种期间费用明细表
2. 主要产品单位成本表反映的单位成本包括(　　)。
A. 本月实际　　B. 历史先进水平
C. 本年计划　　D. 上年实际平均
3. 生产多品种情况下，影响可比产品成本降低额变动的因素有(　　)。
A. 产品产量　　B. 产品单位成本
C. 产品价格　　D. 产品品种结构
4. 期间费用明细表，一般按照期间费用项目分别反映费用项目的(　　)。
A. 计划数　　B. 上年同期实际数
C. 本月实际数　　D. 本年累计实际数
5. 下列财务指标中，属于相关比率指标的有(　　)。
A. 产值成本率　　B. 销售收入成本率
C. 成本利润率　　D. 制造费用构成比率
6. 连环替代的顺序性表现在(　　)。
A. 先替代数量指标，后替代质量指标　　B. 先替换基本因素，后替换从属因素
C. 先替换实物量指标，后替换价值量指标　　D. 先替代质量指标，后替代数量指标
7. 成本报表分析的主要内容包括(　　)。
A. 成本计划完成情况分析　　B. 主要产品单位生产成本分析
C. 费用预算执行情况分析　　D. 成本效益分析
8. 下列费用项目中，属于生产性费用的有(　　)。

A. 生产车间的折旧费、修理费　B. 劳动保护费
C. 生产车间的机物料消耗　D. 职工教育经费

9. 技术经济指标变动对产品单位成本影响的分析，主要包括(　　)。
A. 产量变动对单位成本的影响
B. 废品率变动对单位成本的影响
C. 原材料利用率变动对单位成本影响
D. 劳动生产率和工资水平变动对产品单位成本的影响

10. 主要产品单位生产成本表中反映的内容主要包括(　　)。
A. 产品产量　B. 产品单位生产成本
C. 主要技术经济指标　D. 产品的销售价格

三、实务操作题

【资料】

海东企业生产甲产品，有关资料见附表11、附表12。

附表11　主要产品单位成本表

成本项目	上年实际平均	本年计划	本年实际
原材料	1 862	1 890	2 047
工资及福利费	150	168	164
制造费用	248	212	209
合计	2 260	2 270	2 420

附表12　单位甲产品耗用原材料的资料表

项　目	上年实际平均	本年计划	本期实际
原材料消耗量/kg	950	900	890
原材料单价/元	1.96	2.10	2.30

【要求】

(1)根据上述资料，分析甲产品单位生产成本的计划完成情况；
(2)分析影响原材料费用变动的因素和各因素对材料费用变动的影响程度。

第9章　练习题

一、单项选择题

1. 作业基础成本法适用于具有以下特征的企业(　　)。
A. 间接生产费用比重较小　B. 作业环节较少
C. 生产准备成本较高　D. 产品品种较少

2. 作业基础成本法的缺陷有(　　)。
A. 实施成本较高　B. 实施效果较差
C. 成本决策相关性较弱　D. 间接费用的分配与产出量相关性较弱

3. 作业基础成本法与传统成本法的区别之一是作业基础成本法(　　)。
A. 存在较多的同质成本库
B. 存在较少的同质成本库
C. 间接费用分配基础不一定是成本动因
D. 成本决策相关性较弱

4. 按照作业的执行方式，可将作业分为(　　)。
A. 主要作业和次要作业
B. 必需性作业和酌量性作业
C. 重复作业和不重复作业
D. 后勤作业和质量作业

5. 下列项目中，不属于按受益对象分类的作业是(　　)。
A. 单位水平作业
B. 协调平衡作业
C. 批次水平作业
D. 工厂维持作业

二、多项选择题

1. 作业按所完成的职能可以分为(　　)。
A. 后勤作业
B. 协调、平衡作业
C. 质量作业
D. 变化作业
E. 产品维持作业

2. 作业基础成本法适用于具有以下特征的企业(　　)。
A. 间接生产费用比重较大
B. 企业规模大、产品品种多
C. 作业环节多且易辨认
D. 生产准备成本较高
E. 计算机技术较高

3. 作业的分类方法主要有(　　)。
A. 按作业所完成的职能分
B. 按作业的执行方式分
C. 按作业的性质分
D. 按作业的受益对象分
E. 按作业的时间长短分

4. 作业基础成本法的兴起和运用与以下哪些制造环境密切相关？(　　)
A. 专业化生产
B. 电脑辅助设计
C. 弹性制造系统
D. 适时制生产方式
E. 自动化生产

5. 成本动因的选择应遵循的原则有(　　)。
A. 因果关系　B. 受益性　C. 合理性
D. 全面性　E. 灵活性

6. 作业基础成本计算制度相对于产量基础成本计算制度而言，具有的特点是(　　)。
A. 建立众多的间接成本集合
B. 同一个间接成本集合中的间接成本是基于同一个成本动因所驱动
C. 间接成本的分配应以成本动因为基础
D. 不同集合之间的间接成本缺乏同质性
E. 实施成本低

7. 下列有关产量基础成本计算制度表述正确的是(　　)。
A. 以人工成本、人工工时等作为间接费用分配的基础
B. 往往会夸大高产量产品的成本，而缩小低产量产品的成本
C. 整个工厂仅有一个或几个间接成本集合(如制造费用、辅助生产等)，常缺乏同质性
D. 主要适用于产量是成本主要驱动因素的传统加工业
E. 间接成本的分配以成本动因为基础

8. 下列各项中，属于直接成本的是(　　)。

A. 构成产品实体的原材料　B. 车间照明用电费

C. 车间生产工人工资　D. 车间管理人员工资

E. 销售部门员工工资

9. 决定企业采用成本计算方法的影响因素有(　　)。

A. 企业生产组织特点　B. 企业生产工艺过程特点

C. 成本会计人员的素质　D. 企业对成本管理的要求

E. 企业所处行业的特点

10. 作业基础成本法与传统成本法相比(　　)。

A. 有较多的间接成本库

B. 按成本动因分配生产费用

C. 间接生产费用的分配基础常为非财务变量

D. 提供较精确的成本信息

E. 成本决策相关性较强

三、实务操作题

【资料】

某服装制造企业采用作业基础成本法核算产品成本。该企业某月发生直接材料成本 32 000 元，其中甲产品耗用 18 000 元，乙产品耗用 14 000 元；直接人工成本 19 000 元，其中甲产品应负担 11 000 元，乙产品应负担 8 000 元；制造费用 56 000 元，经分析该企业的作业情况如附表 13 所示。

附表 13　企业作业情况

金额单位：元

作业中心	资源分配	成本动因	动因量	
			甲产品	乙产品
材料整理	14 000	处理材料批数	10	30
质量检验	10 000	检验次数	10	15
机器调试	20 000	调试次数	80	120
使用机器	12 000	机器小时数	20	80

【要求】

(1)计算各作业中心的动因率；

(2)假定该企业的当月产量为甲产品 500 件，乙产品 400 件，期初期末在产品为零，计算这个月的完工产品总成本和完工产品单位成本；

(3)编制有关费用归集、分配和完工产品入库的分录。

第 10 章　练习题

一、单项选择题

1. 下列标准成本中，在最优的生产条件下，利用现有的规模和设备能够达到的最低成本是(　　)。

A. 理想标准成本　　B. 正常标准成本
C. 现行标准成本　　D. 基本标准成本

2. 采用计件工资制度下，直接人工的价格标准是(　　)。
A. 实际的小时工资　　B. 预定的小时工资
C. 历史的平均小时工资　　D. 预定的每件工资

3. 某企业直接人工的用量标准是 2 小时，单位产品的标准机器工时是 3 小时。下列说法正确的是(　　)。
A. 若变动制造费用的用量标准是标准机器工时，则固定制造费用的用量标准是 2 小时
B. 若变动制造费用的用量标准是标准机器工时，则固定制造费用的用量标准是 3 小时
C. 若变动制造费用的用量标准是标准人工工时，则固定制造费用的用量标准是 3 小时
D. 若变动制造费用的用量标准是标准人工工时，则固定制造费用的用量标准是 2 小时

4. 二因素分析法下的固定制造费用的能量差异，在三因素分析法中被进一步地分为(　　)。
A. 闲置能量差异和耗费差异　　B. 闲置能量差异和效率差异
C. 耗费差异和效率差异　　D. 价格差异和数量差异

5. 因实际工时未达到生产能量而形成的固定制造费用差异是(　　)。
A. 耗费差异　　B. 效率差异　　C. 闲置能量差异　　D. 能量差异

6. ABC 公司本月生产甲产品 400 件，实际耗用 A 材料 3 200 kg，其实际价格为 0.55 元/kg。该产品 A 材料的用量标准为 7 kg/件，标准价格为 0.5 元/kg，其直接材料数量差异为(　　)元。
A. 140　　B. 160　　C. 200　　D. 220

7. 某公司生产单一产品，实行标准成本管理。每件产品的标准工时为 3 小时，固定制造费用的标准成本为 4 元，企业生产能力为每月生产产品 400 件。7 月份公司实际生产产品 350 件，发生固定制造成本 3 250 元，实际工时为 1 100 小时。根据上述数据计算，7 月份公司固定制造费用总差异为(　　)元。
A. 950　　B. 450　　C. −950　　D. −1 150

8. 下列部门中，通常应对直接材料价格差异负责的是(　　)。
A. 采购部门　　B. 生产部门　　C. 质量控制部门　　D. 人事劳务部门

9. 在标准成本系统中，下列方法中将期末所有成本差异转入“本年利润”账户的是(　　)。
A. 结转本期损益法　　B. 先进先出法
C. 调整销货成本与存货法　　D. 约当产量法

二、多项选择题

1. 标准成本按其适用期，可以划分为(　　)。
A. 现行标准成本　　B. 短期标准成本　　C. 基本标准成本　　D. 长期标准成本

2. 下列有关正常标准成本的说法，正确的有(　　)。
A. 从具体数量上看，它大于理想标准成本
B. 制定正常标准成本需要考虑难以避免的损耗和低效率
C. 从具体数量上看，它小于历史平均水平
D. 提供一个完美无缺的目标，很难成为现实

3. 需要进行调整基本标准成本的情况有(　　)。
A. 产品的物理结构变化
B. 市场供求变化导致的重要劳动力价格变化
C. 市场供求变化导致的生产经营能力利用程度变化

D. 由于工作方法改变而引起的效率变化

4. 下列各项中，属于直接材料价格正常标准成本的有(　　)。

A. 发票价格　　B. 运费　　C. 检验成本　　D. 非正常损耗成本

5. 下列有关变动制造费用的用量标准的表述中，不正确的有(　　)。

A. 变动制造费用的用量标准与直接材料的用量标准相同

B. 变动制造费用的用量标准与固定制造费用的用量标准相同

C. 变动制造费用的用量标准只能是直接人工工时标准

D. 变动制造费用的用量标准可以是机器工时标准

6. 下列各项中，会造成变动制造费用耗费差异的有(　　)。

A. 直接材料质量次，废料过多　　B. 间接材料价格变化

C. 间接人工工资调整　　D. 间接人工的人数过多

7. 下列各项中，属于直接人工效率差异的形成原因的有(　　)。

A. 生产人员降级使用　　B. 新工人上岗太多

C. 奖励制度未产生实效　　D. 机器或工具选用不当

8. 下列变动成本差异中，无法从生产过程的分析中找出产生原因的有(　　)。

A. 变动制造费用效率差异　　B. 直接人工工资率差异

C. 材料价格差异　　D. 直接人工效率差异

9. 下列关于标准成本系统"期末成本差异处理"的说法中，正确的有(　　)。

A. 结转成本差异的时间可以是月末，也可以是年末

B. 期末成本差异处理方法的选择要考虑差异时间的影响

C. 结转本期损益法在会计期末将成本差异按比例分配给已销产品成本和存货成本

D. 采用调整销货成本与存货法的依据是税法和会计制度均要求以实际成本反映存货成本和销货成本

三、计算分析题

1. 某企业甲产品单位工时标准为 4 小时/kg，标准变动制造费用分配率为 10 元/小时，标准固定制造费用分配率为 16 元/小时。本月预算产量为 20 000 kg，实际产量为 24 000 kg，实际工时为 86 400 小时，实际变动制造费用与固定制造费用分别为 867 500 元和 1 000 000 元。

要求：

(1)计算单位产品的变动制造费用标准成本；

(2)计算单位产品的固定制造费用标准成本；

(3)计算变动制造费用效率差异和耗费差异；

(4)计算固定制造费用耗费差异和能量差异。(二因素分析法)

2. 某企业只生产经营甲产品，采用标准成本制度计算产品成本。生产甲产品的相关资料如下：

资料一：直接材料 A 的单位产品标准成本为 180 元，其中：用量标准 2 桶/件，价格标准 90 元/桶。

资料二：本月购入 A 材料 3 200 桶，实际价格每桶 94 元，共计 300 800 元。本月投产甲产品 1 500 件，领用 A 材料 3 100 桶。

要求：

(1)计算购入材料的价格差异，并编制有关会计分录。

(2)计算领用材料的数量差异，并编制有关会计分录。

(3)采用结转本期损益法计算月末结转材料价格差异和数量差异。

四、综合题

某企业只生产一种产品，其产品成本计算采用标准成本计算系统，有关资料如下：

(1)单位产品标准成本，见附表14。

附表14　单位产品标准成本

成本项目	用量标准	价格标准
直接材料	2.5 kg/件	2元/kg
直接人工	2小时/件	4元/小时
变动制造费用	2小时/件	1元/小时
固定制造费用	2小时/件	0.8元/小时

(2)本月生产及销售情况，见附表15。

附表15　本月生产及销售情况

生产能量	10 000小时
月初在产品数量	500件
本月投产数量	5 000件
本月完工入库数量	4 900件
月末在产品数量	600件
月初产成品数量	400件
本月销售数量	4 600件

(3)月初材料2 500 kg，本月购入原材料12 500 kg，实际成本27 500元；本月生产领用原材料12 750 kg。

实际耗用工时10 000小时，应付生产工人工资42 500元，实际发生变动制造费用12 500元，实际发生固定制造费用10 000元。

(4)原材料在生产开始时一次投入，在产品直接材料成本约当产成品的系数为1；除直接材料外的其他费用陆续发生，其在产品约当产成品的系数为0.5。

成本差异采用结转本期损益法计算，在每月末结转“主营业务成本”账户。

要求：

(1)计算购入原材料时所产生的材料价格差异；

(2)计算领用原材料时所产生的材料用量差异；

(3)计算本月发生的直接人工效率差异与工资率差异；

(4)计算本月发生的变动制造费用耗费差异和效率差异。

(5)计算本月发生的固定制造费用耗费差异、效率差异和闲置能量差异；

(6)填写产品成本明细账，见附表16。

附表16　产品成本明细账　　单位：元

摘要	直接材料	直接人工	变动制造费用	固定制造费用	合计
月初在产					
本月发生					

续表

摘要	直接材料	直接人工	变动制造费用	固定制造费用	合计
生产费用累计					
月末完工					
月末在产					

(7)计算月末存货成本。

第 11 章　练习题

一、单项选择题

1. 下列方法中适用于零售企业核算库存商品的是(　　)。

A. 数量进价金额核算法　　B. 进价金额核算法

C. 数量售价核算法　　D. 售价金额核算法

2. 汽车运输企业发生的事故费用，应在(　　)科目下设单设项目进行核算。

A. 管理费用　　B. 运输支出

C. 预提费用　　D. 待摊费用

3. 下列不属于施工企业间接成本是(　　)。

A. 检验试验费　　B. 职工福利费

C. 机械使用费　　D. 固定资产修理费

4. 商品流通企业中，按医务福利机构人员工资总额提取的职工福利费应列入(　　)科目。

A. 经营费用　　B. 管理费用

C. 职工福利费　　D. 营业外支出

5. 为核算企业在建筑安装工程施工过程中发生的机械使用费，应设置的科目是(　　)。

A. 工程施工　　B. 机械作业

C. 待摊费用　　D. 工程成本

二、多项选择题

1. 交通运输企业的成本计算对象可以是(　　)。

A. 被运输的对象　　B. 运输工具

C. 运输作业项目　　D. 运输组织方式

2. 下列费用中属于营运间接费用的有(　　)。

A. 办公费　　B. 行政管理费

C. 差旅费　　D. 劳动保护费

3. 施工企业的间接成本可以选择各工程(　　)为标准进行分配。

A. 未完工程项目　　B. 人工费用

C. 直接费用　　D. 工程进度

4. 下列哪些费用属于土地开发过程中的直接费用？(　　)

A. 土地征用补偿费　　B. 拆迁补偿费

D. 前期工程费　　D. 基础设施费

5. 采用进价核算商品销售成本时，可采用(　　)。

A. 综合差价率计算　　B. 加权平均法

C. 个别计价法　　D. 毛利率法

三、判断题

1. 毛利率法就是根据本月销售总额和本月实际毛利率计算出本月销售毛利，再求出本月商品销售成本的方法。(　　)

2. 建筑产品具有固定性，这决定了施工企业生产活动的流动性。(　　)

3. 由于施工生产的单一性强，因此，同时开工的若干企业单位工程，应以每一个单位工程作为成本计算对象。(　　)

4. 从外单位租入施工机械的租赁费，不能归入机械使用费，应计入间接成本。(　　)

5. 运输企业的营运成本包括营运过程中发生的直接材料、直接人工费用等，而与营运业务没有直接联系的部分，如管理费用、营运间接费用、财务费用等属于计入当期损益的支出。

第 2 章　参考答案

一、单项选择题

1. C　2. D　3. C　4. C

二、多项选择题

1. AC　2. ABD

第 3 章　参考答案

一、单项选择题

1. C　2. D　3. D　4. A　5. B

二、多项选择题

1. ACE　2. ACDE　3. BCDE

三、综合题

1. (1)直接分配法。

供电车间的分配：

①外分配量＝88 000－8 000＝80 000(度)

②分配率＝14 080÷80 000＝0.176(元/度)

③对外分配金额：

第一基本生产车间产品耗用＝0.176×37 000＝6 512(元)

第一基本生产车间一般耗用＝0.176×3 000＝528(元)

第二基本生产车间产品耗用＝0.176×34 000＝5 984(元)

第二基本生产车间一般耗用＝0.176×2 000＝352(元)

管理部门耗用＝0.176×4 000＝704(元)

机修车间的分配：
①外分配量＝8 400－400＝8 000(小时)
②分配率＝13 440÷8 000＝1.68(元/小时)
③对外分配金额：
第一基本生产车间一般耗用＝1.68×3 600＝6 048(元)
第二基本生产车间一般耗用＝1.68×4 200＝7 056(元)
管理部门耗用＝1.68×200＝336(元)
编制会计分录如下：

借：生产成本——基本生产成本——第一基本生产车间	6 512	
——第二基本生产车间	5 984	
制造费用——第一基本生产车间	6 576	
——第二基本生产车间	7 408	
管理费用	1 040	
贷：生产成本——辅助生产成本——供电车间		14 080
——机修车间		13 440

(2)顺序分配法。
供电车间的分配：
①分配率＝14 080÷88 000＝0.16(元/度)
②配金额：
第一基本生产车间产品耗用＝0.16×37 000＝5 920(元)
第一基本生产车间一般耗用＝0.16×3 000＝480(元)
第二基本生产车间产品耗用＝0.16×34 000＝5 440(元)
第二基本生产车间一般耗用＝0.16×2 000＝320 (元)
管理部门耗用＝0.16×4 000＝640(元)
机修车间耗用＝0.16×8 000＝1 280(元)
机修车间的分配：
①分配费用＝13 440＋1 280＝14 720(元)
②分配的劳务数量＝8 400－400＝8 000(小时)
③分配率＝14 720÷8 000＝1.84(元/度)
④对外分配金额：
第一基本生产车间一般耗用＝1.84×3 600＝6 624(元)
第二基本生产车间一般耗用＝1.84×4 200＝7 728(元)
管理部门耗用＝1.84×200＝368(元)
编制会计分录如下：

借：生产成本——基本生产成本——第一基本生产车间	5 920	
——第二基本生产车间	5 440	
制造费用——第一基本生产车间	7 104	
——第二基本生产车间	8 048	
管理费用	1 008	
贷：生产成本——辅助生产成本——供电车间		12 880
——机修车间		14 720

(3)交互分配法。

交互分配：

①供电车间的分配：

分配率＝14 080÷88 000＝0.16(元/度)

机修车间耗用＝0.16×8 000＝1 280(元)

②机修车间的分配：

分配率－13 440÷8 400＝1.6(元/小时)

供电车间的耗用＝1.6×400＝640(元)

对外分配：

①供电车间的分配：

分配率＝(14 080－1 280＋640)÷(88 000－8 000)＝0.168(元/度)

第一基本生产车间产品耗用＝0.168×37 000＝6 216(元)

第一基本生产车间一般耗用＝0.168×3 000＝504(元)

第二基本生产车间产品耗用＝0.168×34 000＝5 712(元)

第二基本生产车间一般耗用＝0.168×2 000＝336(元)

管理部门耗用＝0.168×4 000＝672(元)

②机修车间的分配：

分配率＝(13 440－640＋1 280)÷(8 400－400)＝1.76(元/小时)

第一基本生产车间一般耗用＝1.76×3 600＝6 336(元)

第二基本生产车间一般耗用＝1.76×4 200＝7 392(元)

管理部门耗用＝1.76×200＝352(元)

编制会计分录如下：

①互分配：

借：生产成本——辅助生产成本——机修车间	1 280	
——供电车间	640	
贷：生产成本——辅助生产成本——供电车间		1 280
——机修车间		640

②对外分配：

借：生产成本——基本生产成本——第一基本生产车间	6 216	
——第二基本生产车间	5 712	
制造费用——第一基本生产车间	6 840	
——第二基本生产车间	7 728	
管理费用	1 024	
贷：生产成本——辅助生产成本——供电车间		14 080
——机修车间		13 440

(4)代数分配法。

设每度电成本为 X 元，每修理工时成本为 Y 元，则联立方程为：

$14\ 080+800Y=88\ 000X$ ①

$13\ 440+8\ 000X=8\ 400Y$ ②

解联立方程得：

$X=0.168$(元) $Y=1.76$(元)

供电车间分配如下：
第一基本生产车间产品耗用＝0.168×37 000＝6 216(元)
第一基本生产车间一般耗用＝0.168×3 000＝504(元)
第二基本生产车间产品耗用＝0.168×34 000＝5 712(元)
第二基本生产车间一般耗用＝0.168×2 000＝336(元)
管理部门耗用＝0.168×4 000＝672(元)
机修车间耗用＝0.168×8 000＝1 344(元)
机修车间分配如下：
第一基本生产车间一般耗用＝1.76×3 600＝6 336(元)
第二基本生产车间一般耗用＝1.76×4 200＝7 392(元)
管理部门耗用＝1.76×200＝352(元)
供电车间耗用＝1.76×400＝704(元)
编制会计分录如下：

借：生产成本——辅助生产成本——机修车间	1 344	
——供电车间	704	
生产成本——基本生产成本——第一基本生产车间	6 216	
——第二基本生产车间	5 712	
制造费用——第一基本生产车间	6 840	
——第二基本生产车间	7 728	
管理费用	1 024	
贷：生产成本——辅助生产成本——供电车间		14 784
——机修车间		14 784

(5)计划成本分配法。
①按计划单位成本进行分配：
供电车间的分配：
第一基本生产车间产品耗用＝0.16×37 000＝5 920 (元)
第一基本生产车间一般耗用＝0.16×3 000＝480(元)
第二基本生产车间产品耗用＝0.16×34 000＝5 440(元)
第二基本生产车间一般耗用＝0.16×2 000＝320(元)
管理部门耗用＝0.16×4 000＝640(元)
机修车间耗用＝0.16×8 000＝1 280(元)
合计：14 080 元
机修车间的分配：
第一基本生产车间一般耗用＝1.8×3 600＝6 480(元)
第二基本生产车间一般耗用＝1.8×4 200＝7 560(元)
管理部门耗用＝1.8×200＝360(元)
供电车间耗用＝1.8×400＝720(元)
合计：15 120 元
②辅助生产的实际成本：
供电车间＝14 080＋720＝14 800(元)
机修车间＝13 440＋1 280＝14 720(元)

辅助生产成本差异：

供电车间＝14 800－14 080＝720(元)

机修车间＝14 720－15 120＝－400(元)

为了简化核算，辅助生产成本差异计入“管理费用”科目。

编制会计分录如下：

按计划成本分配：

借：生产成本——辅助生产成本——机修车间　　1 280
　　　　　　　　　　　　　　——供电车间　　720
　　生产成本——基本生产成本——第一基本生产车间　　5 920
　　　　　　　　　　　　　　——第二基本生产车间　　5 440
　　制造费用——第一基本生产车间(480＋6 480)　　6 960
　　　　　　——第二基本生产车间(320＋7 560)　　7 880
　　管理费用(640＋360)　　1 000
　　贷：生产成本——辅助生产成本——供电车间(8 800 0 * 0.16)　　14 080
　　　　　　　　　　　　　　　　——机修车间(840 0 * 1.8)　　15 120

结转辅助生产成本差异：

借：管理费用　　320
　　贷：辅助生产成本——供电车间　　720
　　　　　　　　　　——机修车间　　400

2. (1)年度计划分配率＝351 000÷(5×19 000＋7×6 000＋7.25×8 000)＝1.8(元/小时)

甲产品分配的制造费用＝1.8×(5×1 800)＝16 200(元)

乙产品分配的制造费用＝1.8×(7×700)＝8 820(元)

丙产品分配的制造费用＝1.8×(7.25×500)＝6 525(元)

编制制造费用分配的会计分录如下：

借：基本生产成本——甲产品　　16 200
　　　　　　　　——乙产品　　8 820
　　　　　　　　——丙产品　　6 525
　　贷：制造费用——车间　　31 545

(2)全年实际发生制造费用351 918元，全年已分配的制造费用为359 100元，其中：

甲产品已分配的制造费用＝1.8×(5×20 000)＝180 000(元)

乙产品已分配的制造费用＝1.8×(7×8 000)＝100 800(元)

丙产品已分配的制造费用＝1.8×(7.25×6 000)＝78 300(元)

调整分配率＝7 182÷(180 000＋100 800＋78 300)＝0.02

甲产品应冲减的制造费用＝0.02×180 000＝3 600(元)

乙产品应冲减的制造费用＝0.02×100 800＝2 016(元)

丙产品应冲减的制造费用＝0.02×78 300＝1 566(元)

编制调整会计分录如下：

借：生产成本——基本生产成本——甲产品　　3 600
　　　　　　　　　　　　　　——乙产品　　2 016
　　　　　　　　　　　　　　——丙产品　　1 566
　　贷：制造费用　　7 182

3.(1)分配工资费用。

借：生产成本——基本生产成本　　20 000
　　　　　　——辅助生产成本　　10 000
　　制造费用　　12 000
　　管理费用　　8 000
　　应付福利费　　4 000
　　营业外支出　　2 600
　　贷：应付职工薪酬　　56 600

(2)计提职工福利费。

借：生产成本——基本生产成本　　2 800
　　　　　　——辅助生产成本　　1 400
　　制造费用　　1 680
　　管理费用　　1 680[(8 000+4 000)×14%]
　　营业外支出　　364
　　贷：应付职工薪酬——职工福利费　　7 924

第 4 章　参考答案

一、单项选择题

1.B　2.C　3.C　4.D

二、多项选择题

1.BC　2.ABCD　3.AB

三、业务题

1.(1)本月可修复废品应分配材料费用500元，应分配职工薪酬费用为912元，应分配制造费用为500元。可修复废品的修复费用：500+912+500=1 912(元)。按规定本月发生的10件可修复废品应由过失人赔偿200元，则废品的净损失为1 912−200=1 712(元)。

(2) ①可修复废品的修复费用：500+912+500=1 912(元)

编制会计分录：

借：废品损失——A产品　　1 912
　　贷：原材料　　500
　　　　应付职工薪酬　　912
　　　　制造费用　　500

②按规定本月发生的10件可修复废品应由过失人赔偿200元。

编制会计分录：

借：其他应收款　　200
　　贷：废品损失——A产品　　200

③资料中废品的净损失为1 912−200=1 712(元)，废品的净损失应转入当月生产的同种产品中，由合格品负担。

编制会计分录：

借：基本生产成本——A产品　　1 712

　　贷：废品损失——A产品　　1 712

2.(1)原材料在生产开始时一次性投入，材料费用按合格品与废品数量比例分配。

$$材料费用分配率=\frac{某产品材料费用总额}{合格品数量+废品数量}=\frac{50\ 000}{190+10}=250(元/件)$$

废品应负担的材料费用=材料费用分配率×废品数量=250×10=2 500(元)

“职工薪酬费用”“制造费用”等成本项目费用按生产工时比例分配。

$$人工费用分配率=\frac{某产品人工费用总额}{合格品工时+废品工时}=\frac{30\ 000}{14\ 000+1\ 000}=2(元/小时)$$

废品应负担的人工费用=人工费用分配率×废品工时=2×1 000=2 000(元)

$$制造费用分配率=\frac{某产品制造费用总额}{合格品工时+废品工时}=\frac{60\ 000}{14\ 000+1\ 000}=4(元/小时)$$

废品应负担的制造费用=制造费用分配率×废品工时=4×1 000=4 000(元)

不可修复废品生产成本=2 500+2 000+4 000=8 500(元)

资料中不可修复废品回收的残料价值为400元，应冲减废品损失400元。

废品净损失为8 500−400=8 100(元)

(2)

附表17　不可修复废品损失计算表(按所耗实际费用计算)

产品名称：B产品　　201×年2月　　单位：元

项　目	数量/件	直接材料	生产工时	职工薪酬费用	制造费用	合计
生产费用总额	200	50 000	15 000	30 000	60 000	140 000
费用分配率		250		2	4	
废品生产成本	10	2 500	1 000	2 000	4 000	8 500
减：残值		400				
废品净损失		2 100	1 000	2 000	4 000	8 100

(3)编制会计分录。

①根据废品损失计算表结转不可修复废品生产成本，将其从“基本生产成本”账户的贷方转入“废品损失”账户的借方：

借：废品损失——B产品　　8 500

　　贷：基本生产成本——B产品　　8 500

②根据废料交库单回收废品残料价值，冲减废品损失：

借：原材料　　400

　　贷：废品损失——B产品　　400

③月终根据废品成本明细账将废品净损失转入合格品成本：

借：基本生产成本——B产品　　8 100

　　贷：废品损失——B产品　　8 100

第 5 章　参考答案

一、单项选择题

1～5　BACBC　　6～10　CCABC　　11～15　DCCDD　　16～20　CADBA

二、多项选择题

1. ABCE　2. BCD　3. AB　4. ABCDE　5. ACD
6. AD　7. ABC　8. ACD　9. ABC　10. BD

三、判断题

1～5　××√×√　　6～10　√×√√×

四、计算题

1. (1)第一道在产品完工率＝280÷(280＋220)×100%＝56%

第二道在产品完工率＝(280＋220)÷(280＋220)×100%＝100%

(2)第一道在产品约当产量＝3 200×56%＝1 792(件)

第二道在产品约当产量＝2 400×100%＝2 400(件)

合计：4 192 件

(3)原材料费用分配率＝503 680÷(8 400＋4 192)＝40

完工产品原材料费用＝8 400×40＝336 000(元)

在产品原材料费用＝4 192×40＝167 680(元)

2.

附表 8　产品成本计算单　　单位：元

A 产品成本计算单：产成品：2 500 件；在产品：625 件；完工程度：80%

摘要	原材料	燃料动力	工资与福利费	制造费用	合计
期初在产品成本	34 154	820	1 296	4 092	40 362
本期发生	277 046	15 684	7 704	15 408	315 842
合计	311 200	16 504	9 000	19 500	356 204
约当产量	3 125	3 000	3 000	3 000	
分配率	99.584	5.50	3	6.5	
完工产品成本	248 960	13 750	7 500	16 250	286 460
月末在产品成本	62 240	2 754	1 500	3 250	69 744

B 产品成本计算单：产成品：3 125 件；在产品：1 725 件；完工程度：50%

摘要	原材料	燃料动力	工资与福利费	制造费用	合计
期初在产品成本	15 270	1 185	2 384	4 768	23 607
本期发生	184 730	14 865	5 616	11 232	216 443
合计	200 000	16 050	8 000	16 000	240 050
约当产量	3 987.5	3 987.5	3 987.5	3 987.5	
分配率	50.16	4.03	2.01	4.01	
完工产品成本	156 750	12 593.75	6 281.25	12 531.25	188 156.25
月末在产品成本	43 250	3 456.25	1 718.75	3 468.75	51 893.75

C产品成本计算单：产品数量：4 000 件

摘要	原材料	燃料动力	工资与福利费	制造费用	合计
期初在产品成本					
本期发生	245 000	12 360	10 656	14 775	282 791
合计	245 000	12 360	10 656	14 775	282 791
完工产品成本	245 000	12 360	10 656	14 775	282 791

借：产成品——A产品　　286 460
　　　——B产品　　188 156.25
　　　——C产品　　282 791
　贷：基本生产成本——A产品　　286 460
　　　　　　——B产品　　188 156.25
　　　　　　——C产品　　282 791

第6章　参考答案

一、单项选择题

1. D　2. B　3. C　4. D　5. B

二、多项选择题

1. ABC　2. BE　3. CD　4. AB　5. CD

三、计算题

1.(1)借：生产成本——基本生产成本——A产品　　10 000
　　　　　　　　　——B产品　　3 200
　　贷：原材料　　13 200
(2)借：制造费用——基本车间　　500
　　贷：低值易耗品　　500
(3)借：制造费用——基本车间　　980
　　管理费用　　170
　　贷：累计折旧　　1 150
(4)借：生产成本——基本生产成本——A产品　　1 800
　　　　　　　　　——B产品　　1 200
　　制造费用　　500
　　管理费用　　1 500
　　贷：应付工资　　5 000
(5)借：生产成本——基本生产成本——A产品　　252
　　　　　　　　　——B产品　　168
　　制造费用　　70
　　管理费用　　210
　　贷：应付福利费　　700

(6)分配制造费用：

制造费用总额＝500＋980＋500＋70＝2 050(元)

制造费用分配率＝2 050÷(1 800＋1 200)＝0.683 3

A产品应负担制造费用＝1 800×0.683 3＝1 229.94(元)

B产品应负担制造费用＝1 200×0.683 3＝819.96(元)

借：生产成本——基本生产成本— A产品 1 229.94

——B产品 819.96

贷：制造费用——基本车间 2 049.9

计算A、B产品成本：

A产品完工产品成本＝2 200＋10 000＋1 800＋252＋1 229.94－3 400＝12 081.94(元)

A产品在产品成本＝3 400元

B产品完工产品成本＝3 200＋1 200＋168＋820.06＝5 388.06(元)

结转完工产品成本：

借：产成品——A产品 12 081.94

——B产品 5 388.06

贷：生产成本——基本生产成本——A产品 12 081.94

——B产品 5 388.06

2.

附表19 产品成本明细账

步骤：第一

摘　要	直接材料	直接工资	制造费用	合计
月初在产品成本	120 000	7 000	20 000	147 000
本月生产费用	3 680 000	431 000	1 075 000	5 186 000
合计	3 800 000	438 000	1 095 000	5 333 000
约当产量	7 600	7 300	7 300	
分配率	500	60	150	
产成品份额	2 800 000	336 000	84 000	3 220 000
月末在产品成本	1 000 000	102 000	255 000	1 357 000

约当产量计算如下：

分配原材料时的约当产量＝5 600＋(600＋800＋600)＝7 600(件)

分配工费时的约当产量＝5 600＋(600×50%＋800＋600)＝7 300(件)

附表20 产品成本明细账

步骤：第二

摘　要	直接材料	直接工资	制造费用	合计
月初在产品成本		12 000	26 000	38 000
本月生产费用		351 000	766 000	117 000
合计		363 000	792 000	1 155 000
约当产量		6 600	6 600	

续表

摘　　要	直接材料	直接工资	制造费用	合计
分配率		55	120	
产成品份额		308 000	672 000	980 000
月末在产品成本		55 000	120 000	175 000

约当产量计算如下：

分配工费时的约当产量＝5 600＋(800×50%＋600)＝6 600(件)

附表 21　产品成本明细账

步骤：第三

摘　　要	直接材料	直接工资	制造费用	合计
月初在产品成本		27 000	59 000	86 000
本月生产费用		268 000	590 000	858 000
合计		295 000	649 000	944 000
约当产量		5 900	5 900	
分配率		50	110	
产成品份额		280 000	616 000	896 000
月末在产品成本		15 000	33 000	48 000

分配工费时的约当产量＝5 600＋600×50%＝5 900(件)

附表 22　　产成品成本汇总表

步骤	产量/件	直接材料	直接工资	制造费用	合计
第一步骤		2 800 000	336 000	840 000	3 976 000
第二步骤			308 000	672 000	980 000
第三步骤			280 000	616 000	896 000
合计		2 800 000	924 000	2 128 000	5 852 000
单位成本		500	165	380	1 045

月末全厂在产品成本＝1 357 000＋175 000＋48 000＝1 580 000(元)

3.

附表 23　甲产品成本明细账

产品批号：1001　　　　　　投产日期：9 月

产品名称：甲　　　　批量：10 台　　　　完工日期：本月完工 6 台

摘要	直接材料	直接人工	制造费用	合计
本月生产费用	3 360	2 350	2 800	8 510
完工产品成本	2 016	1 762.5	2 100	5 878.5
完工产品单位成本	336	293.75	350	979.75
在产品成本	1 344	587.5	700	2 631.5

完工产品应负担直接材料费用＝3 360÷10×6＝2 016(元)

月末在产品应负担直接材料费用＝336×4＝1 344(元)

完工产品应负担直接人工费=2 350÷(6+4×50%)×6=1 762.5(元)
完工产品应负担制造费用=2 800÷(6+4×50%)×6=2 100(元)
月末在产品应负担直接人工费=2 350−1 762.5=587.5(元)
月末在产品应负担制造费用=2 800−2 100=700(元)

附表 24 乙产品成本明细账

产品批号：1002　　投产日期：9月
产品名称：乙产品　　批量：10台　　完工日期：全部未完工

摘要	直接材料	直接人工	制造费用	合计
本月生产费用	4 600	3 050	1 980	9 630
月末在产品成本	4 600	3 050	1 980	9 630

附表 25 丙产品成本明细账

产品批号：1003　　投产日期：8月
产品名称：丙产品　　批量：20台　　完工日期：9月完工5台

摘要	直接材料	直接人工	制造费用	合计
月初在产品成本	1 200	1 060	2 040	4 300
本月生产费用	2 680	2 450	3 020	8 150
费用合计	3 880	3 510	5 060	12 450
完工产品成本	950	900	1 250	3 100
单位成本(计划)	190	180	250	620
月末在产品成本	2 930	2 610	3 810	9 350

第7章 参考答案

一、单项选择题

1. C　2. C　3. D　4. D　5. C

二、多项选择题

1. ABC　2. CD　3. BCD　4. AD　5. ABCD

三、业务题

1.

(1)编制产品材料耗费系数表。

附表 26 直接材料费用系数计算表

产品名称	直接材料费用定额	直接材料费用系数
C(标准产品)	150	1
A	180	180÷150=1.2
B	240	240÷150=1.6

(2)计算完工产品本月实际直接材料、直接人工、制造费用。

直接材料费用 = 32 650 + 1 428 000 − 76 810 = 1 383 840

直接人工费用 = 8 845 + 308 000 − 5 805 = 311 040

制造费用 = 12 580 + 428 530 − 9 110 = 432 000

(3)计算直接材料、直接人工、制造费用分配率。

$$直接材料分配率=\frac{1\ 383\ 840}{1\times 600+1.2\times 3\ 600+1.4\times 1\ 800}=186$$

$$直接人工分配率=\frac{311\ 040}{600\times 1.8+1\ 800\times 2+3\ 600\times 3.5}=18$$

$$制造费用分配率=\frac{432\ 000}{600\times 1.8+1\ 800\times 2+3\ 600\times 3.5}=25$$

(4)编制产品成本计算表。

附表 27　各种产品成本计算表　　单位：元

项目	产量	直接材料费用系数	直接材料费用总系数	工时耗费定额	定额工时	直接材料	直接人工	制造费用	成本合计
分配率	—	—	—	—	—	186	18	25	—
C(标准)	600	1	600	1.8	1 080	111 600	19 440	27 000	158 040
A	3600	1.2	4 320	3.5	12 600	803 520	226 800	315 000	1 345 320
B	1800	1.4	2 520	2	3 600	468 720	64 800	90 000	623 520
合计	6000	3.6	7 440	7.3	17 280	1 383 840	311 040	432 000	2 126 880

2. 定额法计算产品成本：

(1)月末在产品材料定额费用＝(300−100)＋9 000−8 400＝800(元)

(2)脱离定额差异分配率＝(−20−15)÷(800＋8 400)＝−0.38%

(3)材料成本差异＝(9 000−15)×0.2%＝17.97(元)

(4)完工产品应负担脱离定额差异＝8 400×(−0.38%)＝−31.92(元)

(5)在产品应负担脱离定额差异＝800×(−0.38%)＝−3.04(元)

(6)完工产品直接材料实际费用＝8 400−31.92＋15＋17.97＝8 401.05(元)

(7)在产品直接材料实际费用＝800−3.04＝796.96(元)

3. 副产品按照分离后费用分配费用。

附表 28　产品成本计算单

项目		产量	直接材料	直接人工	制造费用	合计
本期生产费用合计		—	48 000.00	32 000.00	16 000.00	96 000.00
费用项目比重		—	3∶6	2∶6	1∶6	1.00
副产品	总成本	500	7 500.00	5 000.00	2 500.00	15 000.00
	减：加工成本			6 000.00	3 000.00	9 000.00
	应负担成本		7 500.00	11 000.00	5 500.00	24 000.00
	单位成本		15.00	10.00	5.00	30.00
甲产品	总成本	1 000	40 500.00	27 000.00	13 500.00	81 000.00
	单位成本		40.50	27.00	13.50	81.00

计算步骤：
(1)按照费用比重计算副产品分离前成本
直接材料＝96 000×3÷6＝48 000
直接人工＝96 000×2÷6＝32 000
制造费用＝96 000×1÷6＝16 000
(2)计算副产品单位成本并按照成本比重计算单位成本项目
副产品单位成本＝37－6－1＝30
副产品单位材料费用＝30×3÷6＝15
副产品单位人工费用＝30×2÷6＝10
副产品单位制造费用＝30×1÷6＝5
(3)根据副产品单位成本各项及副产品产量计算副产品应付单位成本
副产品材料费用＝500×15＝7 500
副产品人工费用＝500×10＋6 000＝11 000
副产品制造费用＝500×5＋3 000＝5 500
副产品费用合计＝7 500＋11 000＋5 500＝24 000
4)根据副产品成本项目计算方法计算主产品费用项目
略

第 8 章　参考答案

一、单项选择题

1. B　2. B　3. A　4. B　5. C　6. D

二、多项选择题

1. ABCD　2. ABCD　3. ABD　4. ABCD　5. ABC
6. ABC　7. ABCD　8. AC　9. ABCD　10. ABCD

三、实务操作题

(1)根据上述资料，分析甲产品单位成本变动情况。主要采用本年实际与本年计划进行比较分析，根据资料表明，甲产品本年实际生产成本比计划提高了 2 420－2 270＝150(元)，提高了 6.61%。按成本项目分析，原材料提高 157 元，提高了 8.31%；人工费用降低 4 元，降低了 2.38%；制造费用降低 3 元，降低了 1.42%。因此造成甲产品成本提高的主要原因是材料成本提高造成的，应对影响材料费用的因素采用因素分析法进行进一步的分析。

(2)分析影响原材料费用变动的因素和各因素对变动的影响程度：
原材料消耗量变动的影响：(890－900)×2.10＝－21(元)
原材料单价变动的影响：890×(2.30－2.10)＝＋178(元)
综合各因素影响的结果：－21＋178＝157(元)

第9章 参考答案

一、单项选择题

1. C 2. A 3. A 4. C 5. B

二、多项选择题

1. ABCD 2. ABCDE 3. ABCD 4. BCDE 5. ABC
6. ABCD 7. ABCD 8. AC 9. ABD 10. ABCDE

三.实务操作题

(1)计算成本动因率。

附表 29

作业中心	资源分配	成本动因	动因量			动因率
			甲产品	乙产品	合计	
材料整理	14 000	处理材料批数	10	30	40	350
质量检验	10 000	检验次数	10	15	25	400
机器调试	20 000	调试次数	80	120	200	100
使用机器	12 000	机器小时数	20	80	100	120

(2)分别作业中心将资源成本分配到各产品。

附表 30

作业中心	动因量		动因率	资源成本分配	
	甲产品	乙产品		甲产品	乙产品
材料整理	10	30	350	3 500	10 500
质量检验	10	15	400	4 000	6 000
机器调试	80	120	100	800	12 000
使用机器	20	80	120	2 400	9 600
合计				10 700	38 100

计算完工产品总成本和完工产品单位成本。

附表 31

	甲产品	乙产品
直接材料	18 000	14 000
直接人工	11 000	8 000

续表

	甲产品	乙产品
制造费用	10 700	38 100
完工产品总成本	46 900	60 100
完工产品产量	500	400
完工产品单位成本	93.8	150.25

(3)有关费用归集、分配和完工产品入库的分录。

附表 32

序号	日期	账户名称	借方金额	贷方金额
1	略	基本生产成本——甲产品	18 000	
		基本生产成本——乙产品	14 000	
		原材料		32 000
2		基本生产成本——甲产品	11 000	
		基本生产成本——乙产品	8 000	
		应付职工薪酬		19 000
3		制造费用——材料整理	14 000	
		原材料、应付职工薪酬、银行存款等		14 000
4		制造费用——质量检验	10 000	
		原材料、应付职工薪酬、银行存款等		10 000
5		制造费用——机器调试	20 000	
		原材料、应付职工薪酬、银行存款等		20 000
6		制造费用——使用机器	12 000	
		原材料、应付职工薪酬、银行存款等		12 000
7		基本生产成本——甲产品	10 700	
		制造费用——材料整理		3 500
		制造费用——质量检验		4 000
		制造费用——机器调试		8 000
		制造费用——使用机器		2 400
8		基本生产成本——乙产品	38 100	
		制造费用——材料整理		10 500
		制造费用——质量检验		6 000

续表

序号	日期	账户名称	借方金额	贷方金额
		制造费用——机器调试		12 000
		制造费用——使用机器		9 600
9		库存商品	107 000	
		基本生产成本——甲产品		46 900
		基本生产成本——乙产品		60 100

第 10 章　参考答案

一、单项选择题

1. A　2. B　3. B　4. B　5. C　6. C　7. C　8. A　9. A

二、多项选择题

1. AC　2. ABC　3. AB　4. ABC　5. AC

6. BCD　7. BD　8. BC　9. ABD

三、计算分析题

1.

(1)单位产品的变动制造费用标准成本＝4×10＝40(元)

(2)单位产品的固定制造费用标准成本＝4×16＝64(元)

(3)变动制造费用效率差异＝(86 400－24 000×4)×10＝－96 000(元)

变动制造费用耗费差异＝(867 500/86 400－10)×86 400＝3 500(元)

(4)固定制造费用耗费差异＝1 000 000－20 000×4×16＝－280 000(元)

固定制造费用能量差异＝(20 000×4－24 000×4)×16＝－256 000(元)

2.

(1)本月购入材料：

标准成本＝实际数量×标准价格＝3 200×90＝288 000(元)

实际成本＝实际数量×实际价格＝3 200×94＝300 800(元)

价格差异＝实际数量×(实际价格－标准价格)＝3 200×(94－90)＝12 800(元)

借：原材料　288 000

　　材料价格差异　12 800

　　贷：应付账款　300 800

(2)本月领用材料：

材料标准用量＝实际产量×用量标准＝1 500×2＝3 000(桶)

应耗材料标准成本＝标准用量×标准价格＝1 500×2×90＝270 000(元)

实际领用材料标准成本＝实际用量×标准成本＝3 100×90＝279 000(元)

材料数量差异＝(实际数量－标准数量)×标准价格＝(3 100－1 500×2)×90＝9 000(元)

借：生产成本　　270 000
　　材料数量差异　　9 000
　　贷：原材料　　279 000

(3)月末结转差异：

借：营业成本　　21 800
　　贷：材料数量差异　　9 000
　　　　材料价格差异　　12 800

四、综合题

(1)材料价格差异=(27 500÷12 500－2)×12 500=2 500(元)

(2)材料用量差异=(12 750－5 000×2.5)×2=500(元)

(3)本月实际完成约当产量=月末在产品约当产量+本月完工产成品数量－月初在产品约当产量=4 900+600×0.5－500×0.5=4 950(件)

直接人工效率差异=(10 000－4 950×2)×4=400(元)

直接人工工资率差异=(42 500/10 000－4)×10 000=2 500(元)

(4)变动制造费用效率差异=(10 000－4 950×2)×1=100(元)

变动制造费用耗费差异=(12 500/10 000－1)×10 000=2 500(元)

(5)固定制造费用耗费差异=10 000－0.8×10 000=2 000(元)

固定制造费用效率差异=(10 000－4 950×2)×0.8=80(元)

固定制造费用闲置能量差异=10 000×0.8－10 000×0.8=0(元)

(6)直接材料单位产品标准成本=2.5×2=5(元)

直接人工单位产品标准成本=2×4=8(元)

变动制造费用单位产品标准成本=2×1=2(元)

固定制造费用单位产品标准成本=2×0.8=1.6(元)

单位产品标准成本=5+8+2+1.6=16.6(元)

附表 33　　单位：元

摘要	直接材料	直接人工	变动制造费用	固定制造费用	合计
月初(在产 500 件，约当 250 件)	500×5=2 500	250×8=2 000	250×2=500	250×1.6=400	5 400
本月(投产 5 000 件，约当 4 950 件)	5 000×5=25 000	4 950×8=39 600	4 950×2=9 900	4 950×1.6=7 920	82 420
生产费用累计	27 500	41 600	10 400	8 320	87 820
月末(完工 4 900 件)	4 900×5=24 500	4 900×8=39 200	4 900×2=9 800	4 900×1.6=7 840	81 340
月末(在产 600 件，约当 300 件)	600×5=3 000	300×8=2 400	300×2=600	300×1.6=480	6 480

(7)月末材料存量=2 500+12 500－12 750=2 250(kg)

月末材料成本=2 250×2=4 500(元)

月末在产品成本=6 480(元)

月末产成品＝400＋4 900－4 600＝700(件)

月末产成品成本＝700×16.6＝11 620(元)

月末存货总成本＝4 500＋6 480＋11 620＝22 600(元)

第11章　参考答案

一、单项选择题

1. D　2. B　3. C　4. B　5. B

二、多项选择题

1. ABCD　2. ACD　3. BC　4. ABCD　5. BCD

三、判断题

1. ×　2. √　3. ×　4. ×　5. ×